Prof. Dr. Stefan Homburg

Corona-Getwitter

– Chronik einer Wissenschafts-, Medien- und Politikkrise –

WELTBUCH

1. Auflage der deutschsprachigen gedruckten Ausgabe, Mai 2022

www.weltbuch.com
ISBN 978-3-907347-00-3

Titelgestaltung: Dirk Kohl, Dresden, Deutschland
Korrektorat: Marianne Jahnke, Chemnitz, Deutschland
Bilder Backcover: Olivia Fix (Porträt), Nina Hallmann (Poster), Robert Koch-Institut (Grafik), N. N. (Demo), alle Deutschland
Druck und Bindung: Akontext s.r.o, Prag, Tschechien, www.akontext.com

Das vorliegende Buch erscheint auch als E-Book, mit der ISBN: 978-3-907347-01-0.

Inhaltsverzeichnis

Einleitung

Im Mai 2020 registrierte ich mich bei Twitter, um dort Zahlen, Daten und Fakten zu der seit kurzem schwelenden Coronakrise zu veröffentlichen. Zu diesem Zeitpunkt ging ich davon aus, dass der Wirbel um das neue Virus von kurzer Dauer sein und sich die Sache bald klären werde. Entsprechend glaubte ich an ein kurzes Gastspiel auf Twitter. Ein Irrtum, wie sich zeigte, denn auch jetzt, im Februar 2022, ist die Angelegenheit noch längst nicht ausgestanden.

Mit Twitter zu arbeiten ist effizient und produktiv: Man erfährt dort binnen einer Stunde mehr Neues und Interessantes als während einer Stunde Zeitungslektüre. Wobei das eine das andere nicht ausschließt, da viele Tweets auf Zeitungsartikel verweisen und man diese sozusagen *en passant* mitlesen kann. Indes sind soziale Medien flüchtig: Was morgens tausendfach gelesen wurde, ist am nächsten Tag nur noch von mittlerem Interesse und eine Woche später vergessen. Bücher hingegen wirken dauerhaft. Aus diesem Grund bin ich Jochen Mitschka dankbar, der eines Tages mit einer Idee auf mich zukam, nämlich einem Buch, das teilweise aus Tweets besteht und dessen Reiz darin liegt, dass der Text rundum die Metaebene beschreibt. Während ich nämlich stets nach dem Motto der britischen Krone twittere (*Never explain, never complain*) und aufgrund der engen 280-Zeichen-Grenze nur Prosa schreibe, habe ich in diesem Buch Gelegenheit zu erklären, was hinter meinen Tweets steckt und auf welchen Strategien sie beruhen.

Am schwersten tat ich mich mit dem Buchtitel. Mir fiel kein passender ein, und so fragte ich die Twitterer. Der gewählte Titel beruht auf ihrer Idee, aber es gingen Hunderte weitere Vorschläge ein wie diese: Schau mir auf die Grafik, Kleines – Das Schweigen der Ämter – Einer flog über das Covid-Nest – Husten, wir haben ein Problem – Viele Viren und kein Todesfall – Farm der Viren – Verstehen Sie Sars? – Liebling, ich habe die Kinder geimpft – Covid allein zu Haus – Drosten, ich weiß, was du letzten Sommer getan hast – Fifty Shades of Covid – Inglorious Boosters – Vaxx, Lies and Videotape. Man erhält auf Twitter originelle Anregungen und kann auch viel lernen, wenn man will.

Das Buch dokumentiert die Coronakrise im Zeitraffer mittels chronologisch geordneter Tweets, die meist auf amtliche Daten und Zeitungsmeldungen verweisen; nur ganz vereinzelt wird von der zeitlichen Reihenfolge abgewichen. Der in Erzählform gehaltene Text soll das Geschehen für die Nachwelt aufbewahren, innere Widersprüche und Fehlentscheidungen aufzeigen und verhindern, dass die Geschichte im Nachgang umgeschrieben wird. Über die Dokumentation hinausgehende Erklärungen und Theorien biete ich nicht an, weil mir das nicht zukommt.

Vorgeschichte

Wie kommt ein Universitätsprofessor und Institutsdirektor dazu, sich plötzlich auf einem sozialen Medium wie Twitter zu tummeln, obwohl er sich für dergleichen nie interessiert und vor der Coronakrise noch nicht einmal ein Smartphone besessen hatte? Die Antwort hängt einerseits mit meiner Persönlichkeit zusammen, andererseits mit der Arbeitsweise der Mainstream-Medien (MSM): Ich bin politisch äußerst interessiert, lebe aber wie die meisten Wissenschaftler eher zurückgezogen, war immer parteilos und habe einen ausgesprochenen Horror vor politischen Ämtern; mehrere Angebote hatte ich in meinem Leben abgelehnt. Ein guter Tag ist für mich einer, an dem ich abends klüger bin als ich morgens war, und nicht einer, an dem ich übers Land gezogen bin, dutzende Male dasselbe erzählt und in endlosen Gremiensitzungen gesessen habe.

Meine politische Einflussnahme vollzog sich über Jahrzehnte nach einem üblichen Modell, das ich hier kurz beschreiben will, weil es den meisten Zeitungslesern und Medienkonsumenten unbekannt ist: Gute Journalisten schreiben ihre Artikel nicht einfach aus dem Bauch heraus, sondern rufen Fachleute an, die sie schätzen und denen sie vertrauen. In meinem Fall betraf dies hauptsächlich Themen der Steuer-, Sozial-, Finanz- und Währungspolitik, zu denen ich seit Mitte der 1990er-Jahre regelmäßig befragt wurde. Man erklärt den Journalisten die Sachlage und erhält als Dankeschön nicht Geld, sondern ein Zitat, das man vor Drucklegung genehmigt.

Die namentliche Nennung in einer Zeitung hat den Vorteil, dass man Familienmitgliedern, Freunden und Bekannten demonstrieren kann, dass die esoterische Betätigung im Elfenbeinturm doch irgendwie nützlich ist. Ähnlich verhält es sich bei Einladungen zu Talkshows, in meinem Fall etwa zu Maybrit Illner, Sandra Maischberger oder Johannes B. Kerner: Auch hier wird der Zeitaufwand nicht finanziell vergütet, sondern immateriell, indem man kurzzeitig eine gewisse Bekanntheit erlangt und aus dem Schatten des einsamen Forschers heraustritt. Da politische Fragen allesamt umstritten sind, folgt auf jeden Auftritt natürlich nicht nur Lob, sondern auch Kritik, und zwar unabhängig davon, was man sagt.

Seit Jahrzehnten an diese Mechanismen gewöhnt, veröffentlichte ich im April 2020 einen Gastbeitrag in der WELT und argumentierte dort, Schweden, das als einziges Land Europas an bewährten Rezepten der Gesundheitspolitik festhielt, mache es besser als Deutschland und viele andere Länder, die ein Virus mit nie zuvor gesehenen und auch nirgends empfohlenen drastischen Mitteln bekämpften. Zuvor hatte ich mehrere Wochen lang Zahlen und Daten gesammelt und insbesondere medizinische Lehrbücher und den wichtigen Artikel von John Ioannidis gelesen, der schon Mitte März vor Überreaktionen gewarnt hatte[1]. Zu diesem Zeitpunkt sah man, dass die Fallzahlen in China deutlich sanken, und ebenso beim Nachbarn Südkorea, dessen Angaben ich vertrauenswürdiger fand.

WELT+ MEINUNG CORONA-KRISE

Warum Deutschlands Lockdown falsch ist – und Schweden vieles besser macht

Veröffentlicht am 15.04.2020 | Lesedauer: 5 Minuten

Von Stefan Homburg

www.welt.de/wirtschaft/plus207258427/Schweden-als-Vorbild-Finanzwissenschaftler-gegen-Corona-Lockdown.html

Von einer „Pandemie“ im ursprünglichen Wortsinn, also einer globalen gesundheitlichen Katastrophe, konnte keine Rede sein, das lag auf der Hand. Nach Erscheinen des Artikels in der WELT, der enorme positive und negative Resonanz hatte, rief mich Milena Preradovic an, die früher bei RTL das Mittagsmagazin „Punkt 12“ moderiert und sich inzwischen mit einem eigenen Format selbstständig gemacht hatte. Sie bat um ein Interview zu den Zahlenspielen, mit denen die Bundesregierung und das Robert Koch-Institut (RKI) die deutsche Öffentlichkeit seit Wochen verwirrten: Zunächst hatte Bundeskanzlerin Angela Merkel versprochen, der Lockdown werde bei einer Verdopplungszeit des Coronavirus von zehn Tagen beendet; als diese erreicht war, verlängerte Kanzleramtschef Helge Braun die Frist auf vierzehn Tage. Schon bald überstieg die Verdopplungszeit auch diesen Wert, und nun hieß es aus Regierungskreisen, entscheidend für die Aufhebung des Lockdown sei nicht die Verdopplungszeit, sondern die Reproduktionszahl (auch R-Wert genannt), die unter Eins fallen müsse. Diese Zahl gibt an, wie viele Personen eine infizierte Person ansteckt.

Am 15. April 2020, also just am Tag des Erscheinens meines Artikels in der WELT, fand die nächste Ministerpräsidentenkonferenz mit Bundeskanzlerin Angela Merkel statt, natürlich in elektronischer Form, um über die Aufhebung des Lockdowns zu beraten. In den Sitzungsunterlagen der Teilnehmer befand sich eine geradezu sensationelle Grafik, die das RKI am selben Tag online vorab im Epidemiologischen Bulletin veröffentlicht hatte:

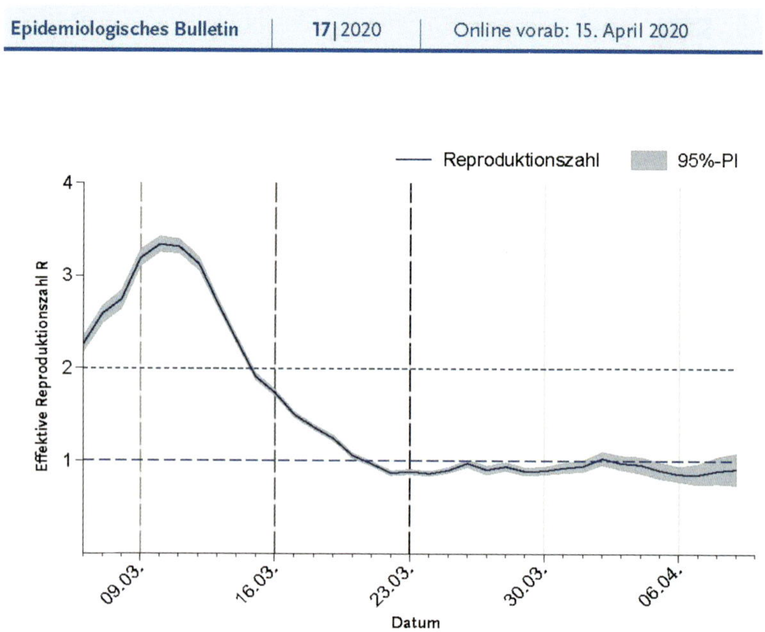

www.rki.de/DE/Content/Infekt/EpidBull/Archiv/2020/Ausgaben/17_20.pdf

Die Grafik zeigte klar und deutlich, dass besagter R-Wert, der neuerdings über das Schicksal von Millionen Menschen entschied, nicht nur unter Eins lag, sondern bereits *vor* Inkrafttreten des Lockdowns am 23. März 2020 unter Eins gelegen hatte und danach nicht weiter gesunken war. Anders gesagt waren die beispiellosen Maßnahmen – geschlossene Geschäfte und Schulen, Festnahmen wegen des Verteilens von Grundgesetztexten oder wegen einsamen Sitzens auf einer Parkbank, zwangsgeräumte Kliniken, die vergebens auf Patienten warteten, oder zerstörte Existenzen und Psychen – vermutlich unnötig und unwirksam gewesen, da Virenwellen, wie übrigens seit Jahrtausenden, mit Einbruch des Frühlings von selbst verschwinden. Aufgrund dieses Befundes war keine andere Entscheidung denkbar als die sofortige Aufhebung der Maßnahmen.

Stattdessen beschloss die Politik eine Verlängerung des Lockdowns auf unbestimmte Zeit. Ein Teilnehmer der vertraulichen Sitzung erzählte mir später, wie es dazu kam: Bundeskanzlerin Merkel hatte Modellrechnungen verteilt und behauptet, der R-Wert könne ja irgendwann wieder über Eins steigen; in diesem Falle drohten „exponentielles Wachstum“ und eine Überlastung des Gesundheitssystems. Dieser Possibilismus, also Handeln aufgrund rein theoretischer Möglichkeiten, für die es keine Anhaltspunkte gibt, kennzeichnet die Coronadebatte (und auch einige andere Debatten) bis heute; soeben hat Bundesgesundheitsminister Karl Lauterbach scharfe Maßnahmen für den Frühling 2022 angemahnt, weil im Herbst möglicherweise eine gefährliche Virusvariante komme. Ebenso gut könnte man hypostasieren, dass demnächst ein Meteorit einschlägt, und zur Minimierung des Schadens alle Bewohner in ihren Wohnungen einsperren.

In Deutschland markierte die Ministerpräsidentenkonferenz vom 15. April 2020 *den* entscheidenden Wendepunkt der Coronakrise. Bis zu diesem Tag hatte die Politik lediglich falsch gehandelt, indem sie Hinweise erfahrener und erfolgreicher Fachleute wie Sucharit Bhakdi, Wolfgang Wodarg und John Ioannidis ebenso ignorierte wie die beruhigende Entwicklung der Fallzahlen in Asien und später in Deutschland. Ab diesem Tag begann eine Phase kompletter Irrationalität und Hysterie, die bis heute anhält und ein trauriges Licht auf den Kultur- und Zivilisationsstand unseres Landes wirft.

Angesichts dieser Entwicklung war ich bereit, Milena Preradovic ein Interview per Skype zu geben, obwohl ich solche Formate nicht mag und auch keine Webcam besaß. Sie schickte einen Techniker nebst Laptop aus Berlin, und wir nahmen ein kreuzbraves Interview auf, das mit Milenas Hinweisen auf die Wichtigkeit der Hygienevorschriften begann. Das Interview schlug ein wie eine Bombe und wurde binnen kürzester Zeit über eine Million Mal heruntergeladen. Das hatte ich nicht erwartet.

Mit den Reaktionen der kommenden Tage hatte ich aufgrund meiner langjährigen und ausschließlich positiven Erfahrungen mit den MSM ebenfalls nicht gerechnet. Dabei gab es einen Präzedenzfall: Am 10. März 2020, meinem Geburtstag, hatte das ZDF Dr. Wolfgang Wodarg in die Talkshow „Lanz“ eingeladen und mit folgendem Werbetext vorgestellt[2]: „Einer davon ist der Lungenfacharzt und langjährige SPD-Bundestagsabgeordnete Dr. Wolfgang Wodarg. Er hat neben seiner Ausbildung zum Lungenfacharzt an der renommierten Johns Hopkins University Epidemiologie im Rahmen eines Stipendiums studiert. Beim Ausbruch der sogenannten Schweinegrippe 2009 war er als SPD-Politiker Vorsitzender des Gesundheitsausschusses im Europarat in Straßburg und initiierte den Untersuchungsausschuss zur Schweinegrippe.“

In der Tat war Wodarg noch vielen Menschen ein Begriff, da er fast im Alleingang den Schweinegrippeskandal[3] enthüllt und aufgeklärt hatte, in dem Christian Drosten[4] und Karl Lauterbach[5] höchst unrühmliche Rollen gespielt hatten: Beide hatten behauptet, die Schweinegrippe sei sehr gefährlich und die Impfung dagegen ungefährlich. Zahllose Menschen, die auf die Propaganda der beiden hereinfielen, zahlen dafür bis heute einen hohen gesundheitlichen Preis, darunter leider auch damalige Kinder, die nicht selbst entscheiden konnten. Die Politik hatte für den Impfstoff „Pandemrix“ auf Druck von Bundeskanzlerin Merkel hunderte Millionen Steuergelder ausgegeben und musste die meisten Dosen nach Aufdeckung der Impfschäden vernichten.

Bei „Lanz“ übernahm Wodarg die ihm zugedachte Rolle: Er bestätigte, wie vom ZDF geplant, dass SARS-CoV-2 ein harmloses Erkältungsvirus sei, das zu den bereits umlaufenden humanen Coronaviren hinzukomme. Natürlich könnten diese im Einzelfall, vor allem bei vorerkrankten und alten Menschen, schwere Verläufe nehmen und auch töten. Es sei aber absurd, daraus eine Gefährdung des gut ausgebauten deutschen Gesundheitssystems abzuleiten. Kurz vorher hatte der Bayerische Rundfunk eine Satire gesendet, wonach nur rechtsextreme Verfassungsfeinde behaupteten, Corona sei gefährlich. Ziel ihrer Lügen sei die Zerstörung unseres Staates, nichts weiter. Kurz nach Wodargs Auftritt bei „Lanz“ änderte die Politik ihre Richtung indes um 180 Grad, und über ihn ergoss sich ein Kübel übelster medialer Faktenchecks und Diffamierungen sogar in der „Neuen Zürcher Zeitung“ (NZZ), die zuvor stets als „Westfernsehen“ gegolten hatte[6]. Bis heute changiert das Bild, das die MSM von Wodarg zeichnen, zwischen bösartig, verrückt und kriminell, obwohl sowohl bei der Schweinegrippe 2009 als auch bei Corona alle seine Analysen korrekt und gesellschaftlich nützlich waren. Geschichte ist eben nicht gerecht. Wer stets danebenlag, erhielt das Bundesverdienstkreuz (Drosten) oder wurde sogar Bundesgesundheitsminister (Lauterbach).

Mir selbst, und damit komme ich zum Ende der Vorgeschichte, sollte es nicht anders ergehen als Dr. Wodarg. Kurz nach dem Interview mit Milena Preradovic erschienen Unmengen Faktenchecks und Artikel, ausschließlich von Laien geschrieben, die mich der Verbreitung von Falschinformationen bezichtigten. Unversehens stand ich, ein eher dröger Gelehrter, als Staatsfeind Nr. 1 dar, gleichauf mit Dr. Wodarg und Prof. Dr. Sucharit Bhakdi, der sich aufgrund seiner großen Erfahrung mit Infektionskrankheiten frühzeitig mit einem warnenden Brief an die Bundeskanzlerin gemeldet hatte.

Bis auf Weiteres war meine MSM-Laufbahn jedenfalls beendet, und ich musste andere Wege finden, um auf die öffentliche Meinung Einfluss zu nehmen. Als glückliches und dankbares Kind der Bonner Republik wollte ich nicht passiv zusehen, wie Deutschland wieder einmal in Irrationalität und Inhumanität versinkt. So startete ich auf Twitter.

Der Einstieg

Über Twitter hatte ich schon einige Zeit nachgedacht, da es als das politisch wichtigste der sozialen Medien gilt und dort praktisch alle Journalisten und Politiker vertreten sind. Aber mir fiel zunächst kein Rezept ein. Schließlich wollte ich als etablierter Universitätsprofessor nicht mit vier Followern starten, ahnend, dass einige meiner eigenen Studenten sicher Hunderte hatten. Hierzu muss man wissen, dass Status und Einfluss eines Twitterers von der Anzahl der Personen abhängen, die sich durch einen Klick zu Followern erklärt haben. Wer stattliche 1.000 Follower besitzt, wird auch bei mäßig originellen Tweets einige Likes (Zustimmung) und Drukos (Drunterkommentare, also Antworten) erhalten, und die Bereitschaft, die Beiträge überhaupt zu lesen, wird höher sein als bei einem anonymen Troll mit wenigen Followern. Vor allem aber entscheidet die Zahl der Follower über das, was mir wichtiger war als Likes und Drukos, nämlich die Impressions (Sichtungen oder Aufrufe der eigenen Tweets). Nach einem Jahr auf Twitter hatte ich über 100.000 und manchmal bis zu zwei Millionen Impressions pro Tag.

Nach einigem Grübeln kam mir die Idee: Ich bat Olaf Gersemann, den mir lange verbundenen Wirtschaftschef der WELT, und Max Otte, einen früheren Studenten, um Starthilfe. Beide erklärten sich netterweise bereit, mein Twitterprofil bekannt zu machen, und so sollte ich schon den ersten Tag mit über 3.000 Followern beenden. Am 6. Mai 2020 registrierte ich mich also und wählte *@SHomburg* als Handle, das ist die Adresse, unter der man bei Twitter angesprochen und gefunden werden kann. Als Profilnamen nahm ich ohne akademischen Zierrat einfach „Stefan Homburg" und setzte um 7:15 Uhr erwartungsvoll meinen ersten Tweet ab.

Stefan Homburg
@SHomburg

Heute habe ich ein Twitter-Konto eröffnet, um Informationen einzustellen. Auf sachliche Einwände gehe ich gern ein. Emotionale Diskussionen sind nichts für mich. #StefanHomburg

7:15 vorm. · 6. Mai 2020 · Twitter Web App

Tweet-Aktivität anzeigen Sponsern

154 Retweets 26 Zitierte Tweets 651 „Gefällt mir"-Angaben

https://twitter.com/SHomburg/status/1257901701694205952

Jeder Tweet wird in diesem Buch als Bild wiedergegeben. Der Link darunter ermöglicht es, den Tweet in einem Browser zu öffnen und dann Kommentare anzusehen oder etwaige Videos abzuspielen. Die Zahlen „154" und „26" im vorigen Tweet zeigen, wie oft ihn andere Benutzer weitergegeben haben, und zwar ohne bzw. mit Ergänzungen. Die Zahl „651" repräsentiert die Anzahl der Likes oder „Herzchen", die für den Tweet vergeben wurden. Nach Klick auf die drei senkrechten Striche links unten zeigt Twitter dem Ersteller, und nur ihm, die Zahl der Impressions (Sichtungen) an, beim ersten Tweet waren es knapp 30.000. Zur Verbesserung des Layouts werden die untersten Zeilen, die auch Twitters nervigen Sponsoringaufruf enthalten, meist nicht reproduziert, können aber durch Klick auf den Link angeschaut werden.

Die Reaktion bestand aus Likes und interessanten Kommentaren. Ein Nutzer schrieb „Sehr geehrter Prof. Homburg. Twitter ist das momentan emotionalst überladene Medium unserer Zeit. Wenn emotionale Diskussionen für Sie nichts sind, wirds hier nicht schön". Das traf den Nagel auf den Kopf. Joanne K. Rowling, die begnadete Schöpferin von „Harry Potter", wurde auf

Twitter von einer Protestwelle hinweggefegt, nachdem sie vorgeschlagen hatte, Frauen als solche zu bezeichnen und nicht als „Menschen, die gebären können“. Da sich auf Twitter eine überwiegend *woke* bzw. linke Gemeinschaft versammelt hat, muss man bei politisch inkorrekten Äußerungen auf alles gefasst sein.

Mittlerweile hat Twitters *cancel culture*, also die Vernichtung abweichender Meinungsäußerungen, beunruhigende Ausmaße angenommen. Schleswig-Holsteins Kultusministerin Karin Prien zog sich im Februar 2022 zurück, nachdem sie Vorbehalte gegen die Masken- und Testschinderei der Schulkinder geäußert und dafür einen Shitstorm kassiert hatte, also eine Unzahl beleidigender Drukos und Tweets. Kurz danach folgte ihr Ulf Poschardt, Chefredakteur der WELT, einer der konservativen Wortführer, nachdem ihm Ähnliches widerfahren war. Zarte Seelen sollten sich auf Twitter nicht exponieren, können aber ohne Weiteres ein Profil eröffnen, um dort komfortabel mitzulesen. Als aktiver Twitterer jedoch muss man gegen Shitstorms immun sein und darf nicht gleich abtauchen, wenn schlecht erzogene Gestalten pöbeln. Wer schreit, hat im Zweifelsfall Unrecht.

Abends beendete ich den Einstand auf Twitter unter Hinweis auf eigene Interviews im „heute journal“, das einen kritischen Bericht zur Verhältnismäßigkeit des Lockdown sendete, und im WDR5. Diese Auftritte waren so ziemlich die letzten in den MSM, denen ich fortan als Gesetzloser galt.

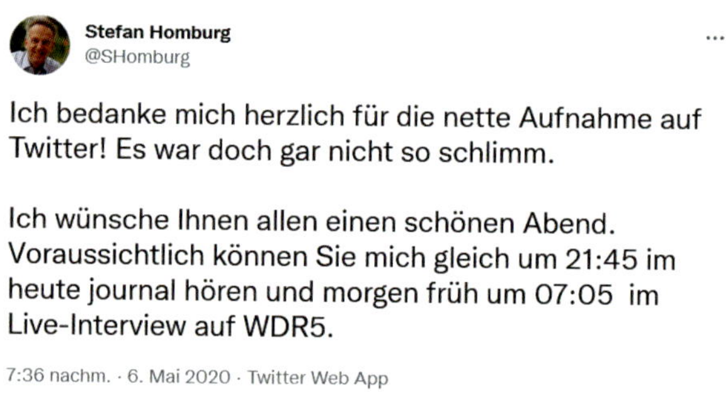
Stefan Homburg
@SHomburg

Ich bedanke mich herzlich für die nette Aufnahme auf Twitter! Es war doch gar nicht so schlimm.

Ich wünsche Ihnen allen einen schönen Abend. Voraussichtlich können Sie mich gleich um 21:45 im heute journal hören und morgen früh um 07:05 im Live-Interview auf WDR5.

7:36 nachm. · 6. Mai 2020 · Twitter Web App

https://twitter.com/SHomburg/status/1258088262784204802

Tweets sind auf 280 Zeichen begrenzt, und dieses Limit bedeutet bei komplexeren Zusammenhängen eine große Herausforderung. Man kann die Grenze hinausschieben, indem man mehrere Beiträge zu einem Thread verkettet. Durch anfängliche Erfolge ermutigt, setzte ich meinen ersten mehrteiligen Thread am dritten Tag ab. Er markierte den Auftakt zu vielen mathematischen und statistischen Beiträgen, die für Zulauf sorgten.

Im nachstehend wiedergegebenen Tweet sollte der Zusatz „FSK 14“, also zugelassen ab 14 Jahre, all jene zur Lektüre ermutigen, die mathematischen Darstellungen mit Reserve begegnen; das sind auf Twitter nämlich nicht wenige. Der Thread war wie eine Vorlesung in Lektionen unterteilt:

Stefan Homburg
@SHomburg

Manchmal geht ein Tweet viral. Er verbreitet sich wie ein Virus. Diese Dynamik sollte man kennen. FSK 14 Jahre.

LEKTION 1: Tweets und Viren verbreiten sich nicht exponentiell. Niemals.

#StefanHomburg #corona #covid19 #coronadeutschland #lockdown #angst #zweitewelle 1/2

6:38 vorm. · 8. Mai 2020 · Twitter Web App

https://twitter.com/SHomburg/status/1258617158294294529

Den Auftakt des Threads bildeten also eine Exponentialfunktion und die Behauptung, dass sich weder Tweets noch Viren exponentiell vermehren.

Stefan Homburg
@SHomburg

LEKTION 2: Tweets und Viren verbreiten sich immer logistisch: Erst langsam, dann schnell, dann wieder langsamer. Warum? 2/3

6:41 vorm. · 8. Mai 2020 · Twitter Web App

https://twitter.com/SHomburg/status/1258617946970230785

In der Fortsetzung folgte die weitere Behauptung, dass sich Tweets und Viren logistisch vermehren, genauer hätte ich schreiben müssen: sigmoid. Die in beruhigendem Grün gehaltene Kurve entsprach der Darstellung in Lehrbüchern der Epidemiologie und erinnerte an Alltagswissen, nämlich die bekannten „Grippewellen“.

Stefan Homburg
@SHomburg

Weil immer weniger Menschen übrig bleiben, die für die Verbreitung empfänglich sind.

Empfänglich heißt bei Tweets: Interessiert. Und bei Viren: Nicht infiziert.

Kein Tweet hat jemals alle Twitterer erreicht. Und kein Virus hat jemals die ganz Menschheit hinweggerafft. 3/4

6:43 vorm. · 8. Mai 2020 · Twitter Web App

https://twitter.com/SHomburg/status/1258618577218932736

Kern des Threads war die intuitive Begründung im dritten Teil: Je mehr Menschen einen Tweet bereits gesehen haben, desto weniger potenziell Interessierte bleiben übrig. Und je mehr Menschen bereits mit einem Virus infiziert wurden, desto weniger Infizierbare bleiben übrig. Diese Sättigungseffekte bremsen das Wachstum, bis es ganz zum Erliegen kommt.

Stefan Homburg
@SHomburg

Schlussfolgerung: Man braucht nichts zu tun, um ein Virus zu stoppen. Jede Virenwelle erreicht ihren Höhepunkt und stoppt dann von selbst. Das gilt auch für Corona und für jeden Tweet.

6:45 vorm. · 8. Mai 2020 · Twitter Web App

https://twitter.com/SHomburg/status/1258619085904101377

Die früher einmal selbstverständliche Feststellung, dass Virenwellen automatisch enden, also ohne menschliches Zutun, insbesondere ohne Lockdowns, Masken und Impfungen, brachte mir den ersten veritablen Shitstorm ein und sollte mich über Wochen und Monate verfolgen. Aus welchen Gründen auch immer hatten Wissenschaftler, Politiker und die meisten Medien der Bevölkerung mit Erfolg eingeredet, dass die Ausbreitung eines Virus über alle Grenzen wachse und nur durch härteste Maßnahmen gestoppt werden könne.

Hinter dem Thread steckte einige Arbeit, beginnend mit der Überlegung, wie man so etwas überhaupt vermitteln kann, und endend bei der Erstellung von Grafiken mittels MATLAB. Der didaktische Kniff bestand in der Analogie der Verbreitung von Viren und Tweets. Warum der ganze Aufwand?

Nun, kurz zuvor hatte eine Marketingagentur im Auftrag von Horst Seehofers Bundesinnenministerium ein sogenanntes Schockpapier geschrieben, um die Bevölkerung zu verängstigen. Darin ging es um unbotmäßige Kinder, die den Erstickungstod ihrer Großeltern verursachen, um überlaufende Kliniken, vor allem aber um die fixe Idee, Viren würden sich „exponentiell“ vermehren, also über jede vorgegebene Grenze hinaus und immer schneller. Ich hatte mir im März 2020 einige Fachbücher der Epidemiologie besorgt, in denen nachzulesen war, dass die Idee exponentiellen Wachstums vom Volkswirt Thomas Robert Malthus im 18. Jahrhundert entwickelt, jedoch längst zu den Akten gelegt worden war. Nach dem Stand der Fachwissenschaft lässt sich die Ausbreitung von Viren am besten durch logistische Funktionen oder Gompertzkurven beschreiben. Diese ergeben die charakteristischen Kurven, die der Volksmund als Grippewellen bezeichnet. Wortführer wie Drosten, Lauterbach oder RKI-Chef Lothar Wieler, die allabendlich auf dem Bildschirm auftauchten und behaupteten, die Gefahr exponentiellen Wachstums rechtfertige jeden noch so scharfen Eingriff in Grundrechte, negierten den Stand der Forschung.

Da der Thread aber nur Theorie war, wenngleich sachgerechte, erschien es taktisch klug, ihn mit empirischen Daten des RKI zu unterfüttern, die bewiesen, dass sich die Realität lehrbuchmäßig verhielt.

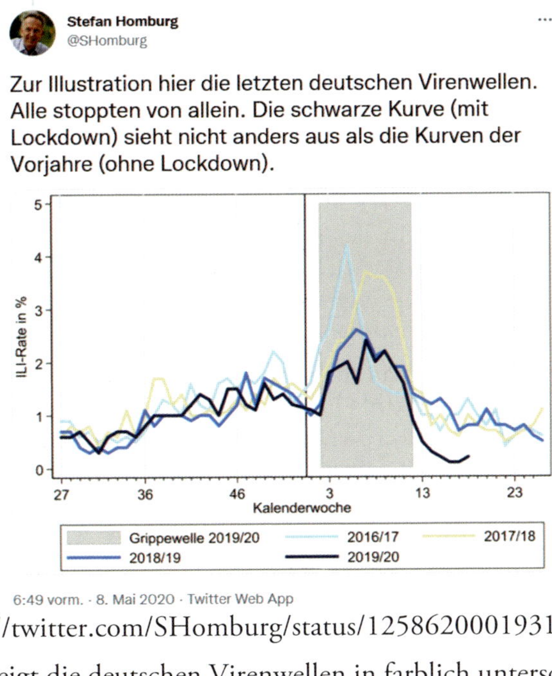

https://twitter.com/SHomburg/status/1258620001931714563

Die Grafik zeigt die deutschen Virenwellen in farblich unterschiedenen Jahren; horizontal sind Kalenderwochen abgetragen. Jedermann erkennt: In den Sommermonaten um die 30. Kalenderwoche gibt es wenige Erkältungen; sie nehmen zum Herbst hin zu und erreichen am Jahresanfang, mitten im Winter, ihr Maximum. Zu allen Zeiten hatten Erkältungswellen automatisch geendet, ohne dass es eines Lockdowns oder anderer Maßnahmen bedurft hätte. Stets waren alte und vorerkrankte Menschen daran gestorben, stets waren die Kliniken im Winter etwas stärker belegt als im Sommer, weshalb einige Eingriffe verschoben wurden. Erst 2020 setzte sich in Politik und Bevölkerung die aus der Luft gegriffene Vorstellung fest, eine Viruswelle werde ohne massive Eingriffe nie enden, sondern zur Katastrophe führen.

Wie konnte es dazu kommen? Was den Beitrag der Wissenschaft angeht, kamen mehrere Faktoren zusammen. Einerseits schwieg die eigentliche Fachwissenschaft, die Epidemiologie, weitgehend. Im Gegensatz zu Mikrobiologen (Virologen), die im Labor arbeiten und zur Ausbreitungsdynamik von Viren wenig beitragen können, betreiben Epidemiologen eine mathematisch-statistische Disziplin und haben oft nicht Medizin studiert, sondern Mathematik. Warum wurden sie nicht gehört? Vielleicht, weil sie wussten, dass sich Virenwellen niemals exponentiell ausbreiten und deshalb bei Politik und Medien in der damaligen Situation nicht gefragt waren.

Hinzu kam, dass herausragende Fachvertreter wie die Medizinprofessoren Jay Bhattacharya (Stanford University) oder Martin Kulldorf (Harvard University) sowie weitere Verfasser der „Great Barrington Deklaration" (GBD) im Ausland ähnlichen Diffamierungen ausgesetzt waren wie Bhakdi oder Wodarg in Deutschland. Wer an Karriere und Drittmitteln interessiert war, schwieg lieber. Unterzeichner der GBD[7], die an traditionellen Rezepten der Gesundheitspolitik festhielten, wurden als Querdenker abgestempelt.

Dies bringt mich zu einer weiteren interessanten Erkenntnisquelle, nämlich meiner Mailbox. Allein im Jahr nach dem Interview mit Milena Preradovic erhielt ich ca. 40.000 Emails meist unbekannter Menschen, von denen ich rund 4.000 beantwortete. In der Frühphase beeindruckten mich zwei Zuschriften besonders: Erstens schrieb mir ein naturwissenschaftlicher Kollege süffisant, er bewundere zwar meinen Einsatz, doch würde ich schon sehen, was ich davon hätte. Er selbst habe sich ein einziges Mal im Fernsehen zur Klimapolitik geäußert, sei danach sozial ermordet worden und werde sicher nie mehr den Mund aufmachen.

Zweitens erhielt ich Post eines Chefarztes, der mir von seinem Dienstaccount aus mitteilte, er finde meine Tweets absolut zutreffend, doch könne er als Mittvierziger mich nicht öffentlich unterstützen, da dies eine Verlängerung seines Vertrages gefährde. Es ist kein Zufall, dass anfangs fast ausschließlich Kritiker auftraten, die sich im Ruhestand befanden (Bhakdi und Wodarg) oder diesem nahe waren (Rechtsmediziner Prof. Dr. Klaus Püschel und ich). Jeder Kritiker wurde auf übelste Weise diffamiert: Bhakdi und ich als Antisemiten, Püschel als Rassist[8]. Vor unserer Lockdownkritik waren derartige Vorwürfe nie erhoben worden; sie waren auch aus der Luft gegriffen und sollten nur davon ablenken, dass wir in der Sache recht hatten.

Während die Epidemiologen im öffentlichen Diskurs so gut wie unsichtbar blieben, nutzten fachfremde Wissenschaftler die Gunst der Stunde. Es waren vor allem Physiker, Biologen, Verkehrsplaner und Ökonomen, die der Regierung und der Öffentlichkeit eilfertig vorrechneten, welch positive Wirkungen Lockdowns und Masken hätten. Anders als bei den Kritikern waren es hierbei vorwiegend Jüngere, die auf diese Weise ihre politische Korrektheit zur Schau stellen (*virtue signalling*) und wohl auch ihre Karrierechancen verbessern wollten.

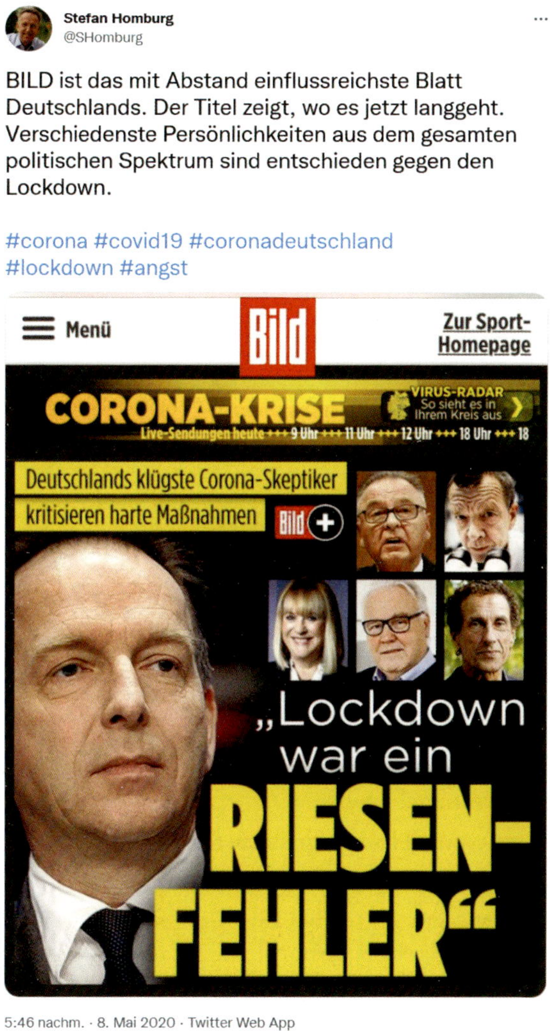
Stefan Homburg
@SHomburg

BILD ist das mit Abstand einflussreichste Blatt Deutschlands. Der Titel zeigt, wo es jetzt langgeht. Verschiedenste Persönlichkeiten aus dem gesamten politischen Spektrum sind entschieden gegen den Lockdown.

#corona #covid19 #coronadeutschland #lockdown #angst

5:46 nachm. · 8. Mai 2020 · Twitter Web App

https://twitter.com/SHomburg/status/1258785257203159047

Am selben Tag erschien ich ohne eigenes Zutun auf Seite 1 der BILD, die mich zusammen mit den Kollegen Klaus Püschel und Julian Nida-Rümelin, dem früheren Präsidenten des Bundesverfassungsgerichts Hans-Jürgen Papier und weiteren Prominenten als Vorkämpfer gegen den Lockdown präsentierte.

Die Zeitungen des Springerverlags, also BILD und WELT, waren lange Zeit die einzigen MSM, die auch kritische Beiträge zur Coronapolitik brachten. Später kamen vor allem die „Berliner Zeitung" und der „Cicero" hinzu. Alle übrigen folgten der Regierungslinie lange Zeit in einer Bravheit, die man nie für möglich gehalten hätte. Wer kritische Informationen haben wollte, musste alternative Medien konsultieren wie etwa Multipolar, Telepolis, die Achse des Guten und Tichys Einblick oder eben auf Twitter sein. Der vorige Tweet fand übrigens recht wenig Zuspruch, weil alles, was nach Selbstmarketing riecht, von Twitterern nicht goutiert wird. Manch populärer Buchautor oder Künstler, der nach Jahren mühevollen Schaffens sein Werk vorstellte, hat das schon schmerzlich erfahren.

An meinem dritten Tag auf Twitter tauchte wie aus dem Nichts der SPD-Bundestagsabgeordnete Karl Lauterbach auf, lobte mich als „Top Finanzwissenschaftler" und tadelte zugleich, allerdings ohne jedes Argument, einen unscharf spezifizierten „demagogischen Unsinn".

Stefan Homburg
@SHomburg

Lieber Herr @Karl_Lauterbach, so sehen wir uns wieder! Aber argumentieren Sie doch bitte inhaltlich und nicht ad hominem:

Warum wollen Sie Schulen bis 2021 schließen? Warum will Ihre SPD, wie man hört, die Corona-Zwangsimpfung über die EU lancieren? #coronavirusdeutschland #spd

Prof. Karl Lauterbach @Karl_Lauterbach · 8. Mai 2020
Stefan Homburg ist ein Top Finanzwissenschaftler. Weshalb er sich für demagogischen Unsinn in der Coronakrise hergibt ist ein Rätsel. Er wird Sprachrohr von Aluhüten, verspielt seinen guten Ruf für Nichts. Die Binse, dass nach 200Tsd Toten sich Virenwelle totläuft beispielhaft twitter.com/SHomburg/statu...

7:05 vorm. · 9. Mai 2020 · Twitter Web App

https://twitter.com/SHomburg/status/1258986400705327104

Ich kannte Lauterbach seit Langem persönlich, hatte einmal zu zweit mit ihm im Restaurant gegessen und dabei vernommen, wie er dem Kellner jede Zutat von Salz in seinen Speisen verbot. Früher fand ich Lauterbach ein wenig schrullig, aber ganz in Ordnung; im Zusammenhang mit Corona hat er eine unerklärliche Entwicklung durchlaufen. Der Retweet durch Lauterbach, also dessen Wiedergabe meines eigenen Tweets, war ein Geschenk des Himmels, da er damals rund hundertmal mehr Follower hatte als ich und viele von ihnen das erste Mal auf mich aufmerksam wurden. Die Aufmerksamkeit ist kein Wert an sich, aber sie erhöht die Chance, viele Menschen zu erreichen und auf diese Weise etwas zu bewirken.

Ein Charakteristikum der Coronakrise sind Anzahl und Intensität jener Fake News, die der Staat selbst fortlaufend produziert. Twitter hat hier ein hervorragendes Gedächtnis. Wenn man wichtige Beiträge systematisch archiviert, kann man sie Monate später hervorholen und dokumentieren, dass staatliche Stellen die Unwahrheit geschrieben haben, so wie hier:

https://twitter.com/SHomburg/status/1259779889235886081

Ab dem 9. März 2020 waren in Deutschland bereits Großveranstaltungen verboten. Die Schulschließungen ab 16. März und der generelle Lockdown ab 23. März waren längst vorbereitet und eingetütet, schließlich benötigte man für alle diese Maßnahmen ausgefeilte Verordnungstexte. Gleichwohl ließ Jens Spahn noch am 14. März verkünden, massive Einschränkungen des öffentlichen Lebens seien Fake News und keineswegs zu befürchten.

Als Neuling ärgerte ich mich anfangs über Versuche, meine Tweets löschen zu lassen und mich aus der Gemeinschaft auszuschließen. Dabei wurden nicht nur prononcierte Statements als Hassrede oder Straftat gemeldet, sondern selbst bloße Verweise auf Sendungen des öffentlich-rechtlichen Rundfunks (ÖRR). Diese *cancel culture* gehört zur DNA jener politisch korrekten Gemeinde, die andere Meinungen nicht toleriert und Andersdenkenden die Möglichkeit nehmen will, sich zu äußern.

Hannover lud nach Protesten einen renommierten Afrikaforscher aus, dem nur seine weiße Hautfarbe vorgeworfen wurde; an der Universität gab ein Polizist seinen Lehrauftrag zurück, nachdem er verbal und physisch mit der These attackiert worden war, alle Polizisten seien „rechts", und an manchen Universitäten dürfen nur noch erklärte Linke als Gastwissenschaftler vortragen (*safe spaces*): Diesem Konzept zufolge sollen Universitäten „sichere Orte" für Linke sein, die sie davor beschützen, sich mit anderen Auffassungen auseinandersetzen zu müssen.

Stefan Homburg
@SHomburg

"Meinungsfreiheit" in Hannover:

1. Einzelne Unifunktionäre attackieren mich wiederholt.
Grund: Kritik am #Lockdown .

2. Ein Afrikaforscher darf in der Stadt nicht referieren.
Grund: Weiße Hautfarbe.

3. Das Auto eines Lehrbeauftragten wird beschädigt.
Grund: Er ist Polizist.

8:24 vorm. · 4. Mai 2021 · Twitter Web App

https://twitter.com/SHomburg/status/1389465912668004355

Einige Tausende gegen mich gerichtete Löschanträge später sehe ich darüber hinweg und bin ganz froh, wenn nur meine elektronische Eliminierung gefordert wird. Denn es gab natürlich auch konkrete Mordaufrufe.

Schon im Mai 2020 begann ich mit dem Dauerbrenner „Sterbezahlen des Statistischen Bundesamts und des RKI". Die nachstehende Grafik war innovativ und schaffte es sogar ins Fernsehen, freilich ohne Nennung meines Namens. Der Kniff bestand darin, die vom Statistischen Bundesamt gemeldeten täglichen Sterbefälle mit den „Coronatoten" des RKI zu kombinieren, wobei ich das Wort „Coronatote" immer in Anführungszeichen setze, da nicht zwischen akzidentellen und ursächlichen Fällen unterschieden wurde, also nicht zwischen „mit" und „an". Die tatsächliche Zahl wurde damit systematisch überschätzt, aber gleichwohl enthielt die Grafik zwei interessante Botschaften, nämlich erstens, dass die Gesamtsterblichkeit praktisch unverändert geblieben war und zweitens, dass „Coronatote" überhaupt nicht ins Gewicht fielen.

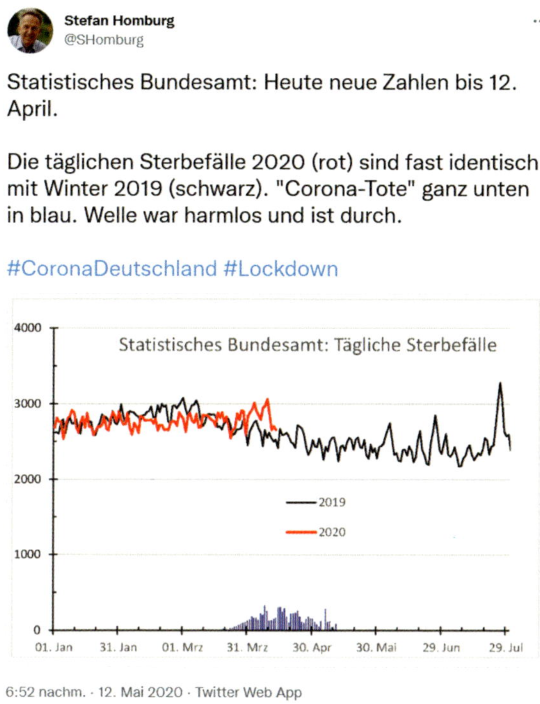

https://twitter.com/SHomburg/status/1260251573697105921

Die „Coronatoten" waren übrigens im Mittel 84 Jahre alt[9], ein Wert, der deutlich über dem mittleren Sterbealter der Gesamtbevölkerung von 82 Jahren lag[10]. Von wenigen Ausnahmen abgesehen handelte es sich bei den erstgenannten um sehr alte und kranke Menschen, viele von ihnen waren in Pflegeheimen untergebracht. Der erste registrierte Sterbefall in Schleswig-Holstein betraf einen 78-jährigen Krebspatienten im Universitätsklinikum Lübeck, der erst nach seinem Tod positiv auf das Coronavirus getestet wurde[11].

Kurz nach den ersten Lockerungen schlug der sogenannte BMI-Leak ein wie eine Bombe. Hiervon berichtete ich in einem Tweet und verlinkte auf den privaten Server eines fachkundigen Unterstützers, der alles, was zu dieser Zeit von Löschung bedroht war, in Sicherheit brachte. Stephan Kohn, Oberregierungsrat im Bundesinnenministerium, hatte einen Vermerk über die verfehlte Lockdownpolitik abgefasst, der insbesondere die schlimmen Kollateralschäden thematisierte. In den MSM las man davon kein Wort. Innenminister Seehofer reagierte mit sofortiger Suspendierung des Beamten. Das Mundtotmachen ehrbarer Stimmen, die auf Inkonsistenzen und Fehleinschätzungen hinwiesen, durchzieht die gesamte Coronakrise.

Stefan Homburg
@SHomburg

BREAKING NEWS: Hier der Volltext des BMI-Whistleblowers. Er sollte meines Erachtens für das Bundesverdienstkreuz vorgeschlagen werden.

#corona #Seehofer #Lockdown #BMILeak

verdacht.mifi.ovh/BMI-Leak.pdf

4:56 nachm. · 11. Mai 2020 · Twitter Web App

https://twitter.com/SHomburg/status/1259860020306550785

Über die Geschehnisse rund um das BMI hat die Twitterin *@aya_velazquez* übrigens einen sage und schreibe 210-teiligen Thread verfasst.

Aya Velázquez
@aya_velazquez

1/210: Markus Kerbers Apollo13
Im März 2020 stellte das @BMI_Bund eine COVID-19 Taskforce zusammen, die ein umstrittenes #Strategiepapier verfasste. Die #Emails der Autoren wurden per Informationsfreiheitsgesetz freigeklagt.
Hier kommt meine Analyse der 59 Emails.
#MEGATHREAD ⬇️

9:30 vorm. · 26. Aug. 2021 · Twitter Web App

https://twitter.com/aya_velazquez/status/1430794719769026560

Ungewollte Prominenz

Der 13. Mai 2020 markierte den Beginn einer neuen Phase in meinem Leben, die durch einen Diffamierungsartikel von Bastian Brinkmann in der

Süddeutschen Zeitung eingeleitet wurde. Brinkmann hatte mich angerufen und unter anderem zum R-Wert und dessen mathematischen Eigenheiten befragt. Arglos gab ich ihm ausführliche Erklärungen und Auskünfte, weil ich das so gewohnt war. Der abgedruckte Text enthielt nichts davon, und ich merkte, dass meine Befragung nur als Aufhänger für ein herabsetzendes Machwerk gedient hatte. Der Artikel gipfelte im Vorwurf, ich befürchte Zwangsimpfungen, hätte dafür aber keine Belege. Dabei konnte man schon zuvor an anderer Stelle nachlesen[12], dass etwa Ministerpräsident Söder eine Impfpflicht befürworte, und ein Faktencheck[13] des „Redaktionsnetzwerks Deutschland (RND)" dementierte solche Pläne nur lahm.

Stefan Homburg
@SHomburg

Die Alpen-Prawda (sz) hat zugeschlagen. Der Artikel "Prof. Dr. Verschwörung" beinhaltet exakt das Gegenteil der Überschrift. Angeblich hätte ich keine Belege. In meinen Tweets ist jede Aussage belegt. Auch Söders Zwangsimpfungsplan.

#Impfzwang #corona

sueddeutsche.de
Stefan Homburg: Prof. Verschwörungsmystiker
Finanzwissenschaftler Stefan Homburg hat sich unter die Querfront gemischt, die die Corona-Kontaktbeschränkungen für Willkür hält.

10:31 nachm. · 13. Mai 2020 · Twitter Web App

https://twitter.com/SHomburg/status/1260669062654373888

Das RND produziert übrigens den Politikteil vieler deutscher Zeitungen wie der Hannoverschen Allgemeinen Zeitung (HAZ) oder der Leipziger Volkszeitung. Es gehört zum Madsack-Konzern und mittelbar zum wesentlichen Teil der SPD. Nach Erscheinen des Artikels von Brinkmann wollten andere wie Jan Petter im SPIEGEL[14], Nantke Garrelts und Thorsten Mumme im Tagesspiegel[15] oder Bert Strebe und viele andere in der HAZ[16] nicht nachstehen. Da MSM zu Unrecht als seriöse Quellen gelten, wurden die Diffamierungen auch sogleich in meinen Personenartikel auf der Wikipedia übernommen. Den Vogel schoss Manuel Behrens ab, wiederum in der HAZ:

Juristen aus Hannover landen selbst vor Gericht:

Pflichtteil erhalten würden, sollten sie nicht zahlen. Mithilfe ihres Steuerberaters, ein mittlerweile höchst umstrittener Finanzwissenschaftler und Corona-Leugner aus Hannover, formulierten sie eine Klage gegen die beiden Juristen.

Rund 13000 Euro sollten die beiden Juristen jeweils zur Strafe zahlen. Vor Gericht wurde das ziemlich ruppig diskutiert. „Wir fühlten uns erpresst", sagte einer der Erben. „Diese Klage ist skandalös", sagte R.'s Anwalt Manfred Koch in Richtung Staatsanwaltschaft. „Die Erben haben erreicht, was sie wollten: Sie wollten nichts zahlen", sagte T.

Anwalt R. muss nun 9000 Euro für eine Einrichtung zahlen, die sich um kranke Kinder kümmert. Gegen sei-

In dem hier auszugsweise wiedergegebenen Zeitungsartikel[17] ging es weder um Corona noch um mich, sondern vielmehr um einen Strafprozess gegen einen Testamentsvollstrecker und seinen Anwaltskollegen. Beide hatten versucht, eine Erbengemeinschaft auszunehmen und mussten sich nun vor Gericht verantworten. Ich hatte den Erben geholfen, den Testamentsvollstrecker per Klage vor dem Familiengericht loszuwerden und eine Strafanzeige zu formulieren, was im öffentlichen Strafprozess auch zur Sprache kam. Behrens schrieb, die Erben seien von einem „mittlerweile höchst umstrittenen Finanzwissenschaftler und Corona-Leugner aus Hannover" unterstützt worden und meinte damit mich. Das Lagerdenken hatte sich inzwischen so tief in die Journalistengehirne eingegraben, dass sie selbst über ganz andere Gegenstände nicht mehr neutral und sachlich berichten konnten. Behrens ergriff im Artikel Partei für die Täter; mit den Opfern hat er kein Wort gewechselt.

Das Archiv, so sagt man, ist die Rache des Chronisten. Viele Politiker ändern ihre Standpunkte fortwährend, und zwar in der richtigen Annahme, dass die Öffentlichkeit schnell vergisst. Da erschien es passend, im Mai 2020 einen Artikel vom Januar zu verlinken, in dem Bundesgesundheitsminister Spahn die Lage bagatellisiert und ausgerechnet jene, die Corona für gefährlich hielten, zu „Verschwörungstheoretikern" erklärt hatte. Nur ein paar Wochen später verhielt es sich genau umgekehrt: „Verschwörungstheoretiker" waren nun jene, die Corona für weniger gefährlich hielten. Dass der Artikel in der Süddeutschen erschien, die dem Zickzackkurs der Regierung jederzeit nahtlos folgte, macht die Sache zusätzlich pikant.

Stefan Homburg
@SHomburg

Süddeutsche Zeitung und Jens Spahn halten Corona für ungefährlich und warnen (ganz unten) vor „Verschwörungstheoretikern", die anderes behaupten.

@jensspahn @SZ
#coronavirus #CoronavirusDeutschland #COVID19
#sarscov2 #Lockdown

sueddeutsche.de
Spahn: Corona-Rückholaktion für Deutsche ist freiwillig
Die geplante Rückholaktion deutscher Staatsbürger aus der chinesischen Millionenstadt Wuhan wegen der neuartigen Lungenerkrankung geschieht nach...

6:50 vorm. · 15. Mai 2020 · Twitter Web App

https://twitter.com/SHomburg/status/1261156944619941888

Der von der CIA in den 1960er-Jahren eingeführte Begriff „Verschwörungstheoretiker" ist zwar alt, aber ständigem Bedeutungswandel unterworfen. Heute bezeichnet er im Grunde alle politisch unkorrekten Ansichten. Man kann niemanden ernst nehmen, der solche Begriffe verwendet, da sie stets dazu dienen, argumentative Defizite zu verdecken.

Auf der anderen Seite möchte ich betonen, dass die pauschale Verunglimpfung von Journalisten als „Lügenpresse" ebenfalls verfehlt ist. Viele Bürger lesen zwar in den Zeitungen Artikel, die nicht das Geringste mit der Realität zu tun haben. Und wenn sie diesen Missstand mittels Leserbriefen kritisieren wollen, werden diese nicht abgedruckt. Was die meisten aber nicht wissen: Auch Journalisten bleibt der Abdruck ihrer Artikel mitunter verwehrt, weil Vorgesetzte ihn verhindern. Birk Meinhardt, früher Redakteur bei der Süddeutschen Zeitung, hat diesen Missstand in seinem Buch „Wie ich meine Zeitung verlor" eindrucksvoll beschrieben[18]. Und während es stimmt, dass angebliche Tatsachenberichte heutzutage oft nur Meinungen sind, die die aktuell politisch korrekte Strömung zum Leser transportieren sollen, gibt es doch zahlreiche positive Ausnahmen von dieser Regel. Gleich zu Beginn der Coronakrise meldeten sich Boris Reitschuster und Paul Schreyer und sogar Grandseigneurs wie Stefan Aust oder Heribert Prantl kritisch zu Wort; später folgten ihnen etliche Redakteure, von denen mir insbesondere Elke Bodderas, Frank Lübberding, Filip Piatov, Julian Reichelt, Tim Röhn, Andreas Rosenfelder, Lydia Rosenfelder und Cornelia Stolze in Erinnerung geblieben sind; diese Liste ist aber sicher unvollständig.

Der folgende Tweet bemühte ebenfalls das Archiv: Bis 2019 erschienen in den MSM profunde Beiträge, die sich kritisch mit der Schweinegrippe, der Pharmaindustrie oder Bill Gates und der Weltgesundheitsorganisation (WHO) auseinandersetzten. Seither sind solche Artikel undenkbar; vielmehr wird jeder als Verschwörungstheoretiker gebrandmarkt, der sie zitiert.

Stefan Homburg
@SHomburg

Faszinierend, was @HerzNusi gefunden hat: Vor Corona urteilten ZEIT, Deutschlandfunk und Frankfurter Rundschau in einer Härte über #BillGates und #TWO , die sich heute nicht einmal der ärgste V-Theoretiker zutrauen würde.

#coronavirusdeutschland

Latif Zitoun @HerrZitoun · 15. Mai 2020
Mich verwundern die ganzen neuen "Faktenchecks" zu #BillGates und der #WHO. Gab es da nicht eine andere Realität?
Die Zeit schrieb 2017 noch: "Der heimliche WHO-Chef heißt Bill Gates"
#Verschwörungstheorie?
zeit.de/wissen/gesundh...
Diesen Thread anzeigen

8:31 nachm. · 15. Mai 2020 · Twitter Web App

https://twitter.com/SHomburg/status/1261363652860547073

Der Tweet hatte aber noch einen Hintergedanken: Mir war *@Herznusi* aufgefallen, der sich später auf meinen Rat hin in *@HerrZitoun* umbenannte. Er hatte sehr gute Tweets gebracht, aber nur wenige Follower. Das änderte sich durch meinen Retweet schlagartig, weil er dadurch einer größeren Gemeinschaft bekannt wurde.

Attacken und Blocks

Wer auf Twitter aktiv ist, wird früher oder später Opfer übellauniger und bösartiger Attacken, selbst wenn es thematisch bloß um Häkelanleitungen geht. Bei politisch verminten Themen gilt das natürlich umso mehr. Wie reagiert man darauf? Technisch ist es einfach, unliebsame Kommentatoren durch einen Mausklick zu blocken. Sie können die eigenen Tweets fortan nicht mehr lesen und auch keine beleidigenden und unsachlichen Drukos mehr schreiben. Der Block nach einem Angriff löst dieselben angenehmen Hormonausschüttungen aus wie die erfolgreiche Verteidigung gegen einen Schlag. Trotzdem ist er in aller Regel das falsche Rezept, da man dadurch die eigene Reichweite einschränkt.

Wenn ich neue RKI-Daten verteile und dafür ohne weitere Argumentation den Kommentar „Du Nazi!“ kassiere, liegt die Versuchung zu blocken natürlich nahe. Hat der Kommentator aber eigene Follower, wird ihnen sein Beitrag angezeigt. Das macht sie neugierig, und sie lesen meinen Tweet, den sie sonst vielleicht nie gesehen hätten. Finden sie ihn überzeugend, werden sie öfter nachschauen oder sogar eigene Follower, sodass der Nichtblock der bessere Weg ist. Etwas anderes gilt bei Trollen ohne Follower, die meist nur Wiedergeburten bereits geblockter Profile sind, oder bei unentwegt pöbelnden Gestalten, die eine aggressive Umgebung schaffen. Schließlich sollte man auch Spaßvögel blockieren, die einen zuvor selbst geblockt haben, da man sonst nicht beurteilen kann, was sie in den Drukos schreiben.

Zwischendurch schrieb ich immer wieder einmal etwas aus meinem Fachgebiet, der Volkswirtschaftslehre (VWL). Nachfolgend beginnt ein Thread zu einer Attacke auf die Staatsfinanzen.

Stefan Homburg
@SHomburg

DIE BILLIONEN-SCHULDENUNION IN DREI SCHRITTEN.

Schritt 1: George Soros fordert 2 Billionen EU-Schulden, eine für Corona und eine weitere für das Klima.

#corona #soros #merkel #macron #Merkel

spiegel.de
George Soros fordert ewige Anleihen: Die EU muss sich zusammenraufen - ode...
In der Coronakrise braucht die EU mindestens eine Billion Euro - und ein gemeinsames Finanzierungsinstrument. Die Lösung wäre eine "ewige Anleihe", ...

5:12 nachm. · 20. Mai 2020 · Twitter Web App

https://twitter.com/SHomburg/status/1263125333898903554

Im ersten Schritt forderte der Investor George Soros ein billionenschweres Schuldenprogramm, das den EU-Vertrag verletzte. Der SPIEGEL und ausländische Medien boten Soros eine große Bühne für seine Forderungen; kurz zuvor hatten die Tagesthemen etliche Sendeminuten für Bill Gates freigeräumt. Es war abenteuerlich, wie Privatpersonen, die niemand gewählt hatte, in den MSM lanciert wurden. Im zweiten Schritt erschienen EU-Funktionäre auf der Bildfläche und verminderten den von Soros geforderten Betrag, um die politische Akzeptanz zu erhöhen:

Stefan Homburg
@SHomburg

Schritt 2: Von der Leyen fordert 1,5 Billionen neue EU-Schulden. Die Staaten sollen das Geld in den Wiederaufbau der Wirtschaft stecken, nachdem sie diese zuvor durch Lockdowns ruiniert haben.

welt.de
Wiederaufbaufonds: In Europa entbrennt ein Machtkampf ums Geld - WELT
1500 Milliarden Euro sollen klamme Euro-Staaten vor den Folgen der Corona-Krise schützen. Das Vorhaben kommt allerdings nur langsam voran. Nun bricht ...

5:12 nachm. · 20. Mai 2020 · Twitter Web App

https://twitter.com/SHomburg/status/1263125483044179969

Stefan Homburg
@SHomburg

Schritt 3: Macron und Merkel vereinbaren 500 Milliarden Euro als „Kompromiss“. Kleinere Staaten bemäkeln Details, aber nicht das Prinzip. Damit kommt die Sache voran.

faz.net
Merkel-Macron-Plan: Es geht um mehr als den Wiederaufbaufonds
Deutschland und Frankreich wollen nicht nur 500 Milliarden Euro für die Bewältigung der Corona-Krise in Europa. Der Plan von Merkel und Macron ...

5:13 nachm. · 20. Mai 2020 · Twitter Web App

https://twitter.com/SHomburg/status/1263125606104997889

Den Schluss des abgekarteten Spiels bildete ein Kompromiss, der die Summe erneut reduzierte und zugleich das Hauptproblem verschleierte: Binnen kürzester Zeit war eine eherne Regel der EU auf dem Müllhaufen der Geschichte gelandet, nämlich der Grundsatz, dass zwar die Mitgliedstaaten in begrenztem Umfang Schulden machen dürfen, nicht jedoch die Gemeinschaft selbst. Vorbei an Recht und Gesetz entstand die doppelstöckige Schuldenunion, initiiert von George Soros, dem Profiteur früherer Bailouts auf Kosten deutscher Steuerzahler. Jene prekären Staaten, die nicht zufällig ab dem 11. März 2020 bei der Verhängung von Lockdowns vorangegangen waren, nämlich Italien, Spanien und Frankreich, hatten damit bekommen, was sie wollten, nämlich ein gigantisches neues Schuldenprogramm. Ironischerweise zerbrach etwas später die italienische Regierung an der Frage, wie die Beute am besten zu verteilen sei.

Ein drittes Themenfeld neben Corona und VWL, das in meinen Tweets immer wiederkehrte, betraf Agitation und Propaganda, hier in Form eines Artikels, der die „Begründungstechniken" der Lockdowner genial offenlegte.

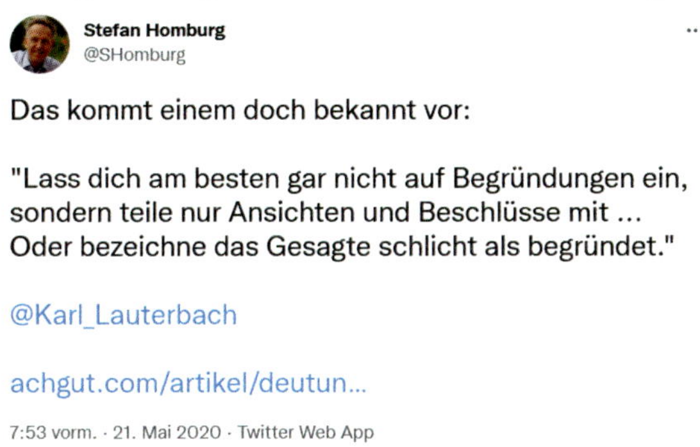
Stefan Homburg
@SHomburg

Das kommt einem doch bekannt vor:

"Lass dich am besten gar nicht auf Begründungen ein,
sondern teile nur Ansichten und Beschlüsse mit ...
Oder bezeichne das Gesagte schlicht als begründet."

@Karl_Lauterbach

achgut.com/artikel/deutun...

7:53 vorm. · 21. Mai 2020 · Twitter Web App

https://twitter.com/SHomburg/status/1263347079449018372

Der verlinkte Artikel von der „Achse des Guten" traf auch die Twitterusancen exakt, und dieser Punkt war für mich als Wissenschaftler anfangs eine harte Nuss: In der wissenschaftlichen Gemeinschaft ist es undenkbar, dass im Anschluss an einen Tagungsvortrag der Zweitreferent schlicht behauptet, „Sie lügen!" oder „Was Sie vorgetragen haben, ist Stuss!". In der Wissenschaft zählen nur Argumente, nicht bloße Behauptungen. Wenn ein Vortrag tatsächlich Stuss war, was übrigens durchaus vorkommt, muss der Kritiker angeben, warum und inwiefern, und er muss seine Kritik beweisen, etwa durch Literaturzitate oder Daten. Auf Twitter gelten andere Regeln: Wenn auf einen Tweet der Druko „Sie lügen!" folgt, kann letzterer durchaus hunderte Likes erhalten, und wenn er mehr Likes einheimst als der ursprüngliche Tweet, gilt der Kommentator bei vielen als Sieger.

Einige Twitterer sind bis heute darauf spezialisiert, so gut wie jeden meiner Tweets als „Lüge" zu bezeichnen, selbst wenn ich darin gar nichts behauptet habe. Ihre Technik besteht oft darin, das von mir Geschriebene zunächst umzuschreiben, mit Wendungen wie „Homburg will suggerieren, dass …“, und dann das Umgeschriebene zu widerlegen. Auf Dauer funktioniert dies indes nur für eine kleine Fangruppe, die ohnehin für jedes ernsthafte Argument verloren ist.

Oft handelt es sich bei solchen Accounts um *astroturfer*. Man erkennt sie an verletzender und aggressiver Sprache und mangelndem Willen zur ernsthaften Diskussion. Unter *astroturfing* versteht man eine zentral gelenkte Kampagne, die nach außen als Graswurzelbewegung erscheint. Zahllose Profile, die in Reaktion auf einen missliebigen Tweet zum Shitstorm ausholen, sollen bei Dritten den Eindruck erwecken, es gäbe viele Gegenstimmen und der Tweet sei als Meinungs- oder Tatsachenäußerung inakzeptabel. Inzwischen dürften sich alle politischen Parteien und zahlreiche Unternehmen dieser Manipulationstechnik bedienen, und ein *astroturfer* kostet nicht viel.

Im Mai 2020 gab es im ÖRR zarte Kritik am Lockdown. Beiträge sollte man nie nach ihrer Herkunft beurteilen, sondern stets nach dem Inhalt. In diesem Fall hatte das Magazin „Monitor“ sehr gut gearbeitet und das Für und Wider einschränkender Maßnahmen so abgewogen, wie man sich das allgemein gewünscht hätte.

https://twitter.com/SHomburg/status/1264512686064373760

Auch die Deutsche Welle ließ zu diesem Zeitpunkt noch Kritiker wie mich zu Wort kommen; damit war es jedoch bald vorbei. Ende Mai lud mich der Sender zum doppelten Liveinterview, deutsch tagsüber und englisch mitten in der Nacht, da die Zuhörer in den USA Hauptzielgruppe waren.

Stefan Homburg
@SHomburg

Last night, I talked with "Deutsche Welle" TV about the mess of Germany's #lockdown policies and about the deceptive figures compiled by our Robert Koch Institute (#RKI).

verdacht.mifi.ovh/DW_Stefan_Homb...
Tweet übersetzen

7:30 vorm. · 26. Mai 2020 · Twitter Web App

https://twitter.com/SHomburg/status/1265153231086370817

Hier ein gemischter Corona-VWL-Tweet. Gerade hatte die Bundesregierung ein riesiges Schuldenprogramm aufgelegt und in der Begründung geschrieben, die „Pandemie" ende erst, wenn ein Impfstoff verfügbar sei. Zu diesem Zeitpunkt rechnete fast niemand damit, dass kurzfristig ein Impfstoff verfügbar sein werde, denn man konnte kaum ahnen, wie lax die Zulassungsverfahren gehandhabt würden. Daher schockierte mich diese Ankündigung. Als der Impfstoff plötzlich da war, schob man das „Pandemieende" natürlich hinaus. Und mit ihm verlängerte man die Schuldenmacherei.

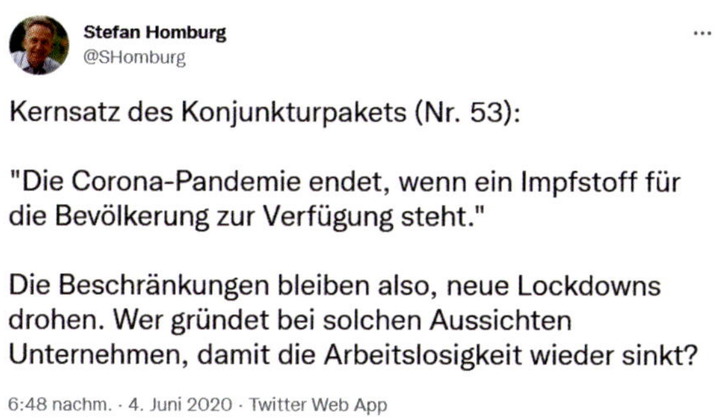

Stefan Homburg
@SHomburg

Kernsatz des Konjunkturpakets (Nr. 53):

"Die Corona-Pandemie endet, wenn ein Impfstoff für die Bevölkerung zur Verfügung steht."

Die Beschränkungen bleiben also, neue Lockdowns drohen. Wer gründet bei solchen Aussichten Unternehmen, damit die Arbeitslosigkeit wieder sinkt?

6:48 nachm. · 4. Juni 2020 · Twitter Web App

https://twitter.com/SHomburg/status/1268585504406212608

Auf Twitter darf man für alles Werbung machen: Fernsehsendungen, Zeitungsartikel und Bücher. In diesem Fall war mir das eine angenehme Pflicht, denn die Professoren Dr. Sucharit Bhakdi (Infektiologie) und Dr. Karina Reiß (Mikrobiologie) haben mit ihrem Bestseller „Corona-Fehlalarm" sehr viel für die Aufklärung in Deutschland und anderen Ländern geleistet. Amazon boykottierte das Buch übrigens, obwohl es dessen Vertrieb vertraglich zugesichert hatte. Aber selbst dieser Gigant stieß an seine Grenzen: Nach dem enormen Verkaufserfolg auf anderen Plattformen knickte Amazon ein und nahm den „Corona-Fehlalarm" ins Programm.

> **Stefan Homburg**
> @SHomburg
>
> AMAZON-BESTSELLER Nr. 1
>
> "Corona-Fehlalarm" meiner Freunde Sucharit Bhakdi und Karina Reiss, beide Medizin-Professoren.
>
> Obwohl das Taschenbuch erst Ende Juni lieferbar ist. Das eBook gibt's bei Thalia sofort.
>
> Herzlichen Glückwunsch zum Riesenerfolg!
>
> amazon.de/Corona-Fehlala...
>
> 9:15 vorm. · 5. Juni 2020 · Twitter Web App

https://twitter.com/SHomburg/status/1268803532263694336

Mit knapp 150.000 Impressions (Aufrufe) war der folgende Tweet zum damaligen Zeitpunkt der erfolgreichste. Er zeigte, dass eine gewisse Aufmüpfigkeit durchaus honoriert wird. Die verlinkte Anzeige eines Vereins, dem ich angehörte, ist nicht mehr verfügbar, doch werden später ähnliche folgen.

> **Stefan Homburg**
> @SHomburg
>
> Die "Mediziner und Wissenschaftler für Gesundheit, Freiheit und Demokratie" wollten für einen fünfstelligen Betrag eine Anzeige in der FAZ schalten.
>
> Die FAZ lehnte ab. Dann bringen wir die Anzeige hier. Kostenlos.
>
> #Lockdown #Grundgesetz #coronavirus
>
> mwgfd.de/wp-content/upl...
>
> 9:56 vorm. · 6. Juni 2020 · Twitter Web App

https://twitter.com/SHomburg/status/1269176246694526978

Zahlen, Daten, Fakten

Der nachstehend gezeigte Tweet zu den deutschen Sterbefallzahlen zeigte, dass nicht nur die Grippewelle 2018, sondern auch sommerliche Hitzewellen größere Ausschläge bei der Gesamtsterblichkeit ergaben als die Coronawelle 2020. Die Grafik verdeutlichte außerdem, wie unbedeutend die sogenannten Coronasterbefälle im Verhältnis zur Gesamtzahl waren, und zwar selbst dann, wenn man sie alle für bare Münze nahm. Unter dem Eindruck des täglichen Trommelfeuers zu einigen Dutzend „Coronatoten“ waren viele erstaunt zu erfahren, dass in Deutschland täglich um die 2.500 Menschen starben, ohne dass darum Aufhebens gemacht wurde.

Stefan Homburg
@SHomburg

Gesamtsterblichkeit in Deutschland:

2018: Influenzawelle und Hitzewelle (schwarz).

2019: Hitzewelle im Juli (grün).

2020: Coronawelle (rot).

Ganz unten in blau die Sterbefälle mit positivem Coronatest. Offensichtlich ist die "Pandemie" in D beendet.

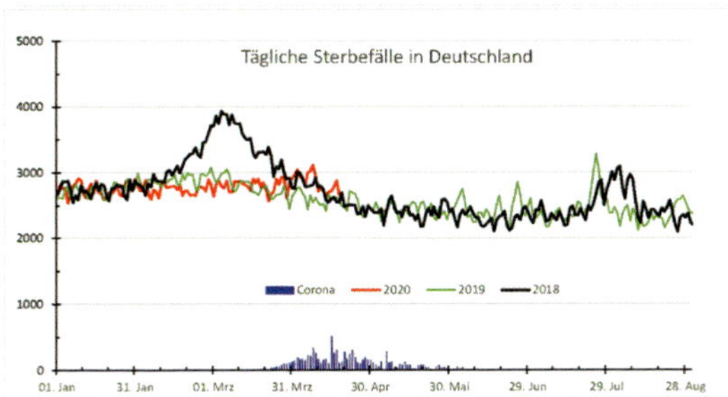

6:06 vorm. · 6. Juni 2020 · Twitter Web App

https://twitter.com/SHomburg/status/1269118393065656320

International war der Brite Neil Ferguson eine Schlüsselfigur, wenn nicht gar *die* Schlüsselfigur der Coronakrise. Ferguson hatte 2001 zur Hysterie um die Maul- und Klauenseuche beigetragen, in deren Folge elf Millionen Tiere unnötig getötet wurden. Ein Jahr später prognostizierte er bis zu 150.000 BSE-Tote (es wurden 177), 2005 sogar 150 Millionen Tote infolge der Vogelgrippe (tatsächlich unter 300) und 2009 ca. 65.000 Tote bei der Schweinegrippe (real 450). Aufgrund dieser Bilanz war seine Ansicht zu Beginn der Coronakrise bei Medien und Regierungen stark gefragt, und diesmal attestierte er, die Lockdownpolitik habe sagenhafte drei Millionen Menschenleben allein in Europa gerettet.

Um hierauf zu entgegnen, kann man mehrere Tweets zu einem Thread verketten, wie oben erwähnt. Eine Alternative besteht darin, den Text mit einem Textprogramm zu schreiben, als Bild zu speichern und dieses an einen Tweet anzuhängen. Der Aufwand ist ungleich größer, doch hat diese Methode den Vorteil, dass das angehängte Bild per Telegram, Instagram oder Whatsapp in anderen sozialen Netzen geteilt werden kann und damit viel größere Verbreitung findet als ein reiner Thread. Um den Text nebst Fußnotenapparat gut lesen zu können, muss man den Tweet öffnen und das darin eingebettete Bild vergrößern. Ich brachte ihn sowohl in englischer als auch in deutscher Sprache und zeige hier die englische Version.

Stefan Homburg
@SHomburg

Is Neil Ferguson right that lockdowns etc. saved 3 million lives in Europe?

No way. Let me explain on a single page.

@angelovalidiya @AlexBerenson @AlistairHaimes @MrRobTyson @CorrNotCausa @Akustronique @d_spiegel @MLevitt_NP2013 @neil_ferguson

Tweet übersetzen

Prof. Dr. Stefan Homburg

21 June 2020

1. In March, Neil Ferguson from London's Imperial College predicted half a million corona deaths for UK and two million for US. These untenable forecasts, which became heavily criticized[1], provoked disastrous lockdown policies in both countries[2].

2. This month, Ferguson and his team (Flaxman et al.[3]) purport that lockdowns in 11 European countries had saved over three million lives.

3. Taking UK as an example of their reasoning, the authors do not prove but assume that infection dynamics (R_t) remained unchanged before 14 March and after 23 March:

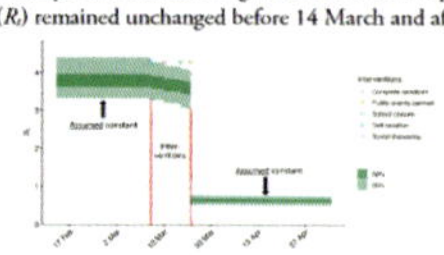

4. However, official UK data show that the growth factor of corona deaths declined since mid March. Since deaths follow infections with a lag of about 23 days, this implies that infection dynamics receded as early as February, i.e., long before the interventions.

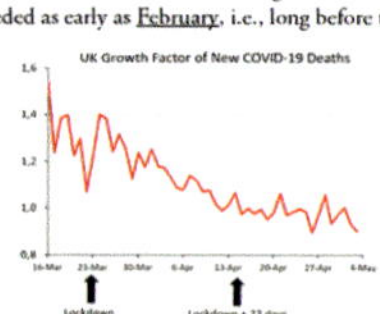

5. Hence, infection dynamics receded continuously in UK. Assuming that infection dynamics were constant except at intervention points, Ferguson's model induces spurious discontinuities, as shown above.

6. If the authors had assumed that infection dynamics were driven by sunspots, and if sunspots had only changed on 1 April, their model had found profound influences of sunspots on corona infections. The authors' approach is complete nonsense, its results are worthless.[4]

1 https://www.cato.org/blog/how-one-model-simulated-22-million-us-deaths-covid-19

2 https://www.ft.com/content/16764a22-69ca-11ea-a3c9-1fe6fedcca75

3 https://www.nature.com/articles/s41586-020-2405-7

4 https://advance.sagepub.com/articles/Comment_on_Flaxman_et_al_2020_The_illusory_effects_of_non-pharmaceutical_interventions_on_COVID-19_in_Europe/12479987/1

9:21 vorm. · 21. Juni 2020 · Twitter Web App

https://twitter.com/SHomburg/status/1274603266781954048

Das Textposter enthält die Essenz einer Kritik an Ferguson und Kollegen, die ich zusammen mit Christof Kuhbandner, Professor für Psychologie an der Universität Regensburg, formulierte und die später nach Begutachtung in einer medizinischen Fachzeitschrift erschien[19]. Inhaltlich ging es darum, dass Flaxman, Ferguson und andere das zu Beweisende innerhalb des Textes voraussetzten und diesen kapitalen Fehler durch eine komplizierte Modellierung zu verdecken suchten. Ein einfacher Blick auf Regierungsdaten zeigte, dass die Ausbreitung des Coronavirus längst zurückging, bevor der britische Lockdown in Kraft trat.

Im obigen Tweet spreche ich einige Personen durch Nennung ihres Handles an, was man *tagging* nennt, darunter Alex Berenson *(@alexberenson)*, den früheren Reporter der New York Times. Hierdurch sollten die Angesprochenen auf meinen Tweet aufmerksam gemacht werden, um ihn bei Gefallen zu verteilen, also zu retweeten. Berenson hatte damals eine riesige internationale Followerschaft, und ein Retweet durch ihn war immens wertvoll. Leider wurde er wegen Lockdown- und Impfkritik von Twitter dauerhaft gesperrt und war fortan auf einen eigenen, ebenfalls sehr erfolgreichen Blog verwiesen.

Stefan Homburg
@SHomburg

Mit dem Wissenschaftsjournalisten @AlexBerenson, früher Reporter der New York Times, habe ich öfter kooperiert. Jetzt ist er dauerhaft gesperrt.

Grund: Sein Link auf eine Studie, derzufolge Geimpfte ggü. Genesenen ein 13faches Ansteckungsrisiko haben.

zerohedge.com
Twitter Permanently Bans Alex Berenson After Viral COVID Tweets
"Don't think of it as a vaccine..."

8:53 vorm. · 30. Aug. 2021 · Twitter for Android

https://twitter.com/SHomburg/status/1432234916817801218

Man kann grundsätzlich auf zweierlei Art twittern. Entweder nutzt man das Medium lediglich für eigene Verlautbarungen, also im weitesten Sinn als Propagandainstrument. So verfahren viele Profile mit großer Followerschaft; sie setzen ihren Tweet ab und kümmern sich nicht weiter darum.

Man kann Twitter aber auch als Instrument der Erkenntnisgewinnung verwenden, und das ist mein Ansatz. Hierbei sucht man nach Beiträgen zu interessanten Hashtags wie #Lockdown und liest insbesondere die zustimmenden und kritischen Beiträge unter den eigenen Tweets. Immer wieder stößt man dabei auf faszinierende Fundstücke wie diesen Zeitungsausschnitt, der dokumentiert, wie selbst Provinzblätter die Realität nicht akzeptieren wollten und zu beeinflussen suchten.

LenaSturm 💙💙💙🇷🇺
@LenaSturmTief

Antwort an @SHomburg und @kiwi12345600

auch für: „Bei dieser Frage bin ich unentschlossen."
Abstimmen können Sie wie gewohnt im Internet unter www.ALLES-LAUSITZ.de.

Kein Ergebnis bei letzter Umfrage

Bei unserer letzten Umfrage „Impfen Sie sich gegen Corona?" haben wir festgestellt, dass im Laufe des Dienstages unverhältnismäßig viele Stimmen für „Nein" abgegeben worden sind und gehen von einer Manipulation und Beeinflussung aus, um das zu diesem Zeitpunkt bestehende skeptische Votum gegenüber einer Impfung deutlich zu erhöhen. Wir präsentieren Ihnen in dieser Woche deshalb kein Ergebnis.

https://twitter.com/LenaSturmTief/status/1275717508167872523

Das deutsche Gegenstück zu Neil Ferguson in London war zweifellos der Berliner Drosten, ein Virologe, der sich fortwährend zu Fragen außerhalb seines Fachgebiets äußerte. Da dies kaum jemandem aufgefallen war, setzte ich folgenden zweiteiligen Thread ab, der knapp 200.000 Impressions erhielt und den erwarteten Shitstorm auslöste.

Stefan Homburg
@SHomburg

Virologen sind Biologen, das sind jene, die Mathematik meist frühzeitig abgewählt haben und dann im Labor stehen. Nichts qualifiziert @c_drosten zu seinen Äußerungen. Er wurde einfach als gewohnheitsmäßiger Panikmacher ausgewählt.

10:34 nachm. · 25. Juni 2020 · Twitter Web App

https://twitter.com/SHomburg/status/1276252561629208580

Stefan Homburg
@SHomburg

Virologie und Mikrobiologie sind übrigens faszinierende Disziplinen, vor denen ich großen Respekt habe. Das kann aber nicht bedeuten, dass man einzelne Vertreter wie @c_drosten, der auch bei minimalen Fallzahlen größte Panik verbreitet, nicht kritisieren darf.

5:47 vorm. · 26. Juni 2020 · Twitter Web App

https://twitter.com/SHomburg/status/1276361452203528192

In den sozialen Medien wie Twitter, Facebook oder YouTube werden regierungskritische Beiträge systematisch gelöscht. Man bezeichnet sie pauschal als Fake News in der Annahme, dass nur Regierungen korrekt berichten, was natürlich Unsinn ist. Das Grundgesetz verbietet die Zensur zwar, adressiert dabei aber den Staat und nicht private Unternehmen, die sich dem Staat im Tausch gegen Vorteile erkenntlich zeigen. Daher erfordert es hohe Kunst, gelöschte Beiträge wiederherzustellen. Dem Hamburger Medienanwalt Joachim Steinhöfel gelang das mit meiner „Stuttgarter Rede", die ich am 9. Mai 2020 vor rund 20.000 Zuhörern gehalten hatte.

Stefan Homburg
@SHomburg

Schau an, YouTube hat die Löschung meiner Stuttgarter Rede zurückgenommen.

Sie erkennen die vorübergehende Löschung daran, dass im letzten Monat keine Kommentare erschienen sind.

Gut gemacht, @Steinhoefel , unser Verteidiger der Meinungsfreiheit!

youtube.com
Prof. Stefan Homburg: Stuttgarter Rede bei Querdenken im ...
#Corona #Pandemie #Zensur #Stuttgart #Querdenken #StefanHomburgUnterstützen Sie unsere Arbeit. Abonniere...

9:33 nachm. · 2. Juli 2020 · Twitter Web App

https://twitter.com/SHomburg/status/1278773701253697536

Abgesehen vom kurzen und ungeplanten Redebeitrag am „freien Mikrofon" einer Versammlung an Hannovers Maschsee im April 2020 war die Stuttgarter Rede übrigens mein einziger öffentlicher Auftritt. Wie die Legende entstand, ich sei ein fast gewerbsmäßiger Demoredner, ist vollkommen unklar. Fernsehauftritte, Twitter und geschlossene Diskussionsrunden ziehe ich einem Ambiente mit Antifa und Polizei deutlich vor.

Der Hinweis auf gelöschte Inhalte verschafft übrigens enorme Aufmerksamkeit (Streisand-Effekt), da alle vermuten, hier werde etwas Wichtiges angesprochen und unterdrückt. Insofern sind Löschungen kontraproduktiv. Zudem funktionieren sie fast nie, da gefährdet erscheinendes Material von erfahrenen Nutzern an sichere Orte kopiert wird.

Menschen können mit Zahlen nicht gut umgehen, weder mit Absolutwerten noch mit Wahrscheinlichkeiten. Daher fällt es der Propaganda leicht, sie durch scheinbar objektive Daten von fiktiven Gefahren zu überzeugen. Viele meiner Tweets, wie der folgende, hielten dagegen. Die Grafik ist absolut simpel und verlangt keinerlei mathematische oder statistische Vorkenntnisse. Trotzdem war sie für viele Menschen, die zuvor nie über die Bedeutung verschiedener Sterbeursachen in Deutschland nachgedacht hatten, das sprichwörtliche Aha-Erlebnis. Dutzende schrieben mir, sie hätten bis zur Lektüre meiner Tweets viel Angst gehabt und seien mir dankbar, dass diese nun verschwunden sei.

Stefan Homburg
@SHomburg

Die Graphik des Halbjahres

Im 1. Halbjahr 2020 sind in Deutschland rund 470.000 Menschen gestorben. Die Graphik zeigt Todesursachen bei angenommener Verteilung wie im Jahre 2017. Rechts unten Corona.

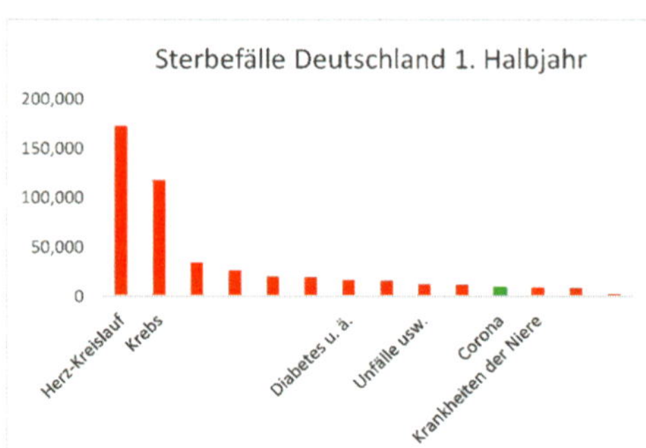

8:25 vorm. · 6. Juli 2020 · Twitter Web App

https://twitter.com/SHomburg/status/1280025107218468864

Das vorige Balkendiagramm stieß aber nicht nur auf Zustimmung, sondern auch auf hasserfüllte Kritik, denn Lockdownfans wollten nichts von Entwarnung hören. Hasskommentaren begegnet man auch auf Twitter am besten mit einer Prise Humor.

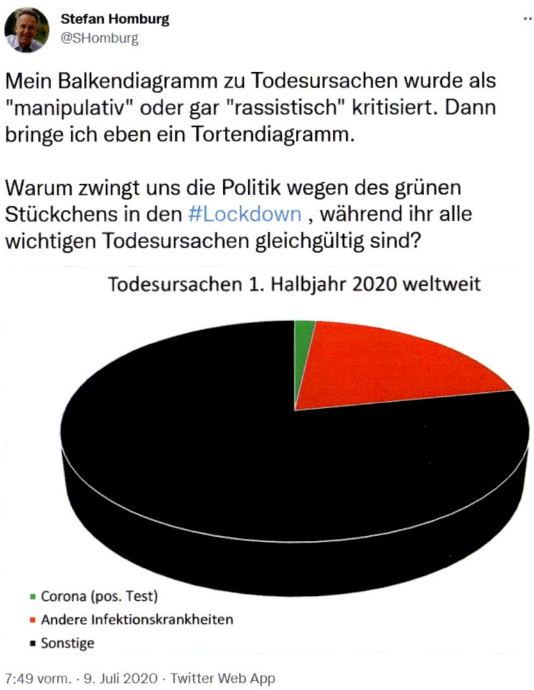

https://twitter.com/SHomburg/status/1281103093439102976

Die Grafik schaltete zugleich von der deutschen auf eine globale Perspektive um. Sie sollte jener Angst entgegenwirken, die weltweit unter Hinweis auf „viele Millionen Tote" geschürt wurde. Viele Millionen Tote waren bei einer Weltbevölkerung von knapp 8 Mrd. Menschen weder verwunderlich noch gar beängstigend; Corona hatte in der Tat keine größere Bedeutung als die früher grassierende und nun verschwundene Influenza. Es war indes nicht nur die Influenza plötzlich untergetaucht, sondern ebenso verschwanden zwischenzeitlich die vier verbreiteten humanen Coronaviren mit den kryptischen Namen HKU1, NL63, OC43 und V229E, die seit jeher für einen Teil der Erkältungskrankheiten verantwortlich waren[20]. Diesem Phänomen haftete etwas Mysteriöses an.

Der Virologe Jonas Schmidt-Chanasit gehörte schon früh zu denen, die den Streit um die richtigen Maßnahmen versachlichen wollten und vor Panikmache warnten. Er wandte sich nun in sehr klarer und deutlicher Form gegen jene, die faktenfrei und widersprüchlich argumentierten:

Stefan Homburg
@SHomburg

Virologe hält @Karl_Lauterbach , der seine Groko und uns in eine Endlos-Pandemie getrieben hat, für hochgefährlich.

In der Tat bedrohen nicht-habilitierte Dramatisierer wie Lauterbach und @c_drosten Freiheit und Wohlstand.

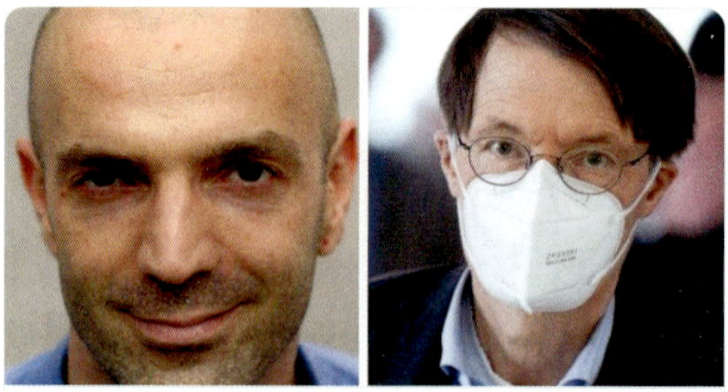

focus.de
Hamburger Virologe sauer auf Corona-Mahner Lauterbach: Hochgefährlich!
Jonas Schmidt-Chanasit greift in einem Interview SPD-Politiker Karl Lauterbach an. Den Hamburger Virologen stört vor allem die ´dysfunktionale Dramatisierun...

7:00 vorm. · 10. Juli 2020 · Twitter Web App

https://twitter.com/SHomburg/status/1281453301809270786

Mein im Tweet untergebrachter Hinweis, dass weder Drosten noch Lauterbach habilitiert seien, was im Fach Medizin zur Zeit ihrer Berufung übrigens absolut außergewöhnlich war, machte deren Fangemeinde zwar wütend, stimmte aber. Selbst zu den Dissertationen der beiden Medienstars waren zahlreiche Fragen aufgetaucht.

Weil die Notwendigkeit rigider Maßnahmen damals umstritten war, legte der folgende Tweet mit neuer Didaktik nach und zeigte, dass die Infektionsdynamik schon vor der Absage von Großveranstaltungen sank, von Schulschließungen und Lockdown gar nicht zu reden. Viele machten damals den Fehler, die Infektionsdynamik durch die Fallzahlen zu beschreiben, statt, wie es die Epidemiologen tun, durch die Ausbreitungsgeschwindigkeit, also die Wachstumsrate. Außerdem wurde kaum beachtet, dass Ansteckungen infolge Inkubationszeit und Meldeverzug erst mit rund zweiwöchiger Verzögerung in der Statistik erschienen. Wenn man diese Faktoren sachgerecht berücksichtigte, gelangte man zu einer ganz anderen Einschätzung der Wirksamkeit der Maßnahmen als die Politik. Die Daten sprachen dafür, dass die Infektionsdynamik schon Anfang März nachgelassen hatte. Dies konnte unmöglich am Lockdown liegen, der am 23. März in Kraft trat, und auch nicht an der Absage von Großveranstaltungen oder den Schulschließungen Mitte März.

Stefan Homburg
@SHomburg

WISSENSCHAFT FÜR DIE PRAXIS (V)

Lesen Sie auf einer Seite, warum die Infektionsdynamik ab 1. März sank. Sowohl nach meinen Berechnungen als auch nach denen des RKI.

Wer meint, erst "Maßnahmen" hätten zum Erfolg geführt, muss das begründen oder entfernt sich aus der Debatte.

Prof. Dr. Stefan Homburg
12. Juli 2020

1. Die Abbildung zeigt das Wachstum der Neuinfektionen mit SARS-CoV-2 in Deutschland im März 2020. Werte über Eins deuten auf eine Ausbreitung des Virus. Bei Werten unter Eins klingt die Infektionswelle ab.

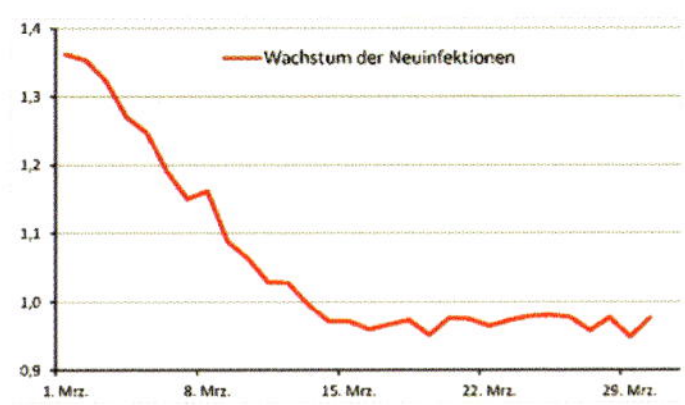

2. Die Graphik wurde konstruiert aus den RKI-Angaben zu symptomatischen Erkrankungen, unter Berücksichtigung der Inkubationszeit von 5 Tagen und einer 7-Tage-Glättung.

3. Ergebnisse: Die Infektionsdynamik sank ab Anfang März. Die Absage von Großveranstaltungen am 9. März hatte keinen erkennbaren Einfluss auf den Verlauf. Vor den Schulschließungen am 16. März klang die Welle bereits ab. Der Lockdown am 23. März war überflüssig und hatte ebenfalls keinen erkennbaren Einfluss.

4. Die ähnlich konstruierte R-Zahl des RKI sank ab dem 11. März. Da diese Zahl laut RKI den Infektionen mit einer Verzögerung von 1-2 Wochen folgt (siehe aktuelle RKI-Tagesberichte, Erklärungen jeweils unter Abb. 4), führt sie zum selben Ergebnis: Die Infektionsdynamik sank ab Anfang März.

5. Neue Daten: Auf Anfrage liefert das RKI taggenaue Angaben zu den Testzahlen. Vergleicht man die Werte an Montagen, wurden am 2. März 3.300 Tests durchgeführt, am 9. März 6.600 Tests und am 16. März 23.800 Tests.

6. Aufgrund des enormen Anstiegs der Testzahlen überzeichnet die obige Kurve das wirkliche Infektionsgeschehen erheblich. Da zwischen dem Zeitpunkt der symptomatischen Erkrankung und dem Testdatum kein klarer Zusammenhang besteht, kann man die Erkrankungen nicht einfach durch Division bereinigen.

https://twitter.com/SHomburg/status/1282190693071454214

Heute behauptet kein ernsthafter Diskutant mehr, dass man einen Lockdown benötige, um herbeiphantasiertes exponentielles Wachstum zu verhindern. Schweden und andere Staaten zeigten von Anfang an, dass diese Behauptung nicht stimmte, und im Zeitablauf folgten weitere diesem Vorbild: Ob „Freedom Day“ in England im Sommer 2021 oder Aufhebung aller Maßnahmen in der Schweiz im Februar 2022 – nirgends zeitigte die Rückkehr zur Normalität sozialmedizinische Auffälligkeiten. In Osteuropa oder Asien, von Afrika ganz zu schweigen, hatten ohnehin viele Länder von vornherein nicht bei den Lockdowns mitgemacht.

Im demokratischen Rechtsstaat beeinflusst die Mehrheit das Geschehen durch Wahrnehmung des Wahlrechts, während die Minderheit das Versammlungsrecht nutzt, um auf ihre Anliegen aufmerksam zu machen. Wahlrecht und Versammlungsrecht sind Komplemente und beide konstitutiv für die freiheitlich-demokratische Rechtsordnung. Seit April 2020 hatte es viele kleinere und größere Versammlungen und Aufzüge gegeben, die sich gegen die überzogenen Maßnahmen richteten. Dieser Protest nahm im Sommer Fahrt auf und kulminierte in der Großdemonstration am 1. August 2020 in Berlin, die einige an die Atmosphäre des Mauerfalls erinnerte. Darunter wohl auch Arnold Vaatz, den Vizechef der CDU/CSU-Bundestagsfraktion, der die schamlose Kleinrechnung der Teilnehmerzahl kritisierte:

Stefan Homburg
@SHomburg

„Die dreiste Kleinrechnung der Teilnehmerzahlen der Demo vom 1. August .. entspricht in etwa dem Geschwätz von der „Zusammenrottung einiger weniger Rowdys“, mit der die DDR-Medien anfangs die Demonstrationen im Herbst 1989 kleinrechneten“.

Arnold Vaatz, Vize-Chef der Union im BT

7:49 vorm. · 7. Aug. 2020 · Twitter Web App

https://twitter.com/SHomburg/status/1291612396302356481

Vaatz, seit jeher einer der unabhängigsten und klügsten Köpfe im Bundestag und vor der Wende in der DDR inhaftiert, ist Ostdeutscher, und Ostdeutsche haben auf die Coronakrise signifikant anders reagiert als Westdeutsche. Das merkte ich schon früh an den eintrudelnden Emails, bei denen Ostdeutsche und aus Osteuropa stammende Menschen weit überproportional vertreten waren. Der Tenor ihrer Zuschriften lautete: Dass Regierung und Medien alle denselben Unsinn verbreiten, kennen wir von früher gut und wollen wir nicht noch einmal erleben. Ich finde, der Westen hat dem Osten in dieser Hinsicht einiges zu verdanken: mehr Sensibilität für die Probleme und auch die Ende 2021 aufkommende Idee der „Spaziergänge“ als Ersatz für verbotene Demonstrationen.

Im Spätsommer 2020 hatte der Verein „Mediziner und Wissenschaftler für Gesundheit, Freiheit und Demokratie (MWGFD)“ einen satt sechsstelligen Spendenbetrag auf dem Konto. Als Vorstandsmitglied schlug ich vor, einen Teil davon für großformatige Anzeigen in deutschen Tageszeitungen zu verwenden.

Stefan Homburg
@SHomburg

Heute hat der MWGFD e. V. in etlichen deutschen Tageszeitungen, darunter der WELT, diese Anzeige geschaltet.

Damit wollen wir Menschen erreichen, die sich durch traditionelle Medien informieren und nicht auf Twitter oder YouTube vertreten sind.

Mediziner und Wissenschaftler für
Gesundheit, Freiheit und Demokratie e. V.

Liebe Mitbürgerinnen und Mitbürger,

in Deutschland sterben durchschnittlich rund 2500 Menschen pro Tag. Im März 2018 waren es infolge einer Grippewelle 4000 und im Sommer 2018 während der Hitzewelle 3000. Dieses Jahr sind die Sterbezahlen erfreulich niedrig und stabil, wie Sie an der blauen Kurve erkennen. Von einer bedrohlichen „Corona-Pandemie" ist in den Daten nichts zu erkennen.

Derzeit liegen die Sterbezahlen im Zusammenhang mit einem Coronatest nahe Null. Gleichwohl bestehen massive Einschränkungen, etwa die Maskenpflicht oder Berufsverbote für Künstler, Messebauer und Caterer, die sonst an Großveranstaltungen mitwirken. Im Juli 2020 waren fast 10 Millionen Menschen arbeitslos oder in Kurzarbeit – ein trauriger Rekord, der durch immer höhere Schulden finanziert wird.

Deutschland sollte dem Beispiel Schwedens und anderer Länder folgen und zur Normalität zurückkehren. Obwohl das Coronavirus im Einzelfall gefährlich sein kann, ähneln seine gesellschaftlichen Wirkungen denen eines Grippevirus. Wenn wir künftig bei jeder Infektionswelle in unbegründete Panik verfallen, setzen wir unseren gesellschaftlichen Zusammenhalt, unseren Wohlstand und die Zukunft unserer Kinder aufs Spiel.

Prof. Dr. Sucharit Bhakdi · Dr. Ronald Weikl · Prof. Dr. Stefan Homburg · Daniela Folkinger
sowie Mitglieder und über 13000 Unterstützer des Vereins
Mediziner und Wissenschaftler für Gesundheit, Freiheit und Demokratie e. V.
www.mwgfd.de

Spendenkonto: IBAN: DE30 3006 0601 0004 8847 32 apoBank BIC/SWIFT: DAAEDEDDXXX
Bitte tragen Sie als Verwendungszweck Ihre Emailadresse ein, damit wir Sie wegen der Spendenbescheinigung kontaktieren können. Wir sind als gemeinnützig anerkannt.

https://twitter.com/SHomburg/status/1297222636385206272

Damals brachten die MSM im redaktionellen Teil fast ausschließlich Regierungspropaganda: Corona sei „unglaublich gefährlich", der Lockdown „erfolgreich", es gebe „sehr viele Tote" usw. Kritiker hatten praktisch keine Chance, erwähnt zu werden, außer im Rahmen von Diffamierungsartikeln. Somit wollten wir wenigstens im Anzeigenteil erscheinen, um jene vorwiegend Älteren zu erreichen, die soziale Medien nicht nutzten.

Verfeinerte Strategie

Inzwischen hatte ich meine Twitterstrategie dahin entwickelt, fast nur noch amtliche Daten, MSM und wissenschaftliche Fachartikel zu teilen. Dies hatte einen Preis, nämlich den Verzicht auf viele gut gemachte Informationen, die in den sozialen oder alternativen Medien erschienen. Der Preis erschien mir jedoch gerechtfertigt, weil er die Reputation erhöhte und die Tweets praktisch unangreifbar machte. Besonders gern verwendete ich Zahlen des RKI.

Stefan Homburg ···
@SHomburg

Aus dem RKI-Bericht von heute, 26.08.2020:

1. Testzahlen touchieren die Millionengrenze.

2. R-Zahl auf 0,85 gesunken.

3. Geglättete R-Zahl auf 0,93 gesunken.

--> Demonstrationsverbote sind unverhältnismäßig!

Quelle: rki.de/DE/Content/Inf...

Tabelle 5: Anzahl der SARS-CoV-2-Testungen in Deutschland (Stand 25.08.2020); *KW=Kalenderwoche

KW* 2020	Anzahl Testungen	Positiv getestet	Positivenquote (%)	Anzahl übermittelnde Labore
Bis einschließlich KW10	124.716	3.892	3,12	90
11	127.457	7.582	5,95	114
12	348.619	23.820	6,83	152
13	361.515	31.414	8,69	151
14	408.348	36.885	9,03	154
15	380.197	30.791	8,10	164
16	331.902	22.082	6,65	168
17	363.890	18.083	4,97	178
18	326.788	12.608	3,86	175
19	403.875	10.755	2,66	182
20	432.666	7.233	1,67	183
21	353.467	5.218	1,48	179
22	405.269	4.310	1,06	178
23	340.986	3.208	0,94	176
24	326.645	2.816	0,86	172
25	387.484	5.309	1,37	175
26	466.459	3.670	0,79	179
27	504.082	3.080	0,61	149
28	510.103	2.990	0,59	178
29	538.229	3.483	0,65	176
30	572.311	4.506	0,79	181
31	580.064	5.661	0,98	167
32	733.608	7.318	1,00	167
33	891.988	8.661	0,97	188
34	987.423	8.655	0,88	182
Summe	11.208.091	274.030		

5:58 nachm. · 26. Aug. 2020 · Twitter Web App

https://twitter.com/SHomburg/status/1298651101571485696

Die amtliche Tabelle verdeutlichte, wie die „Inzidenz" durch immer intensivere Tests hochgetrieben wurde und den Maßnahmen selbst hier die innere Logik fehlte. Allein zwischen der elften und dreizehnten Woche stieg die Anzahl der Tests von rund 127.000 auf rund 360.000, dann bis zum Jahresende auf fast eine Million. Später wurden über zwei Millionen Tests pro Woche erreicht. Nie zuvor hatte es eine derartige Jagd auf Gesunde gegeben, bei denen man ohne jeden Anlass nach Virenfragmenten suchte.

Aufgrund des durchschlagenden Erfolgs der Demonstrationen wurden diese inzwischen überwiegend verboten, und zwar mit dem vorgeschobenen Argument, sie würden das „Infektionsgeschehen" verstärken. Im Hochsommer war dieser Vorwurf natürlich unsinniger denn je, und die offiziellen Zahlen zeigten ganz klar, dass die Regierungen nur den Protest brechen wollten. Um diese Doppelzüngigkeit aufzudecken, verwies ich auf die politisch genehme Demonstration *Black Lives Matter*, die offenbar keinen medizinischen Bedenken begegnete. Der Tweet enthält mit dem Hashtag #b2908 die übliche Abkürzung für eine Demonstration in Berlin am 29. August.

Stefan Homburg
@SHomburg

Aus dem Bescheid zum Verbot von #b2908

"Ein Verbot Ihrer Veranstaltung ist vorliegend alternativlos."

img1.wsimg.com/blobby/go/74e9...

Zum Vergleich unten die vorbildlichen Abstände bei der BLM-Demo. Daher sind auch die "Gegendemos" zulässig;
auf die politische Ausrichtung kommt es an.

7:40 vorm. · 27. Aug. 2020 · Twitter Web App

https://twitter.com/SHomburg/status/1298857836487815168

Eine besonders unrühmliche Rolle spielte in diesem Zusammenhang der Berliner Innensenator Andreas Geisel, ein früherer SED-Mann, der in der SPD untergekommen und offensichtlich darauf bedacht war, die Fehler von 1989, die zum Fall der Mauer führten, nicht zu wiederholen. Noch 2018 hatte er gemeint, es sei kein Problem, gemeinsam mit Radikalen zu demonstrieren. Beim Thema Corona sah er das plötzlich ganz anders.

David Siber, ein Politiker von B90/Grüne, hatte es gewagt, seine Fraktionskollegen mit amtlichen Zahlen und daraus abgeleiteten Zweifeln zu behelligen. Er wurde umgehend ausgeschlossen. Speziell seine Partei ist Fakten und Tatsachen abhold und schwelgt in ihrer Ideologie. Einige Strategen mochten auch erkannt haben, welche Chancen die Coronakrise jenen bot, die ohnehin Einschränkungen und Entbehrungen wollten.

Stefan Homburg
@SHomburg

Nach Krankenschwestern, Professoren und Polizisten hat es jetzt einen Politiker erwischt:

David Siber fliegt aus seiner Fraktion, nachdem er unter Hinweis auf wissenschaftliche Studien Corona mit Influenza verglichen hatte. Das darf man natürlich nicht!

t-online.de
Grüne werfen Corona-Demo-Redner aus der Fraktion
Dass der grüne Politiker David Claudio Siber aus Flensburg auf der Corona-Demo in Berlin aufgetreten ist, schmeckt seiner Partei gar nicht. Weil er gegen grüne ...

10:23 vorm. · 1. Sep. 2020 · Twitter Web App

https://twitter.com/SHomburg/status/1300710961507172358

Zuvor waren schon zahlreiche Professoren, Polizisten und Krankenschwestern suspendiert, entlassen oder sonst behelligt worden; später kam ein Amtsrichter hinzu, der im Sinne des Kindeswohls geurteilt hatte. Gemäß dem von Mao Zedong ausgegebenen Motto „Bestrafe einen, erziehe hunderte“ bewirkten diese Maßnahmen, dass nur wenige aufmuckten. Auf einer Demo stand plötzlich eine Dame mit Maske, Sonnenbrille und Kopfbedeckung vor mir und fragte mich, ob ich sie kenne. Ich verneinte natürlich. Nachdem sie die Tarnung kurz entfernt hatte, erkannte ich sie: eine hohe Landesbeamtin, beruflich zudem mit der Exekution der Lockdownpolitik betraut, die keinesfalls öffentlich erkannt werden wollte.

Ein neues Spiel

Im September 2020 gestand Bundesgesundheitsminister Spahn endlich ein, dass der Lockdown ein klarer Fehler gewesen war, der sich nicht wiederholen werde. Sein Ausruf „Hätte Friseure und Altenheime nicht schließen müssen“ stieß auf allgemeine Erleichterung.

Stefan Homburg
@SHomburg

Späte Einsicht von BM @jensspahn : Lockdown war überzogen!

Wird er nächstes Jahr auch zum Maskenzwang sagen. Momentan braucht man den noch, um Demos zu verbieten und die Panik hochzuhalten.

bild.de
Spahn: Hätte Friseure und Altenheime nicht schließen müssen!
Gesundheitsminister Jens Spahn hält die Corona-Maßnahmen während des Lockdowns mit heutigem Wissen für überzogen.

9:59 vorm. · 2. Sep. 2020 · Twitter Web App

https://twitter.com/SHomburg/status/1301067097259335680

Viele schöpften neue Hoffnung, vor allem jene, die durch die Maßnahmen am stärksten geschädigt worden waren: Familien, Fotoreporter, darstellende Künstler, Selbstständige und viele kleine Unternehmen, Arbeitslose und Kurzarbeiter. Nur wenige ahnten, dass bald nach Spahns vollmundiger Ankündigung ein noch viel schlimmerer Lockdown von nicht weniger als sieben Monaten Dauer folgen sollte.

Spahns neue Einschätzung war nur im Kontext eines internationalen Stimmungswandels zu verstehen. Die NZZ[21] und das Wall Street Journal[22] distanzierten sich plötzlich von den zuvor fast universell unterstützten Maßnahmen, und das „National Bureau of Economic Research", eine Eliteeinrichtung der US-amerikanischen Volkswirtschaftslehre, analysierte klipp und klar, dass Lockdowns, Geschäfts- und Schulschließungen, Reisebeschränkungen, Ausgangssperren, Veranstaltungsverbote, Quarantänen und Maskenzwänge keinen nennenswerten Einfluss auf die Virusverbreitung gehabt hatten.

Stefan Homburg
@SHomburg

Wow! The renowned American NBER finds that lockdowns, closures, travel restrictions, stay-home orders, event bans, quarantines, curfews, and mask mandates did NOT affect #coronavirus transmission.

@AlexBerenson @FatEmperor
Tweet übersetzen

aier.org
Lockdowns and Mask Mandates Do Not Lead to Reduced COVID...
"The paper's conclusion is that the data trends observed above likely indicate that nonpharmaceutical interventions (NPIs) – such as lockdowns, closures, ...

8:35 nachm. · 3. Sep. 2020 · Twitter Web App

https://twitter.com/SHomburg/status/1301589709504671744

Rasch begann nun der Kampf um die Deutungshoheit, wobei mir besonders der folgende Beitrag in der „Berliner Zeitung" auffiel:

Stefan Homburg
@SHomburg

Guter Kommentar der "Berliner Zeitung"

Er räumt mit der Legende auf, der Lockdown sei zwar ein Fehler gewesen, aber nur aus heutiger Sicht.

Tatsächlich gab es genügend Warner, die ich nicht ständig zitieren muss. Gehört wurden nur die Panikmacher.

bz-berlin.de
Wann erfahren wir die ganze Wahrheit über den Lockdown?
Die Regierung gibt gravierende Fehler bei der Bekämpfung der Pandemie zu und behauptet, man hätte es im März nich...

10:08 vorm. · 6. Sep. 2020 · Twitter Web App

https://twitter.com/SHomburg/status/1302518932084084737

In seinem damals avantgardistischen Artikel wandte sich Gunnar Schupelius gegen die aufkommende Legende, man habe mit dem Lockdown zwar einen gravierenden Fehler gemacht, dies aber nicht wissen können, also aus damaliger Sicht richtig gehandelt. Etliche Verantwortliche wie Spahn behaupteten nunmehr genau das, um sich frühzeitig zu exkulpieren. Umso überraschender war, dass sie kurz danach rückfällig wurden und erneut Maßnahmen aller Art forderten und durchsetzten.

Corona-Quartett I

Während Politiker, Beamte, Verbandsfunktionäre und Manager mehrheitlich auf Lockdownlinie lagen, widerstanden insbesondere Selbstständige und Unternehmer dem Narrativ, man brauche neuerdings bizarre und brutale Maßnahmen, um ein Coronavirus in Schach zu halten, das den traditionellen Viren nicht unähnlich war. Ein bedeutender Unternehmer, der schon frühzeitig Kontakt mit Sucharit Bhakdi, Karina Reiß und mir aufnahm, war der Österreicher Dietrich Mateschitz, der mit „Red Bull" ein veritables Softdrink-Imperium aufgebaut hatte. Er lud Bhakdi und mich in seinen legendären „Hangar 8" am Salzburger Flughafen ein, eine Ausstellung mit Dutzenden Maschinen, die einschließlich einer riesigen DC-9 allesamt flugtauglich sind und auch genutzt werden.

Noch interessanter war für uns der benachbarte „Hangar 7", in den der Journalist Michael Fleischhacker wöchentlich zum Talk lud. Hierzu muss man wissen, dass Mateschitz mit „Servus TV" einen eigenen Fernsehsender für den deutschen Sprachraum betreibt und dieser spätestens seit Beginn der Coronakrise als eine Art Westfernsehen galt. Denn Talkshows auf ARD und ZDF boten nur Einheitsbrei auf Regierungslinie. Dort übten sich harte und weiche Lockdowner in Spiegelfechtereien, während sämtliche Maßnahmenkritiker ausgeschlossen waren. Im Juni 2020 schlug ich „Servus TV" spontan vor, neben „Talk im Hangar 7" ein weiteres Format zu etablieren, das sich ausschließlich der Coronakrise widme. Intendant Ferdinand Wegscheider willigte ein, und damit entstand das ab September 2020 bis zum Jahresende ausgestrahlte „Corona-Quartett".

Das Corona-Quartett tagte anfangs ohne Moderator, später mit dem bewährten Talkmaster Michael Fleischhacker, in stets wechselnden Besetzungen und immer sowohl mit Befürwortern als auch mit Gegnern der Maßnahmen. Obwohl ich nur fünfmal teilnahm, spüre ich die Macht des Fernsehens bis heute, da ich immer wieder auf der Straße auf diese Talkrunden angesprochen werde.

Stefan Homburg
@SHomburg

DAS CORONA-QUARTETT

Ab dem 20.09.2020 sehen Sie mich im Fernsehen in einer wöchentlichen Talkshow.

Kontroverse gepflegte Debatten rund um Corona, Lockdown und Impfungen. Frei empfangbar über Kabel und Satellit in Deutschland, Österreich und der Schweiz.

servustv.com
Wann endet diese Pandemie?
Jeden Sonntag treffen die Kritiker der Corona-Maßnahmen auf ihre Kritiker. Beim Corona-Quartett begrüßen der Infektionsepidemiologe Prof. Sucharit Bhakdi un...

7:27 vorm. · 10. Sep. 2020 · Twitter Web App

https://twitter.com/SHomburg/status/1303928182769430528

Parallel erschien immer mehr wissenschaftliche Literatur, die detailliert darlegte, dass die sogenannten nicht-pharmazeutischen Interventionen, also Lockdown & Co., nutzlos gewesen waren. Über solche Neuigkeiten informierte ich auf Twitter fast jeden Tag. Schon zu diesem Zeitpunkt zeigten internationale Vergleiche recht klar, dass harte Freiheitsbeschränkungen weder erforderlich noch wirksam gewesen waren. So hatte es auch bis 2019 in den einschlägigen Lehrbüchern und in den WHO-Leitlinien gestanden. Nach herrschender Meinung sollten Kranke isoliert werden, Gesunde aber nicht. Aus unerfindlichen Gründen hatte man diesmal die Gesamtbevölkerung monatelang ein- oder ausgesperrt.

Man durfte freilich nie unterschätzen, welche Schwierigkeiten viele Twitterer mit dem Verständnis wissenschaftlicher Grafiken haben; das habe ich mehrfach leidvoll erfahren. Der einzige Ausweg: Man zeigt verschiedene Facetten ein und desselben Problems, wobei die Darstellung jeweils verändert wird. Die folgende mit MATLAB erzeugte Grafik verglich die Entwicklung der „Coronatoten“ in mehreren Ländern, die unterschiedliche Politiken gewählt hatten. Überall zeigten die kumulierten Sterbezahlen den typisch sigmoiden (s-förmigen) Verlauf, den man durch logistische oder Gompertzkurven gut annähern konnte.

Stefan Homburg
@SHomburg

Hier kamen Lockdowns früh und hart (I), dort kamen sie spät (D), hier waren die Sterbezahlen hoch, dort niedrig.

Überall folgte die Entwicklung einer S-förmigen Gompertzkurve; einen Zusammenhang zwischen Sterbezahlen und Lockdowns gibt es nicht.

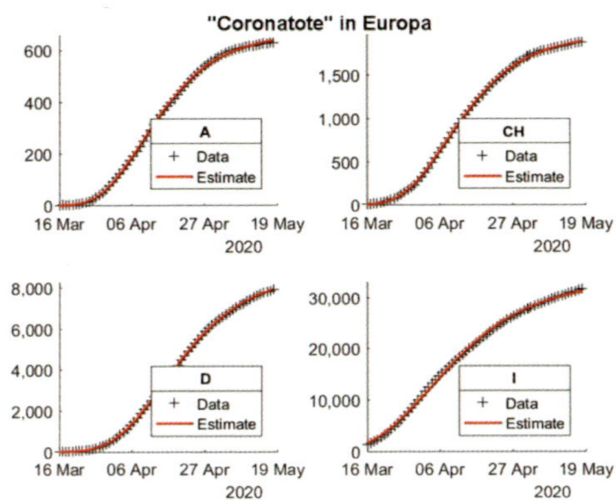

8:46 vorm. · 30. Sep. 2020 · Twitter Web App

https://twitter.com/SHomburg/status/1311195771371479040

Die Klinik führt

Einzelne Mediziner leisteten jetzt offen Widerstand. Ein Professor schrieb mir per Email, in der Medizin gelte der Grundsatz „Die Klinik führt", was besagen soll, dass Laborergebnisse und mathematische Modelle zwar gut und schön sind, es aber entscheidend darauf ankommt, wie viele Menschen krank werden und welche Behandlungsmethoden funktionieren.

Diese Haltung stand in denkbar schroffem Gegensatz zu einer Politik, die Gesundheit, Krankheit und Tod vollkommen ausblendete und ihre Entscheidungen allein an fragwürdigen PCR-Zahlen und den Ansichten nichtklinischer Forscher ausrichtete. Der Berliner Chefarzt Harald Matthes war einer der ersten, die diesen Missstand öffentlich beklagten.

Stefan Homburg
@SHomburg

Prof. Dr. Harald Matthes, Krankenhauschef in Berlin, findet es "völlig unverständlich, warum Virologen, die ja das Virus untersuchen, immer noch die wesentlichen politischen Maßgaben bestimmen, während ja die klinische Einschätzung das Entscheidende ist."

info3-verlag.de
„Die Corona-Maßnahmen sind in dieser Pauschalität nicht mehr zu rechtfertige...
Zum Zeitpunkt unseres Gesprächs Mitte September gibt es laut dem Portal Worldometer in Deutschland rund 15.000 mit Covid-19 infizierte Menschen, vie...

2:17 nachm. · 1. Okt. 2020 · Twitter Web App

https://twitter.com/SHomburg/status/1311641499751383040

In diesem Zusammenhang war der Hinweis interessant, dass selbst ein Virologe wie Drosten arge Zweifel am Zusammenhang zwischen PCR-Test und Krankheit geäußert hatte:

Stefan Homburg
@SHomburg

PCR-Mangel lt. @c_drosten:

"Ja, aber die Methode ist so empfindlich, dass sie ein einzelnes Erbmolekül dieses Virus nachweisen kann. ... Wo zuvor Todkranke gemeldet wurden, sind nun plötzlich milde Fälle und Menschen ... in der Meldestatistik enthalten."

amp2.wiwo.de/technologie/fo...

7:47 nachm. · 2. Okt. 2020 · Twitter Web App

https://twitter.com/SHomburg/status/1312086850035683331

Das vollständige Zitat, das man durch Klick auf den im Tweet enthaltenen Link leicht überprüfen kann, lautete: „Wenn ein solcher Erreger zum Beispiel bei einer Krankenschwester mal eben einen Tag lang über die Nasenschleimhaut huscht, ohne dass sie erkrankt oder sonst irgendetwas davon bemerkt“, dann sei dies zwar ein PCR-Fall, aber medizinisch irrelevant. Freilich stammte das Interview der „Wirtschaftswoche“ aus dem Jahre 2014. Inzwischen hatte Drosten seine Diktion geschmeidig der politischen Linie angepasst.

Eine seltsame Rolle auf Twitter spielt das Desinformations- und Hassportal *@Volksverpetzer*. Weil dieses sprachlich und intellektuell auf einer anderen Ebene operiert, ignorierte ich es meist, konnte mir aber den Hinweis an die Fangemeinde des Portals nicht verkneifen, dass der „Volksverpetzer“ Ihnen das Coronavirus früher als Erfindung rechtsgerichteter Kräfte verkauft hatte. Nachdem der Volksverpetzer mir per Anwältin drohte, konterte mein Anwalt Joachim Steinhöfel mit einer negativen Feststellungsklage. Ergebnis: Der Volksverpetzer, bürgerlich Thomas Laschyk, blockte mich, feuerte seine Anwältin und übernahm alle Anwaltskosten.

https://twitter.com/SHomburg/status/1313531304038879234

Wie weiter oben geschildert, hatte ich ab April Grafiken entwickelt, die unzweifelhaft zeigten, dass es in Deutschland 2020 keine Sterbewelle gab und die Zahl der „Coronatoten“ nicht ins Gewicht fiel. Ohne die PCR-Massentests hätte man nichts bemerkt, sondern jene Verstorbenen als normale Todesfälle verbucht, bei denen früher andere Infektionen todesursächlich gewesen waren. Da diese Tatsachen für viele ungewohnt waren und dem gängigen Narrativ widersprachen, gingen bei meiner Universität unzählige Schreiben ein, die ultimativ meine Entlassung aus dem Staatsdienst forderten. Ein halbes Jahr später schaffte es die Grafik aber zur besten Sendezeit ins ARD-Programm.

Stefan Homburg
@SHomburg

Im April entwickelte ich die linke Graphik aus Daten von Destatis und RKI, um die "Coronatoten" (blau) zu veranschaulichen. Ergebnis: Entlassungsforderungen und Diffamierungen ohne Ende.

Gestern erschien die rechte Graphik (Corona rot) zur besten Sendezeit in der ARD.

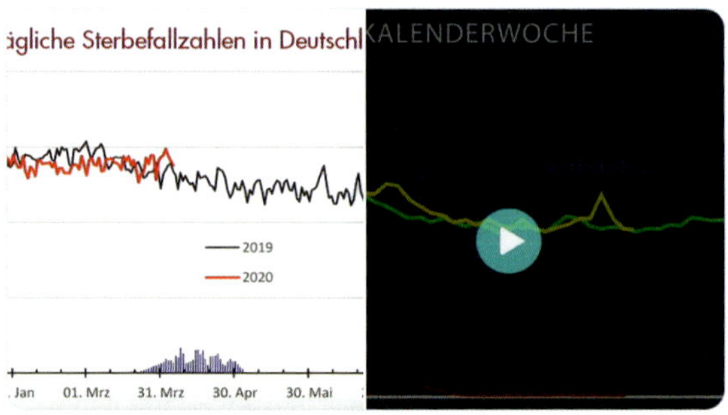

9:20 nachm. · 6. Okt. 2020 · Twitter Web App

https://twitter.com/SHomburg/status/1313559766887739392

Eine heiße Woche im August hatte die Sterbezahlen nach Angaben des Statistischen Bundesamts schlagartig steigen lassen. In den Zeitungen war davon nichts zu lesen, obwohl die Wirkung der Hitzewelle ausgeprägter war als die der Coronawelle im April.

Mit einem Schaubild, das sich von seinen Vorgängern durch die zeitliche Fortschreibung unterschied, konnte man gut ins Bewusstsein rücken, dass die Coronawelle ohne den PCR-Test, der fast zeitgleich mit dem Virus aufgetaucht war, nie aufgefallen wäre. Tatsächlich hätte man zu jedem x-beliebigen Zeitpunkt eine „Pandemie" ausrufen können, indem man massenhaft und anlasslos etwa auf Parainfluenza- oder Rhinoviren testete; warum dies erst jetzt geschah, gehört zu den ungelösten Rätseln der Coronakrise.

Stefan Homburg
@SHomburg

Grüne Linie: Erste und zweite Coronawelle, Daten bis gestern.

Blaue Linie: Gesamtsterblichkeit einschließlich Corona und Hitzewelle im August.

Was stand über die Hitzetoten (bis zu 600 täglich) in der Zeitung? Welche "Maßnahmen" hat man ergriffen, um sie zu verhindern?

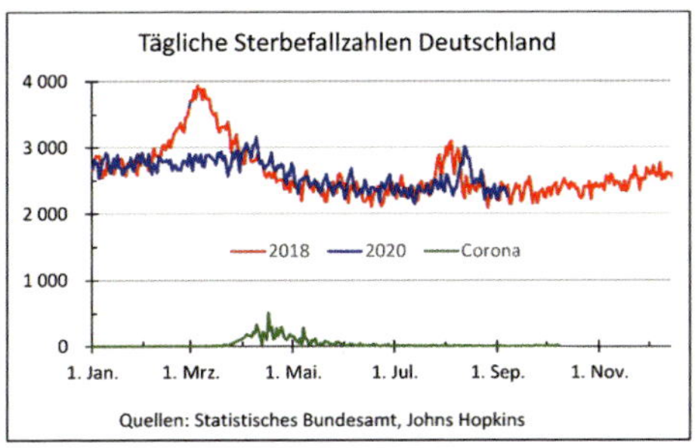

8:48 vorm. · 8. Okt. 2020 · Twitter Web App

https://twitter.com/SHomburg/status/1314095429215301632

Obwohl niemand die Zahlen des Statistischen Bundesamts, der Johns Hopkins University oder des RKI direkt anzweifelte, lösten derartige Grafiken immer wieder wütende Kommentare aus, wobei „Lügner" und „Hetzer" wohl am häufigsten vorkamen. Besonders ulkig war der *ad nauseam* wiederholte Vorwurf, die Grafiken seien „abgeschnitten" worden. Na ja, um einen im Prinzip unendlichen Zeitstrahl in einem endlichen Bild darzustellen, muss man irgendwo abschneiden. So absurd diese Kritikmethode sein mochte, auf Twitter funktionierte sie in begrenztem Umfang. Aufgrund des tausendfach wiederholten Lügenvorwurfs sind etliche Menschen bis heute ehrlich davon überzeugt, dass meine Grafiken nicht stimmen und in die Irre führen sollen.

Auch der ÖRR lockerte zu dieser Zeit ein wenig, etwa in Form einer Sendung mit Bürgern, die sich über den Lockdown gehörig echauffierten. Meiner Ansicht nach wurden die Redaktionen nicht durch konkrete politische Vorgaben gesteuert, sondern über die irrelevanten RKI-Fallzahlen. Waren sie niedrig, erschienen auch Beiträge zu den Kosten der Lockdowns. Bei steigenden Fallzahlen holten die Bildermacher erneut nichtssagende Aufzeichnungen von Intensivstationen aus dem Archiv, obwohl die Belegung dieser Stationen das ganze Jahr über fast konstant war.

Stefan Homburg
@SHomburg

Eine weitere gute Coronasendung, vom WDR, bei der vor allem Bürger zu Wort kommen.

Diese finden deutliche Worte zu den unverhältnismäßigen und unlogischen Maßnahmen.

youtube.com
Lockern oder verschärfen? – Welche Corona-Regeln sind ric...
Live aus Lindlar: Die Zahl der Corona-Neuinfektionen ist laut Robert-Koch-Institut wieder über 4.000 gestiegen. Welche ...

7:07 nachm. · 9. Okt. 2020 · Twitter Web App

https://twitter.com/SHomburg/status/1314613504234663936

Über Bande

Sie glauben, auf Twitter gebe es Freunde und Feinde, die Sie nach einiger Zeit recht gut unterscheiden könnten? Falsch gedacht. Da das Medium bei Politikern, Journalisten und Bürgern zur Meinungsbildung beiträgt und als politisch relevant eingeschätzt wird, tummeln sich dort Influencer jeder Art, bezahlt etwa von Parteien, Unternehmen oder Geheimdiensten. Daher ist insbesondere im Umgang mit „Freunden" Vorsicht geboten. Oft genug wurden mir skandalöse Informationen mit Bitte um Verbreitung zugeschickt, die sich bei näherem Hinsehen als Fake News entpuppten. In einigen Fällen mag es sich um Versehen gehandelt haben, in anderen dienten sie dem Ziel, meine Reputation zu beschädigen.

Man sollte grundsätzlich, und das gilt erst recht auf Telegram, keine bloßen Bilder teilen, sondern deren Inhalte zunächst durch Recherchen verifizieren. Auf diese Weise findet man oft auch bessere Quellen. Außer bei wiederholter Nutzung von Quellen wie dem DIVI-Register habe ich die Grafiken meist zusammen mit einem Internetlink getwittert, um auf diese Weise Vertrauen aufzubauen. Kritische Leser glauben die Botschaften oft erst, nachdem sie diese in der Quelle persönlich überprüft haben. Das ist auch richtig so. Problematischer noch als falsche Freunde sind Scheinaktivisten, oft V-Leute, die 70 % berechtigte Kritik mit 30 % Fake News mischen und dadurch das Gesamtvorbringen diskreditieren. Viele anfangs erfolgversprechende Protestbewegungen wurden auf diese Weise erledigt.

Mitte Oktober 2020 kippte die Stimmung allmählich wieder in Richtung Panikmodus, und vor diesem Hintergrund war der folgende Tweet zu verstehen, der anhand einer RKI-Grafik zeigen sollte, dass die Zunahme von

Erkältungen im Herbst keinen Alarmismus rechtfertigte, sondern ganz normal war. In der nachstehend wiedergegebenen RKI-Grafik unterschied sich der schwarz skizzierte aktuelle Verlauf der Erkältungskrankheiten kaum vom dem der Vorjahre.

Stefan Homburg
@SHomburg

Im Herbst nehmen Erkältungskrankheiten durch #CoronaVirusDE und andere Viren zu, dieses Jahr ebenso wie in den Vorjahren.

Im Frühling gehen die Erkältungen wieder zurück, ob mit Maßnahmen oder ohne.

Kein Grund, sich aufzuregen und die Fehler vom März zu wiederholen.

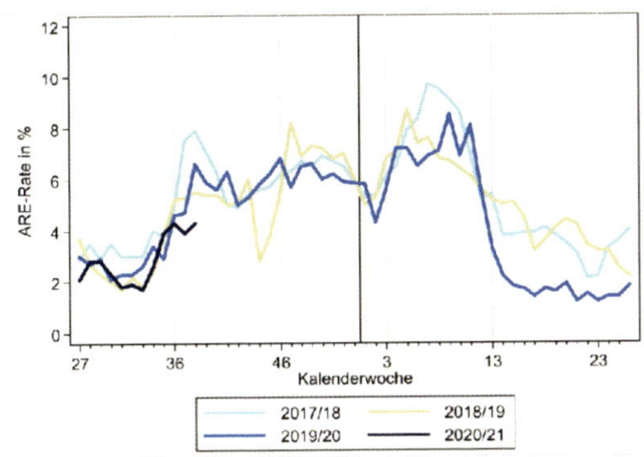

8:29 vorm. · 15. Okt. 2020 · Twitter Web App

https://twitter.com/SHomburg/status/1316627152754929664

Nach wiederholten Versuchen mit zwischenzeitlichen Rückschlägen war es Christof Kuhbandner und mir endlich gelungen, den Aufsatz zur Fake Science von Flaxman und Ferguson unterzubringen, auf den sich viele Lockdowner stützten. Da unser Arbeitspapier bereits bekannt war, stand bei dem folgenden Tweet nicht so sehr die inhaltliche Botschaft im Vordergrund als vielmehr die Demonstration, dass wir Qualitätsforschung betrieben und publizierten. Zum Zeitpunkt der Einreichung gehörte das Journal „Frontiers in Medicine" gemessen an seinem *impact factor* zu den Top 16 % der medizinischen Fachzeitschriften weltweit. In der Wissenschaft haben Aufsätze nach überstandenem Begutachtungsverfahren naturgemäß einen anderen Stellenwert als Arbeitspapiere (*preprints*), die im Grunde jeder schreiben kann.

Stefan Homburg
@SHomburg

Laut Imperial College (Ferguson, Flaxman et al.) haben die Lockdowns in Europa Millionen gerettet.

Diese Behauptung ist unhaltbar. Unsere Kritik ist nach peer review in "Frontiers in Medicine" erschienen, einer med. Fachzeitschrift mit impact factor 3,9.

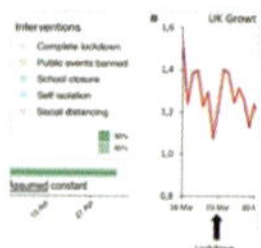

frontiersin.org
Commentary: Estimating the effects of non-pharmaceutical...
A key concept in epidemiology is the effective reproduction number, R(t), where t denotes time. This function represent...

7:34 vorm. · 16. Okt. 2020 · Twitter Web App

https://twitter.com/SHomburg/status/1316975714701279234

In Bayern erwischte es einen weiteren Mitstreiter: Nach Kritik an Markus Söders Lockdownpolitik wurde der Arzt Dr. Friedrich Pürner, bisher Leiter eines bayerischen Gesundheitsamts, strafversetzt. Herr Dr. Pürner ist auf Twitter ebenfalls sehr aktiv.

Stefan Homburg
@SHomburg

Dr. Friedrich Pürner, Epidemiologe und Chef eines bayerisches Gesundheitsamts, kritisiert die #Corona - Maßnahmen von @Markus_Soeder scharf, auch wenn ihn das seine Beamtenkarriere kostet:

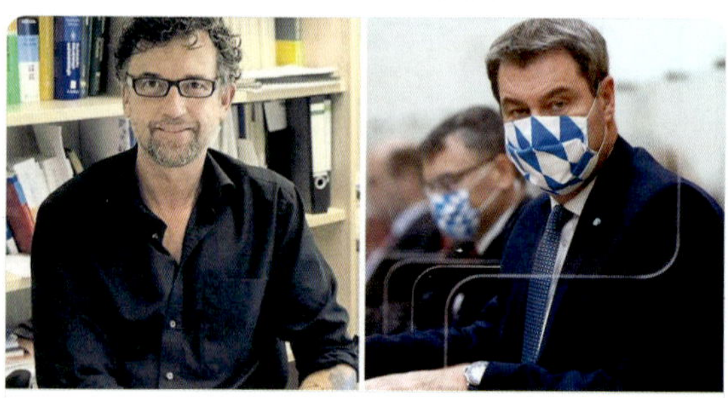

merkur.de
Nach Kritik an Söders Corona-Politik strafversetzt - Gesundheitsamt-Chef legt nach: „Überdramatis...

4:50 nachm. · 20. Okt. 2020 · Twitter Web App

https://twitter.com/SHomburg/status/1318565146525040641

Auch das Gemeinnützigkeits- und Steuerrecht konnte man gegen Lockdownkritiker einsetzen. Das Finanzamt Passau entzog dem MWGFD e. V. die Gemeinnützigkeit. Hiergegen führte ich *pro bono* Verfahren vor dem Finanzgericht und dem Bundesfinanzhof und verlor beide. Auch vor den Gerichten war es inzwischen wie verhext, und zwar in allen Gerichtszweigen.

Während man bis etwa Mitte 2020 auf faire rechtsstaatliche Verfahren rechnen konnte, wartete die Gegenseite später in ihren Schriftsätzen mit Auszügen aus der Wikipedia auf, die eigentlich nichts zur Sache taten, einen aber als „Querdenker“ diffamierten. Dadurch sanken die Chancen drastisch. Bei einem Prozess vor dem Oberlandesgericht Hamburg fuhr ich beim Betreten des Gerichtssaals zusammen: Trotz schönsten Sonnenscheins, minimaler „Inzidenz“ und 25 Grad Außentemperatur waren die Richter vollmaskiert und versicherten, der Saal werde kontinuierlich gelüftet.

Stefan Homburg
@SHomburg

Polizisten, Mediziner, Professoren: Wer den Lockdown hinterfragt, wird disziplinarisch belangt oder bloßgestellt.

Jetzt setzt die Verwaltung von @Markus_Soeder das Steuerrecht ein und hat dem mwgfd.de die Gemeinnützigkeit entzogen.

Dagegen werden wir uns wehren!

mwgfd.de
Mediziner und Wissenschaftler für Gesundheit, Freiheit und Demokratie e.V. - ...
Die Gesellschaft der „Mediziner und Wissenschaftler für Gesundheit, Freiheit und Demokratie, e.V.“ (MWGFD) ist ein Zusammenschluss von in Medizinberufe...

8:12 vorm. · 21. Okt. 2020 · Twitter Web App

https://twitter.com/SHomburg/status/1318797293580148736

Ein angenehmer Nebeneffekt der Talkshow „Corona-Quartett“ bestand darin, dass ich einige interessante Prominente kennenlernte, diesmal Norbert Berthold und Lisa Fitz. Als Lockdownskeptiker wurden beide alsbald zu Unpersonen erklärt. Der SPIEGEL spendierte Lisa Fitz noch im Frühjahr 2022 eine eigene Folge aus seiner endlosen Serie von Diffamierungsartikeln. Jeder, der an Lockdowns und Impfzwang zweifelte, wurde von dem Magazin als bösartiger oder verrückter Querdenker eingeordnet.

Stefan Homburg
@SHomburg

Am Sonntag läuft um 22 Uhr 20 auf Servus TV die nächste Folge des Corona-Quartetts.

Diesmal mit dem ehemaligen Mitglied der österreichischen Corona Task Force Martin Sprenger, dem Fußballweltmeister Norbert Berthold, der Kabarettistin Lisa Fitz und mir.

servustv.com
Die Corona-Woche beim Corona-Quartett - Sendung vom 25.10.
Was ist in der letzten Corona-Woche passiert? Darüber sprechen Martin Sprenger, Public-Health-Experte und ehemaliges Mitglied der Corona-Taskforc...

8:33 nachm. · 22. Okt. 2020 · Twitter Web App

https://twitter.com/SHomburg/status/1319346230930059265

Ein analytisches Poster der Probleme des PCR-Tests spricht die linke Gehirnhälfte an und Menschen, bei denen diese sehr aktiv ist. Andere erreicht man besser mit praktischen Nachrichten aus den Sport- oder Boulevardteilen der Zeitungen, und ich habe stets versucht, beides anzubieten.

Stefan Homburg
@SHomburg

Manchmal findet man die interessantesten Nachrichten im Sportteil. Etwa zum 99,99%igen PCR-Test:

Sechs Fußspallspieler werden positiv getestet. Bei Nachtests sind alle negativ. Die Fehler hätten gereicht, um sechs Schulklassen in Quarantäne zu schicken.

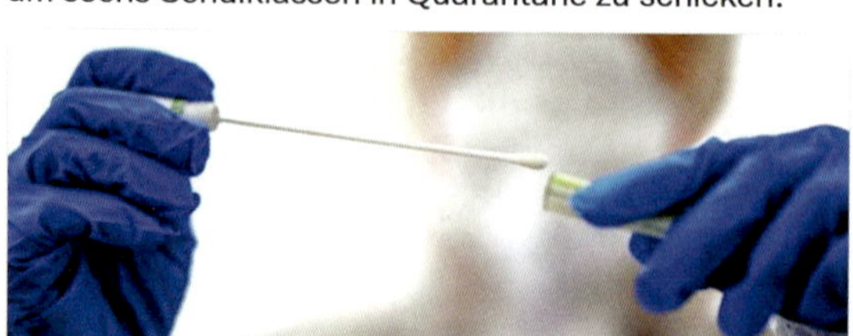

https://twitter.com/SHomburg/status/1320078215537451009

Der folgende Tweet fand sehr starke Resonanz: Die zuvor gefürchtete Influenza, nach neuer WHO-Definition seit 2009 als Dauerpandemie eingestuft, war im März 2020 komplett verschwunden, und zwar nicht nur in Deutschland und Europa, sondern weltweit. Bis heute ist unklar, ob diese Merkwürdigkeit auf Virenkonkurrenz beruht oder auf Testkonkurrenz.

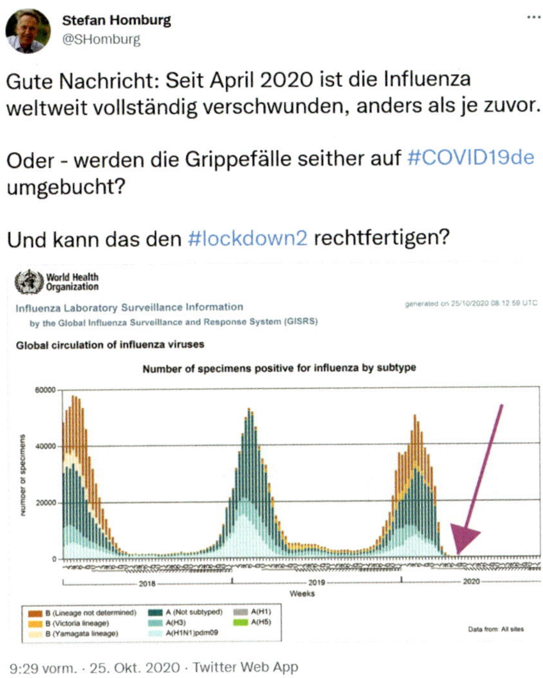

https://twitter.com/SHomburg/status/1320281290336337924

Unabhängig davon wurde es langsam wieder ernst, weil die „Fallzahlen" im Herbst stiegen, wie zu erwarten. Die politisch Verantwortlichen waren außerstande, Widersprüche in ihren eigenen Äußerungen zu erkennen. So forderte der niedersächsische Ministerpräsident Stephan Weil unter Hinweis auf die Wirkungslosigkeit der Corona-Maßnahmen, diese zu verstärken. Die folgende Grafik ist zwar nur eine Karikatur, doch stellt sie den ideologischen Kern des sogenannten NoCovid-Ansatzes, der das Virus komplett ausrotten wollte, treffend dar: Lasst uns alle zu Hause bleiben, bis wir niemals mehr sterben – ein Irrsinn ohnegleichen, der insbesondere von RKI-Chef Lothar Wieler, der Virologin Melanie Brinkmann und dem Münchner Ifo-Institut verfochten wurde.

Stefan Homburg
@SHomburg

Wann wird der #Lockdown2 beendet?

BK Merkel hat geraunt, es stünde ein "harter Winter" bevor. Klar, das #CoronavirusDE ist saisonal, wie andere Erkältungsviren auch.

Der Winter beginnt aber im Dezember, und das Versprechen, es drohe kein #Lockdown2, wurde bereits gebrochen.

2:30 nachm. · 31. Okt. 2020 · Twitter Web App

https://twitter.com/SHomburg/status/1322531511959199744

Selbstdemontage

Mittlerweile betrachtete sich Drosten als „verbrannt", wie er in einem privaten Video auf YouTube zugab, nachdem er im Fernsehen nicht mehr zu sehen war. Im Video beschwert er sich über einen Wirtschaftswissenschaftler aus Hannover, der „fundamentale brachiale Fehlinformationen" verbreite. Das Video dokumentiert eine einzigartige Selbstdemontage.

Zunächst beschimpfte Drosten sogenannte fachfremde Wissenschaftler, die sich zu Fragen der Zeitreihenanalyse äußern, obwohl er in dieser mathematisch-statistischen Disziplin nie tätig war, keine Ahnung davon hat und dafür auch nicht ausgebildet wurde. Hernach kritisierte er die unbestreitbare Behauptung, dass der von der Politik zur Leitschnur erhobene R-Wert bereits vor dem Lockdown gesunken war. Ich hatte damit eine *immanente* Kritik geübt, indem ich die Orientierung der Regierung am R-Wert nicht infrage stellte, sondern aufzeigte, dass die Entscheidungsträger nur vorgaben, sich daran zu halten. In der Wissenschaft gilt eine immanente mehr als eine *transzendente* Kritik, die die getroffenen Annahmen kritisiert.

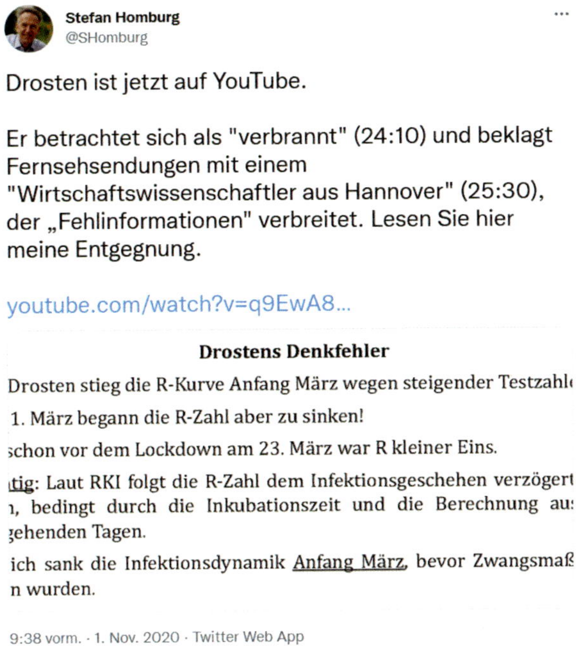
Stefan Homburg
@SHomburg

Drosten ist jetzt auf YouTube.

Er betrachtet sich als "verbrannt" (24:10) und beklagt Fernsehsendungen mit einem "Wirtschaftswissenschaftler aus Hannover" (25:30), der „Fehlinformationen" verbreitet. Lesen Sie hier meine Entgegnung.

youtube.com/watch?v=q9EwA8...

Drostens Denkfehler

Drosten stieg die R-Kurve Anfang März wegen steigender Testzahl

1. März begann die R-Zahl aber zu sinken!

schon vor dem Lockdown am 23. März war R kleiner Eins.

tig: Laut RKI folgt die R-Zahl dem Infektionsgeschehen verzögert 1, bedingt durch die Inkubationszeit und die Berechnung aus gehenden Tagen.

ich sank die Infektionsdynamik Anfang März, bevor Zwangsmaß n wurden.

9:38 vorm. · 1. Nov. 2020 · Twitter Web App

https://twitter.com/SHomburg/status/1322820363034779648

Den Vogel schoss Drosten aber mit dem Gedanken ab, die Positivquote des PCR-Tests sei aussagekräftiger als der R-Wert. Wer genau hatte diese Behauptung im April 2020 im Aufsatz „Von der fehlenden wissenschaftlichen Begründung der Corona-Maßnahmen" aufgestellt? Richtig, das war Christof Kuhbandner gewesen[23], der hierfür einen Faktencheck[24] kassierte und zum Querdenker abgestempelt wurde. Und wer hatte die Überlegung ignoriert? Natürlich die Lockdowner um Drosten, und zwar deshalb, weil die Positivquote viel langsamer stieg als die „Fallzahlen" und man mit ihr nie und nimmer einen Lockdown hätte begründen können.

Es zeugte von bodenloser Chuzpe, dass Drosten ein halbes Jahr später, nachdem er von den Medien abgeschrieben worden war, plötzlich ausgerechnet das Argument der Lockdownkritiker heranzog und es in untauglicher Weise gegen sie zu wenden suchte. Bis heute bleibt er zumindest dem Anschein nach in der Zwangsvorstellung gefangen, Erkältungswellen könnten nur per Lockdown beendet werden. Unzählige Gegenbeispiele, beginnend mit den ersten Wellen in Schweden, Tansania oder South Dakota, ändern daran nichts.

Die RKI-Lüge

Mit den offiziellen Grafiken der „Deutschen interdisziplinären Vereinigung für Intensiv- und Notfallmedizin (DIVI)“, deren Bedeutung ich zunächst unterschätzte, begann ein ganz neuer Argumentationsstrang. Bis zu diesem Zeitpunkt hatte ich etliche Menschen inner- und außerhalb Twitters davon überzeugen können, dass mit oder an Corona nicht mehr gestorben waren als zuvor. Hiervon zeugten viele Emails, in denen mir unbekannte Menschen für die Verschaffung dieser Einsicht dankten. Die neu aufgesetzte Datenbank „DIVI-Intensivregister“, die unter anderem die Gesamtbelegung der deutschen Intensivstationen mit Kranken zeigte, erlaubte eine Erweiterung des Arguments von Sterbefällen auf Krankheitsfälle.

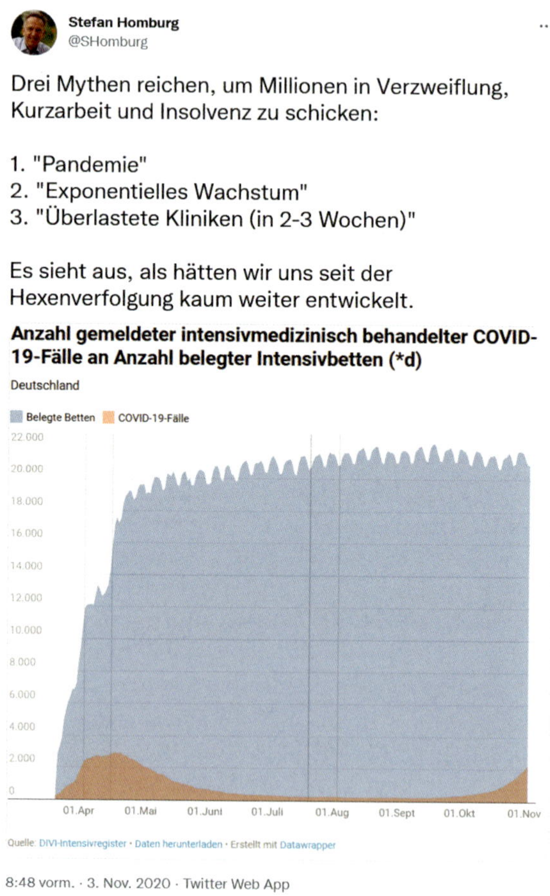

https://twitter.com/SHomburg/status/1323532431325122562

Zugleich zeigte die orange Fläche ganz unten in der Grafik, dass die PCR-positiven Intensivpatienten, die dort fälschlich als COVID-19-Fälle bezeichnet wurden, nur einen geringen Bruchteil der Gesamtbelegung ausmachten. An dieser Stelle ist eine terminologische Anmerkung wichtig. Bei PCR-Positiven hat der Test angeschlagen, was bedeuten kann, dass sich auf ihrer Schleimhaut Virusfragmente befinden oder die Testung fehlerhaft war. Ob diese Personen auch infiziert sind, kann damit nicht nachgewiesen werden, weil „Infektion" laut Lehrbuchdefinition[25] bedeutet, dass Mikroorganismen in den Körper eindringen und sich dort vermehren. Und eine tatsächliche Erkrankung (das Kürzel COVID steht für *corona virus disease*, das letztere Wort bedeutet „Krankheit") kann auf diese Weise schon gar nicht nachgewiesen werden. Gleichwohl bezeichnete das RKI vom ersten Tag an alle PCR-Fälle als COVID-19-Fälle, eine grobe Irreführung der Öffentlichkeit, die im Schmierentheater um „asymptomatische Erkrankungen" ihren Niederschlag gefunden hat. Da das DIVI-Intensivregister in Zusammenarbeit mit dem RKI geführt wird, findet sich auch in dieser Grafik die irreführende Bezeichnung „COVID-19-Fälle".

Erst die enorme Resonanz auf den Tweet machte mir klar, für wie interessant die Tatsache einer mehr oder weniger konstanten Belegung der Intensivstationen gehalten wurde, und in der Folge habe ich wohl kein Schaubild so häufig fortgeschrieben, variiert und geteilt wie dieses. Die erste Variation bestand darin, freie und belegte Intensivbetten sowie die Notfallreserve ins Verhältnis zu setzen und zu zeigen, dass niemals eine auch nur annähernde Überlastung des Gesundheitssystems drohte (übrigens auch nicht in Schweden, das pro Kopf der Bevölkerung nur über einen Bruchteil der deutschen Intensivbettenkapazität verfügte). Wichtig zum Verständnis ist hierbei, dass die vom DIVI stammenden Grafiken nur sogenannte bepflegbare Betten ausweisen; das sind solche, für die entsprechendes Pflegepersonal zur Verfügung steht. Die Daten beziehen sich mithin nicht auf den reinen Bettenbestand.

Bis heute schwankt die Gesamtbelegung der Intensivstationen nur leicht, vor allem um die Wochenenden, ohne dass ein klarer Zusammenhang mit Corona erkennbar wäre. Gleichwohl war es schwierig, gegen das Narrativ anzukommen: Die MSM veröffentlichten so gut wie nie Daten zur sozialmedizinisch relevanten Gesamtbelegung, sondern kaprizierten sich, der Regierungspropaganda folgend, stets auf die kleine orange Teilfläche im vorigen Tweet, also die PCR-Positiven. Meldungen vom Typ „Die Intensivstationen füllen sich derzeit" meinten „füllen sich derzeit mit PCR-Positiven", insinuierten aber, weil dieser entscheidende Zusatz fehlte, eine steigende Gesamtbelegung. Fernsehzuschauer wurden im Glauben gelassen, die Gesamtbelegung der Intensivstationen schwanke stark, obwohl das der Realität diametral widersprach.

Um nicht missverstanden zu werden: Bei einer *einzelnen* Intensivstation mit z. B. zehn Betten, von denen normalerweise acht bis neun belegt sind, entsteht leicht eine sogenannte Verlegesituation mit der Folge, dass für Neuankömmlinge andere Kliniken mit freien Plätzen gefunden werden müssen. Dieses Allerweltszenario hat aber nichts mit einer Überlastung des Gesundheitssystems insgesamt zu tun, also der Überfüllung *aller* Intensivstationen.

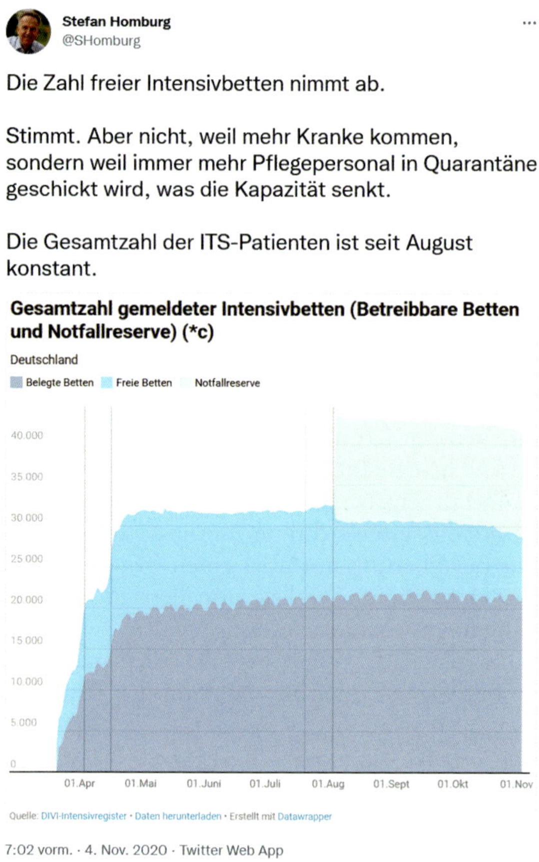

https://twitter.com/SHomburg/status/1323868214229635075

Gegen einen zweiten Punkt war noch schwerer anzukommen. Recherchiert man nämlich die damaligen MSM-Nachrichten, so ist dort nie von einer aktuellen Überlastung des Gesundheitssystems die Rede, doch heißt es ständig, eine Überlastung drohe in „zwei bis drei Wochen". Die „zwei bis drei Wochen" sind in der Coronakrise geradezu sprichwörtlich geworden. Das RKI, Physiker und Verkehrsplaner versorgten die Politik fast ununterbrochen mit Modellrechnungen, wonach in „zwei bis drei Wochen" eine Katastrophe drohe, wenn nicht sofort schärfste Maßnahmen ergriffen würden;

manchmal hieß es sogar, es sei bereits zu spät. So wie die Medienwelt funktioniert, hakte niemand zwei bis drei Wochen später nach, um zu sehen, ob die Vorhersagen auch eingetreten waren, und zwar unabhängig davon, ob die Politik reagiert hatte oder nicht.

Anfang November 2020 wurde der zweite Lockdown verhängt, der volle sieben Monate dauern sollte. Da sich die Aussage, der erste Lockdown sei notwendig und wirksam gewesen, inzwischen als unhaltbar herausgestellt hatte, verfielen die Befürworter auf das Argument, die Fallzahlen seien damals infolge *freiwilliger* Verhaltensänderungen gefallen. Einen Widerspruch erblickten sie darin nicht, obwohl klar sein sollte, dass freiwillige Verhaltensänderungen einen staatlich erzwungenen Lockdown überflüssig machen. Der folgende Tweet sollte einer Wiederholung dieser Legendenbildung entgegenwirken; dabei retweetete ich *@FrankfurtZack*, einen kundigen Aufklärer.

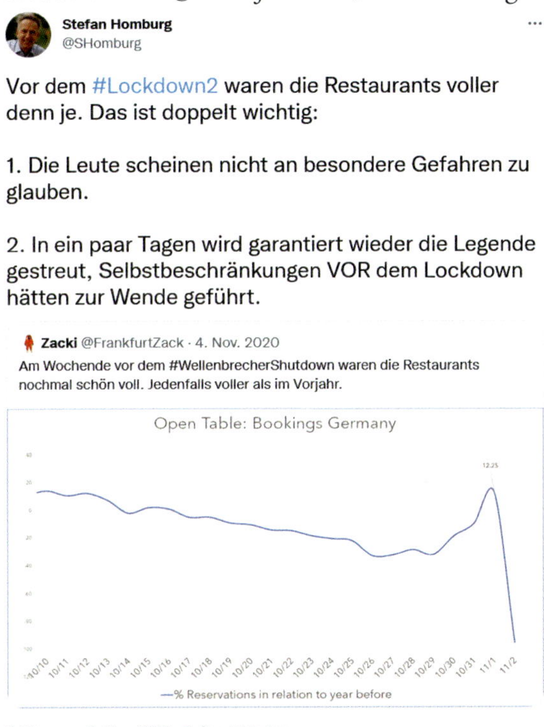
Stefan Homburg
@SHomburg

Vor dem #Lockdown2 waren die Restaurants voller denn je. Das ist doppelt wichtig:

1. Die Leute scheinen nicht an besondere Gefahren zu glauben.

2. In ein paar Tagen wird garantiert wieder die Legende gestreut, Selbstbeschränkungen VOR dem Lockdown hätten zur Wende geführt.

Zacki @FrankfurtZack · 4. Nov. 2020
Am Wochende vor dem #WellenbrecherShutdown waren die Restaurants nochmal schön voll. Jedenfalls voller als im Vorjahr.

9:33 vorm. · 5. Nov. 2020 · Twitter Web App

https://twitter.com/SHomburg/status/1324268527239528448

Die Restaurantreservierungen zeigten eindeutig, dass vor dem angekündigten Lockdown viele Menschen noch einmal ausgehen wollten. Danach wurden die Gaststätten zwangsweise geschlossen, und die Reservierungen sanken auf null.

Rhinoviren sind in der Öffentlichkeit nahezu unbekannt, obwohl sie seit Jahrzehnten zusammen mit den traditionellen humanen Coronaviren umlaufen, für Erkältungen sorgen und Alte sowie Vorerkrankte töten. Ein Fachaufsatz zeigte, dass diese Virenart, die laut RKI meist viel stärker verbreitet ist als SARS-CoV-2, auch eine hohe Kranken- und Todeslast hat.

Stefan Homburg
@SHomburg

1. Von Personen, die mit einer Rhinoviren-Infektion ins Krankenhaus kommen, sterben binnen 90 Tagen 14,2%
.

2. Wer behauptet, dass es bei SARS-CoV-2 mehr sind?

3. Rhinoviren sind ungleich stärker verbreitet als Coronaviren.

PMC
ncbi.nlm.nih.gov
Unexpectedly Higher Morbidity and Mortality of Hospitalize...
Rhinovirus is a common cause of upper and lower respiratory tract infections in adults, especially among the elderly and ...

8:21 vorm. · 9. Nov. 2020 · Twitter Web App

https://twitter.com/SHomburg/status/1325700135062482944

Im Grunde wären Rhinoviren eher als Coronaviren für die Ausrufung einer „Pandemie" prädestiniert gewesen. Ein weiterer Fachaufsatz stützte das Argument durch Vergleich der Sterblichkeitsraten verschiedener Virenarten.

Stefan Homburg
@SHomburg

Diese Studie vergleicht die Mortalität von SARS-CoV-2 mit der anderer humaner Coronaviren und sonstiger Erkältungsviren.

Ergebnis: Kaum Unterschiede. An den jährlich 2.6 Mio. Toten (ohne tbc) durch Erkältungskrankheiten wird SARS-CoV-2 wenig ändern.

PMC
ncbi.nlm.nih.gov
SARS-CoV-2: fear versus data
SARS-CoV-2, the novel coronavirus from China, is spreading around the world, causing a huge reaction despite its curre...

6:24 nachm. · 9. Nov. 2020 · Twitter Web App

https://twitter.com/SHomburg/status/1325851876303233025

Während Deutschland den Maßnahmen-Irrsinn zum zweiten Mal durchlief, blieb Schweden bei den traditionellen Rezepten der öffentlichen Gesundheitsvorsorge und tat so gut wie gar nichts. Insbesondere schrieb es weder das Tragen von Masken vor, noch verhängte es einen Lockdown. Für ans Herz gehende Bilder – hier ein Deutscher zu Besuch in Schweden – ist Twitter ideales Medium, und man erreicht auf diese Weise ganz andere Zielgruppen als mit Statistiken und Fachliteratur.

Stefan Homburg
@SHomburg

Schweden: Insel der Vernunft und Menschlichkeit in einem Meer von Irrsinn.

Christian Stichler @XIAN70 · 6. Nov. 2020
Schweden 🇸🇪 tickt anders in der Corona-Krise. Gestern beim Friseur. „Warum tragt Ihr eigentlich keine Maske?", frage ich. Antwort: „Der Chef meint, das schrecke die Kunden ab!". Außerdem sei es ja nicht vorgeschrieben. Was mache ich? Ich lasse meine Maske in der Tasche...

10:49 vorm. · 10. Nov. 2020 · Twitter Web App

https://twitter.com/SHomburg/status/1326099714023043078

Epidemiologisch war der zweite Lockdown, der den Bürgern als „Wellenbrecher" verkauft wurde und angeblich ein unbeschwertes Weihnachtsfest garantieren sollte, noch schlechter motiviert als der erste: Die Infektionsdynamik hatte in der ersten Oktoberhälfte ihren Höhepunkt erreicht, der ihr stets nachlaufende R-Wert in der zweiten Oktoberhälfte, und erst im November startete dann der Lockdown – das alles inmitten eines beispiellosen propagandistischen Trommelfeuers aus Modellrechnungen und Horrorprognosen. Zur Interpretation des R-Werts habe ich übrigens einen eigenständigen Artikel geschrieben, da diese Materie mathematisch knifflig ist und politisch von großer Bedeutung war[26].

Corona-Quartett II

Kein Corona-Quartett hat so starke Emotionen ausgelöst wie die Folge, in der mich Prof. Dr. Manfred Spitzer ab der neunten Minute lautstark und wütend der Lüge bezichtigt, nachdem ich bloß eine Grafik des DIVI-Intensivregisters gezeigt habe. Im weiteren Sendungsverlauf kanzelt Spitzer die Ärztin Dr. Konstantina Rösch als Verschwörungstheoretikerin ab; sie war kurz zuvor unter einem Vorwand vom Klinikum Graz entlassen worden. Das Ende der Sendung gestaltete sich aber überraschend harmonisch.

Stefan Homburg
@SHomburg

Morgen um 22 Uhr 20 auf Servus TV:

Der Neurowissenschaftler Prof. Dr. Manfred Spitzer ist dabei, die Krankenpflegerin Renate Pühringer, der Arzt/Schriftsteller Günther Loewit und ich.

Unter dem Link finden Sie auch alle früheren Sendungen.

servustv.com
Droht uns ein düsterer Corona-Winter?
Die Krankenhäuser schlagen Alarm: Intensivstationen stehen vor dem Kollaps. Mit nächster Woche verschärft die Politik die Corona-Maßnahmen, das Land ...

7:34 vorm. · 14. Nov. 2020 · Twitter Web App

https://twitter.com/SHomburg/status/1327500199154036736

Diese Talkshowfolge war deshalb so bewegend, weil sie exemplarisch zeigte, was viele Menschen täglich am eigenen Leib erfuhren: Sobald man Zahlen und Fakten präsentierte, lief man Gefahr, wüst beleidigt zu werden, weil Zahlen und Fakten nicht mit dem gängigen Narrativ übereinstimmten. Man musste sich anhören, dass solche Nachrichten doch im Fernsehen zu sehen wären, wenn sie denn stimmten. Ich kann nur den Filmklassiker *Wag the Dog* empfehlen, in dem Hauptdarsteller Dustin Hoffman als genialer Filmproduzent einen fiktiven Krieg inszeniert, um das Publikum von Verfehlungen des US-Präsidenten abzulenken und ihm den Wahlsieg zu sichern. Es ist bestechend und zugleich beklemmend, wie Hoffman und seine Auftraggeber

(Robert de Niro und Anne Heche) die gesamte Nation verschaukeln, während die Medien keine ihrer Fake News ernsthaft hinterfragen, sondern alles senden und damit eine künstliche Realität schaffen.

Aufgrund intensiver Medienarbeit und seinem langen Exklusivauftritt in den „Tagesthemen“ glaubten damals viele, Bill Gates sei ein Philanthrop; dass seine Stiftung in Wahrheit Geld verdiente, war vielen nicht klar.

Stefan Homburg
@SHomburg

So funktioniert "Marktwirtschaft" heutzutage:

2019: Bill and Melinda Gates Stiftung investiert 50 Mio. Euro in Fa. Biontech.

2020: Deutscher Steuerzahler schenkt Biontech 375 Mio. Euro.

manager-magazin.de/unternehmen/bi...

wiwo.de
Biontech-Einstieg mit 50 Millionen: Warum Bill Gates auf Biontech aus Mainz s...
Die Mainzer Biotechfirma Biontech will die Krebstherapie revolutionieren. Mit Bill Gates hat das Unternehmen einen prominenten Investor gewonnen.

9:22 vorm. · 12. Nov. 2020 · Twitter Web App

https://twitter.com/SHomburg/status/1326802612910501889

Es ist ein anspruchsvolles Geschäftsmodell: Man finanziert die WHO, um sie zur Ausrufung einer „Pandemie“ zu bewegen, hat schon vorher kräftig in entsprechende Unternehmen wie Biontech investiert und kann sich nun an Wertzuwächsen und öffentlichen Subventionen erfreuen. Gates hat dieses Geschäftsmodell bis zur Perfektion entwickelt. Der Hintergrund ist fast tragisch: Ursprünglich war die WHO infolge der Spanischen Grippe zur Bekämpfung von Pandemien gegründet worden. Als diese jahrzehntelang ausblieben, minderten die Mitgliedstaaten ihre Beitragszahlungen, weshalb die WHO nach neuen Geldquellen Ausschau hielt und sie in privaten Unternehmen und Stiftungen fand. Anders als die Mitgliedstaaten finanzieren die Privaten aber nur Projekte, an denen sie ein konkretes Interesse haben. Auf diese Weise geriet die WHO in immer größere Abhängigkeit von Privaten[27].

Die Institution erinnert an die imperiale *East India Company*: schlecht für die Menschen, gut für den Profit.

Neben Deutschland stellte auch die Schweiz Daten zur Belegung ihrer Intensivstationen zur Verfügung, während Österreich diese Angaben geheim hielt, aus guten Gründen. Denn wie in Deutschland zeigten auch die Schweizer Daten eine Normalsituation, die in keiner Weise derart drastische Maßnahmen rechtfertigten. Eine weitere faszinierende Parallele zwischen Deutschland und der Schweiz bestand darin, dass auch dort die sogenannten Experten, Taskforce genannt, niemals eine aktuelle Überlastung diagnostizierten. Stoisch behaupteten sie, die Katastrophe werde erst in einigen Wochen sichtbar.

Stefan Homburg
@SHomburg

In spring, #Switzerland 's Task Force predicted that ICUs would become overwhelmed. They were wrong.

Three weeks ago, a member of the Task Force predicted that ICUs may be overwhelmed within two weeks.

Wrong again, the situation is quite normal.

Please find the links below.

Tweet übersetzen

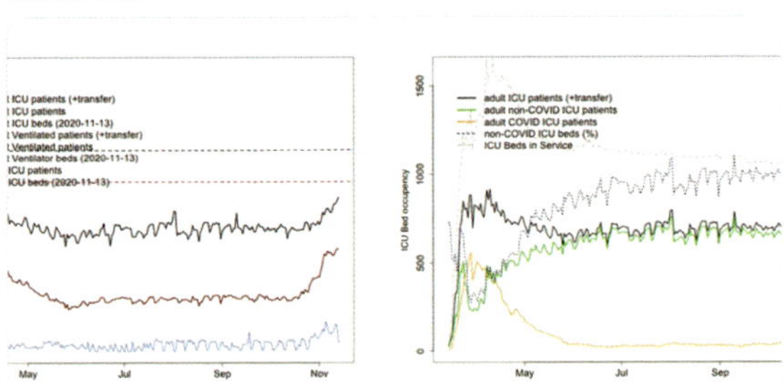

5:55 nachm. · 13. Nov. 2020 · Twitter Web App

https://twitter.com/SHomburg/status/1327293978652397568

Aber anders als in Deutschland beschlichen die Schweizer Bundesregierung schon frühzeitig Zweifel an der Kompetenz ihrer Taskforce. Sie begann deren Ratschläge zu ignorieren, weshalb viele Maßnahmen nur noch auf kantonaler Ebene fortgeführt wurden. Ähnlich wie die USA nutzte auch die Schweiz die Vorteile ihrer bundesstaatlichen Ordnung, während die deutschen Ministerpräsidenten entscheidungsunfähig blieben und sich hinter Maßnahmen verschanzten, die sie in großer Runde mit der Bundeskanzlerin gemeinsam beschlossen hatten.

Die nächste Grafik sollte verdeutlichen, dass zwischen den PCR-Tests (graue Linie) und der Gesamtbelegung der Intensivstationen (gelbe Linie) nicht der geringste Zusammenhang bestand. Diese Botschaft war wichtig, da die Regierungen seinerzeit alle Maßnahmen ausschließlich an die PCR-Zahlen koppelten und sämtliche klinischen Indikatoren geflissentlich unterdrückten. Der markante Anstieg der Intensivbettenbelegung im Frühjahr 2020, in der Grafik ganz links zu erkennen, ist übrigens ein Artefakt: Das DIVI-Register wurde zu dieser Zeit erst allmählich aufgebaut.

https://twitter.com/SHomburg/status/1328954277474279424

Später wurde der fehlende Zusammenhang zwischen PCR-Fallzahlen und wirklichen Erkrankungen, die die Menschen und das Gesundheitssystem belasten, noch deutlicher: Im März 2022 stieg die „Inzidenz“ auf sagenhafte Rekordwerte jenseits 1.750, während parallel die Belegung der Intensivstationen erstmals seit Errichtung des DIVI-Intensivregisters unter 18.000 fiel. Dessen ungeachtet hielt die Politik eisern am Prinzip fest, ihre Maßnahmen nicht an medizinischen Indikatoren wie Krankheit oder Tod auszurichten, sondern allein an Ergebnissen eines nicht standardisierten Tests, die alles Mögliche bedeuten konnten. Der Grundsatz „Die Klinik führt“ wurde durchgehend missachtet, und zwar auch noch zwei Jahre nach Ausbruch der Coronakrise. Es gab keine Lerneffekte, oder man wollte einfach nicht umsteuern.

Exponentiell wachsendes Interesse

Der folgende Tweet erhielt sage und schreibe 3 Millionen Impressions, löste einen unglaublichen Shitstorm aus und erhöhte die Anzahl meiner Follower enorm.

Stefan Homburg
@SHomburg

Ach du liebe Güte.

Exponentielles Wachstum heißt KONSTANTE Wachstumsrate. Bei SINKENDER Wachstumsrate liegt KEIN exponentielles Wachstum vor. Beispiel f(x) = x mit Wachstumsrate f'/f = 1/x.

So viele Likes verdeutlichen die in dieser Ecke bestehende Mathematikkompetenz… twitter.com/c_drosten/stat…

Du kannst diesen Tweet nicht anzeigen, weil dieser Account-Inhaber beschränkt, wer seine Tweets sehen kann. Mehr erfahren

1:50 nachm. · 19. Nov. 2020 · Twitter Web App

https://twitter.com/SHomburg/status/1329406816531468295

Der Tweet kritisierte die Mathematikkenntnisse des Herrn Drosten. In ihn eingebettet war dessen Tweet, der hier nicht mehr sichtbar wird, weil Drosten mich sofort blockte. Dass Drosten weit mehr Zustimmung erhielt als ich, war seiner ungleich größeren Followerzahl geschuldet und ebenso dem Bildungsstand auf Twitter. Inhaltlich ging es um „exponentielles Wachstum“. In der Mathematik wird dieses durch Funktionen vom Typ $f(x) = e^{ax}$ beschrieben. Sie besitzen eine zunehmende Steigung $f'(x) = a\,e^{ax}$ und eine konstante Wachstumsrate $f'(x)/f(x) = a$. Die Steigung gibt an, um wie viele Einheiten der Funktionswert zunimmt, wenn man das Argument x um eine Einheit erhöht. Demgegenüber gibt die Wachstumsrate an, um welchen Prozentsatz der Funktionswert zunimmt, wenn man das Argument x um eine Einheit erhöht. Exponentialfunktionen mit konstanter Wachstumsrate haben überraschende Eigenschaften. Legt man ein Reiskorn auf das erste Feld eines Schachbretts, zwei Reiskörner auf das zweite, vier auf das dritte usw., so übersteigt die Gesamtmenge, nachdem alle 64 Felder belegt sind, einer bekannten Geschichte zufolge die gesamte Welternte.

Infolge seiner überraschenden und kontraintuitiven Effekte wird exponentielles Wachstum seit langem von psychologisch geschulten Agitatoren eingesetzt, um Menschen zu manipulieren und zu ängstigen (*gaslighting*). Auch Merkel und Drosten setzten diese Denkfigur immer wieder ein, um Akzeptanz für härteste Maßnahmen zu schaffen. Drostens Tweet behauptete indes, *jedes* positive Wachstum sei exponentiell, während es sich in Wahrheit so verhält, dass exponentielles Wachstum nur im Fall einer *konstanten* positiven

Wachstumsrate vorliegt. Um diesen Fehler zu verdeutlichen, verwendete ich die Funktion $f(x) = x$, eine simple Gerade. Ihre Wachstumsrate ist stets positiv, fällt aber allmählich auf null, weshalb sie kein exponentielles Wachstum repräsentiert, sondern eben lineares. Die Geradenfunktion hatte ich gewählt, um das Argument so anschaulich und einfach wie irgend möglich zu halten.

Wie zitiert man auf Twitter jemanden, der einen geblockt hat? Man legt heimlich ein zweites Profil an, das nicht geblockt ist und sich unauffällig verhalten sollte, um nicht geblockt zu werden, und macht mit diesem einen Screenshot, den man als Bild an die eigene Antwort hängt. So verfuhr ich nach Drostens Block, da ich mich nicht so einfach ausmanövrieren lassen wollte. Dem infantilen Hinweis auf „Zinseszinsen“, von Drosten aus einem Azubi-Lehrbuch geklaubt, musste man etwas entgegensetzen.

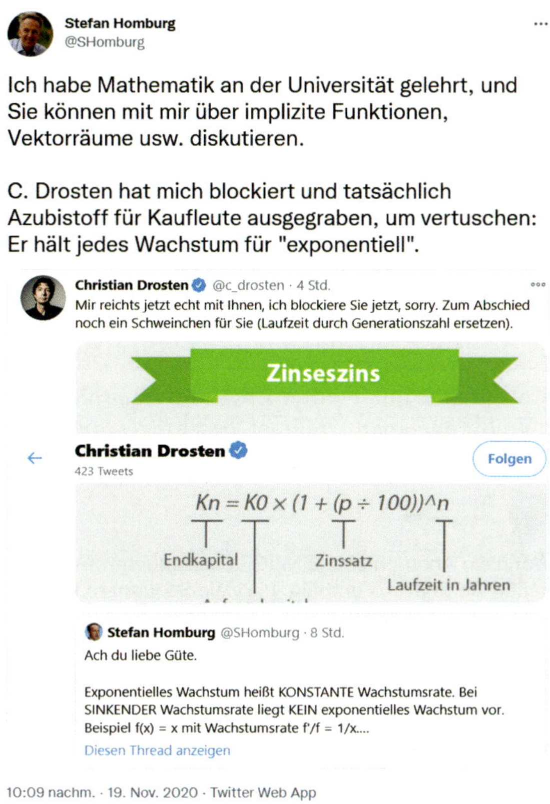

https://twitter.com/SHomburg/status/1329532362796003334

Drosten war übrigens zwar der erste, aber beileibe nicht der letzte Twitterer mit großer Followerschaft, der mich blockierte, um unliebsamen Debatten aus dem Weg zu gehen; zahlreiche Politiker sollten folgen, etwa Agnes Strack-Zimmermann oder Janosch Dahmen. Da nach Absetzen der obigen Tweets erkennbar wurde, dass viele mathematisch Ungeschulte den Punkt tatsächlich nicht verstanden, entwickelte ich ein neues Poster, das exponentielles und sigmoides Wachstum kontrastierte.

Stefan Homburg
@SHomburg

Die Diskussion gestern ist über Nacht unübersichtlich geworden, und man erkennt nicht mehr sofort, worum es eigentlich geht.

Daher hier eine kurze Zusammenfassung des Kernpunkts. Es ist dies kein reiner Streit um Worte, weil uns das "exponentielle Wachstum" im #Lockdown2 hält.

Wachstum	exponentiell	sigmoid
Graphik		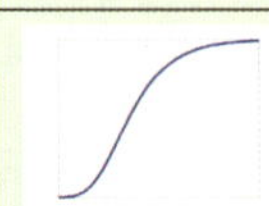
Anwendungsbeispiele	Fiktive Szenarien	Bakterien in Nährstofflösung, Kaninchen in freier Natur, Viren in Population
Wachstumsrate	ist konstant	sinkt von Anfang an
Steigung	nimmt ständig zu	nimmt erst zu und dann ab
Verwendung durch	Politiker und Drosten	Epidemiologen

9:59 vorm. · 20. Nov. 2020 · Twitter Web App

https://twitter.com/SHomburg/status/1329710866598662145

Eine interessante Variante auf Twitter sind Umfragen: Man stellt hierbei Alternativen zur Wahl, die man geeignet beschriftet. Meine erste Umfrage sollte zum Nachdenken über die sehr sensitiven PCR-Tests anregen:

Stefan Homburg
@SHomburg

Wenn ein Abstrich eine EINZIGE Gensequenz des neuen Coronavirus enthält, wie viele Sequenzen findet das Labor dann nach 45 Zyklen (ct 45)?

900.000	13,9 %
24 Millionen	24,4 %
35 Billionen	**61,7 %**

1.008 Stimmen · Endergebnisse

6:42 nachm. · 25. Nov. 2020 · Twitter Web App

https://twitter.com/SHomburg/status/1331654498239049731

Gut Tausend Twitterer beteiligten sich, und fast zwei Drittel von ihnen waren in der Lage, durch die Rechenoperation 2^{45} zur richtigen Antwort zu gelangen: dass nämlich eine einzige Gensequenz nach 45 Testdurchläufen auf 35 Billionen Gensequenzen anwächst. Seinerzeit drehten sich viele Diskussionen um den richtigen CT-Wert, doch weigerten sich WHO und RKI, ihn zu standardisieren. Somit verfuhr jedes Gesundheitsamt und jedes Labor nach eigenem Gusto. Ein politisch gewollter Zahlensalat ohne Aussagekraft.

Impfstart

Im Dezember 2020 wurde ein neues Kapitel der Coronakrise aufgeschlagen, nämlich die Impfung. Diese Debatte war mindestens so dramatisch wie der Disput um die repressiven Maßnahmen, da viele von vornherein argwöhnten, die Impfung werde nicht freiwillig bleiben.

Stefan Homburg
@SHomburg

Ärzten zufolge kommt die neuartige mRNA-Impfung, die im beschleunigten Rolling-Review-Verfahren zugelassen wird, einem "Großexperiment" gleich.

Stimmt. Das alles widerspiegelt einen Machbarkeitswahn ohnegleichen, mit möglicherweise katastrophalen Folgen.

rnd.de
„Kommt Großexperiment gleich“: Ärzteverein warnt vor zu schneller Impfstoffz...
Der Verein Ärzte für individuelle Impfentscheidungen warnt vor einer vorschnellen Zulassung der neuen Corona-Impfstoffe. Wegen fehlender Daten ...

6:56 nachm. · 4. Dez. 2020 · Twitter Web App

https://twitter.com/SHomburg/status/1334919413590536192

Jede Form von Impfkritik war, wie wir bald merkten, noch gefährlicher als Kritik am Lockdown, da Twitter und andere soziale Medien unerbittlich löschten und sperrten. Eine israelische Ärztin etwa, mit der ich mich gelegentlich austauschte und die es auf über 4.000 Follower gebracht hatte, verschwand nach bloßer Verlinkung eines Fachartikels für immer von der Bildfläche (um genau zu sein: sie eröffnete später ein neues Profil mit weit kleinerer Followerschaft). Zunächst war ich noch ziemlich unvorsichtig, hatte aber Glück:

Stefan Homburg
@SHomburg ···

Liebe Kritiker, hier mein Angebot an Sie: Lesen Sie den blauen Anhang als Fortsetzung unserer gestrigen Diskussion. Vielleicht hilft er Ihnen bei der richtigen #Impfentscheidung.

Falls nicht, antworten Sie mit den üblichen Beleidigungen.

Deal?

1. Sind wir Deutschen, falls wir nicht reisen, gegen Malaria geimpft? Wohl kaum, und das ist auch richtig so. Selbst wenn die Impfung zu **100 Prozent** wirksam wäre (**relative Risikominderung**), wäre sie nutzlos, da in Deutschland keine Mosquitos herumschwirren.

2. Bei Ihrer persönlichen Impfentscheidung zählt allein die **absolute Risikominderung**, die in **Prozentpunkten** angegeben wird. Sie gibt Ihren Nutzen an und ist umso geringer, je seltener die Infektion auftritt.

3. Laut Biontech/Pfizer bewirkt der mRNA-Impfstoff eine absolute Risikominderung von **0,39 Prozentpunkten**. Dieser Wert muss gegen die Gefahr von Nebenwirkungen abgewogen werden.

4. Marketingleute berichten lieber eine relative Risikominderung von **>90 Prozent**. Diese Zahl springt ins Auge, ist für die Impfentscheidung aber irrelevant.

5. Wenn in der Wikipedia etwas anderes steht, dann deshalb, weil die Wiki heute zum Teil von der Pharmaindustrie geschrieben wird. Wie auch Twitter.

7:06 vorm. · 8. Dez. 2020 · Twitter Web App

https://twitter.com/SHomburg/status/1336190462235906053

Ähnlich wie beim vermeintlich exponentiellen Wachstum der Fallzahlen arbeitete die Propaganda auch bei der Impfung mit mathematischen Tricks, indem sie auf die relative statt absolute Risikominderung abstellte, obwohl das in der wissenschaftlichen medizinischen Literatur als verpönt galt. Eine Reihe hierauf bezogener Tweets, die abermals als Poster zur Verteilung in den sozialen Netzen geschrieben waren, sollten diesen Punkt verdeutlichen. Das vorstehend gezeigte Poster erläuterte zunächst den Unterschied zwischen der absoluten und der relativen Risikominderung infolge einer Impfung und zeigte, dass die in der Öffentlichkeit herausgestellte relative Risikominderung bloß Werbezwecken diente.

Jeder Mensch hat eigene Vorlieben bei der Aufnahme von Informationen. Ich bevorzuge das Lesen, merkte aber nach einiger Zeit, wie beliebt Podcasts bei vielen sind, die sie während der Hausarbeit oder entspannt auf dem Sofa liegend hören. Burkhardt Müller-Ullrich, der frühere Kulturchef des Deutschlandfunks, betreute mit „Indubio" einen der schönsten und bekanntesten Podcasts, und so stand ich ihm wiederholt für Gespräche zur Verfügung.

https://twitter.com/SHomburg/status/1337088691123138560

Um gegen die Lockdown-Unlust anzukämpfen, die vor Weihnachten in der Bevölkerung aufkam, behauptete der Berliner Regierende Bürgermeister Michael Müller im umseitig abgebildeten Zitat, geöffnete Geschäfte würden Menschen töten, daher müsse der Einzelhandel bis auf wenige Ausnahmen geschlossen bleiben. Eine beispiellose Demagogie, da Berlin eine Untersterblichkeit aufwies und auch die Kliniken schwach belegt waren. Fast unmerklich ersetzte Müller das ursprüngliche politische Ziel „Verhinderung einer Überlastung" durch ein neues, nämlich „Senkung der Sterbefälle auf null", bekannt als Kunstwort NoCovid.

Stefan Homburg
@SHomburg

Kunden sind Mörder, Herr Bürgermeister?

Wieso besteht in Berlin eine Untersterblichkeit? Und wieso sind die deutschen Intensivstationen kaum stärker belegt als im Hochsommer?

Reine PCR-Fallzahlen rechtfertigen keine grenzenlose Eskalation!

Bilder und Quellen hier: 1/2

5:44 nachm. · 11. Dez. 2020 · Twitter Web App

https://twitter.com/SHomburg/status/1337438146401882112

Übrigens erhielt ich zu jener Zeit Emails mit Lob für meinen Kanal auf Telegram. Ich besaß aber keinen. Vielmehr hatte sich jemand unter meinem Namen angemeldet und verteilte dort Kopien meiner Tweets. Ihre Reichweite wurde dadurch erheblich gesteigert, daher ließ ich den Imitator gewähren. Gegen Persönlichkeitsdiebstahl anzukommen ist im Netz ohnehin aufwendig und nicht immer von Erfolg gekrönt.

Das Asch-Experiment

Inzwischen war mir klar geworden, dass der Schlüssel zur Überwindung der Coronakrise nicht bei der Epidemiologie lag, und schon gar nicht bei der Virologie, sondern auf dem Feld der Psychologie. Mit ihren Fragestellungen und Erkenntnissen hatte ich mich früher wenig beschäftigt und daher eine steile Lernkurve, als sie mein Interesse weckte. Insbesondere faszinierte mich das klassische Asch-Experiment. Dabei wird eine Testperson zusammen mit zuvor Eingeweihten gebeten, einfache Grafiken zu beurteilen. Gefragt wird etwa, welcher von drei Balken der längste sei, und die richtige Antwort ist offensichtlich. Indes geben die Eingeweihten nach einiger Zeit bewusst falsche Antworten, und das Experiment zeigt, dass die weitaus meisten Probanden infolge des Gruppenzwangs einlenken und die falschen Antworten der übrigen bestätigen.

Stefan Homburg
@SHomburg

GRUPPENZWANG: Das legendäre Asch-Experiment zeigt, das Menschen Unsinn reden, wenn ihre Umgebung Unsinn redet. Muss man kennen!

Jeder Abend bei @AnneWill festigt den Irrglauben an ein supergefährliches #Coronavirus, das #Lockdowns legitimiert.

youtube.com
Experiment zur Konformität in Gruppensituationen
Konformitätsexperiment von Aschhttp://de.wikipedia.org/wiki/Konformit...

5:43 nachm. · 14. Dez. 2020 · Twitter Web App

https://twitter.com/SHomburg/status/1338525020340023297

Nachdem wir die Anzeigenaktion durch Inserate in Tageszeitungen ausgereizt hatten, starteten Sucharit Bhakdi und ich für den Verein MWGFD eine weitere Informationskampagne, indem wir Flyer verteilen ließen.

Stefan Homburg
@SHomburg

Die neuen Impf-Flyer können Sie einsehen unter dem Link freiheitsboten.org/index.php/flug...

Ein Nachdruck ist nicht gestattet, weil ständig neue wissenschaftliche Erkenntnisse erarbeitet werden und wir ausschließlich aktuelle Informationen verbreiten wollen.
2/2

freiheitsboten.org
Flyer & Broschüren - Freiheitsboten
Unser Anliegen Mit diesen Flyern möchten wir einen Gegenpol zu den „Mainstream-Medien“ bieten. Da diese Medien für viele das einzige Mittel zur ...

8:54 vorm. · 22. Dez. 2020 · Twitter Web App

https://twitter.com/SHomburg/status/1341290943857606657

Die gezeigten Flyer wurden in Zusammenarbeit mit den „Freiheitsboten“, einer idealistischen Gruppe von mehreren Zehntausend Personen, gedruckt und in Haushaltsbriefkästen eingeworfen. Allein den von uns entwickelten Flyer zum Thema Impfung druckten wir drei Millionen Mal. Die Gesamtauflage der Flyer betrug neun Millionen Stück. Ein Unternehmer stellte uns seine Lagerlogistik kostenlos zur Verfügung, denn jede Einzellieferung umfasste viele Dutzend Europaletten; das Ganze war ein Kraftakt.

Bisher hatte ich Sterbezahlen mittels kurzer Zeitreihen dargestellt, die nur wenige Jahre umfassten. Es erschien zweckmäßig, diesen Sachverhalt in langfristiger Perspektive und neuer Darstellungsform zu veranschaulichen.

Stefan Homburg
@SHomburg

1. Seit 2004 steigt die Sterberate tendenziell an.

2. Die Hongkong-Grippe 1968/69 ist gut erkennbar.

3. Das noch nicht beendete Coronajahr 2020 kann sich noch um 1mm nach oben oder unten verschieben. Es ist aber völlig unauffällig.

Quelle: www-genesis.destatis.de/genesis/online...

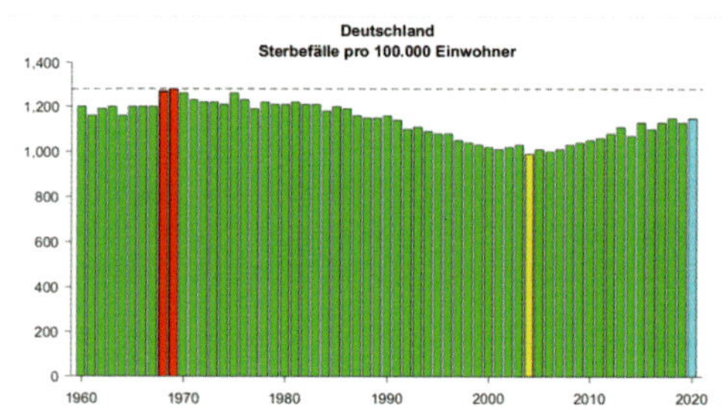

7:27 vorm. · 26. Dez. 2020 · Twitter Web App

https://twitter.com/SHomburg/status/1342718603301367808

Hier eine ausführlichere Erklärung, als ich sie auf Twitter geben konnte: Markant sind zunächst die Jahre 1968/69 mit einem scharfen Anstieg der Sterbefälle infolge der Hongkong-Grippe. Der nachfolgende allmähliche Rückgang beruht auf zwei Faktoren, nämlich der zunehmenden Lebenserwartung und dem kriegsbedingten Geburtenrückgang ab 1915. Nachdem sie 2004 ihr Minimum erreicht haben, nehmen die Sterbefälle wieder zu, da nun geburtenstarke Jahrgänge das Sterbealter erreichen. In jüngster Zeit sticht allein die sprunghafte Zunahme 2015 hervor.

Das Jahr 2020, und hierin lag natürlich die Kernbotschaft der Grafik, zeigte keine Auffälligkeit. Auch bei internationalen Vergleichen war 2020 in den weitaus meisten Staaten kein besonderes Jahr, und zwar ganz unabhängig davon, ob sie Lockdowns verhängten oder nichts taten. Zwei Länder mit ungewöhnlich scharfen Maßnahmen, nämlich Spanien in Europa und Peru in Südamerika, hatten auffällig hohe Übersterblichkeiten zu verzeichnen.

Als unwillkommenes Weihnachtsgeschenk kassierte ich einen weiteren Artikel im SPIEGEL, der rhetorisch fragte, warum so viele Professoren nach „rechts" abgedriftet seien. Das Wort „rechts" wird von Haltungsjournalisten weitgehend synonym zu „nicht auf Regierungslinie liegend" gebraucht. Anfang 2020 waren die Coronawarner „rechts" gewesen, am Ende des Jahres sollten es nunmehr die Lockdownskeptiker sein.

Stefan Homburg
@SHomburg

Der SPIEGEL Nr. 53 diffamiert mich als "rechts", weil ich vor einem Abgleiten wie Anfang 1933 warne.

Gut, wenn Totalitarismuskritik neuerdings "rechts" ist, dann bin ich das eben.

Früher stand @derspiegel für Vernunft, Recht und Humanität. Das ist längst vorbei. 1/4

8:09 vorm. · 27. Dez. 2020 · Twitter Web App

https://twitter.com/SHomburg/status/1343091672482250753

Der folgende Tweet illustriert, warum der Lockdown insbesondere bei den Grünen so beliebt war. Im verlinkten Gastbeitrag schrieb Karl Lauterbach nämlich: „Somit benötigen wir Maßnahmen zur Bewältigung des Klimawandels, die analog zu den Einschränkungen der persönlichen Freiheit in der Pandemie-Bekämpfung sind." Viele hatten derweil durchschaut, dass manche politische Kräfte auf einen Klimalockdown abzielten und ihnen der CO_2-sparende Stillstand von Wirtschaft und Gesellschaft hochwillkommen war.

Spätestens jetzt war der auf Twitter geläufige Ausdruck #Klimalockdown geprägt, und man erkannte deutlich, worum es Lauterbach und vielen anderen eigentlich ging, nämlich um Machtausübung und Grundrechtseingriffe als Selbstzweck und Dauereinrichtung. Nach meinem Eindruck wollten Menschen mit Hang zur Selbstzerstörung und anderen psychischen Problemen die übrigen an einem guten Leben hindern. Auf Twitter erkennt man sie recht gut daran, dass ihre Profiltexte keine positiven lebensbejahenden Mottos enthalten, sondern meist Negationen wie „FCK ..." oder „No ...".

Stefan Homburg
@SHomburg

Früher habe ich einmal mit @Karl_Lauterbach im Restaurant gegessen; er ohne und ich mit Salz.

Lauterbach ist ein ehrlicher Typ: Er fordert offen den Fortbestand von "Maßnahmen" selbst nach Beendigung der Coronakrise.

Wegen des Klimawandels ...

welt.de
Kampf gegen Klimawandel: Lauterbach wegen Coronazeit pessimistisch - WELT
Die deutsche Bevölkerung unterschätzt Corona nach wie vor, warnt SPD-Gesundheitsexperte Lauterbach in einem Gastbeitrag. Zur Bewältigung des ...

8:24 nachm. · 27. Dez. 2020 · Twitter Web App

https://twitter.com/SHomburg/status/1343276632702918656

Da Silvester erreicht war, beendete ich das erste Jahr auf Twitter mit einem hier nicht wiedergegebenen Cartoon zum exponentiellen Wachstum. Erfindungsreichtum und Originalität der Corona-Cartoonisten waren unerschöpflich und verdienen einen eigenen Bildband. So viele Text- und Grafikspäße hat es seit dem Untergang der DDR nicht gegeben.

Frohes Neues 2021

Zu Silvester hatte die Politik Feuerwerk verboten und Ausgangssperren verhängt. Aus „Infektionsschutzgründen", wie es hieß, aber auch, um die Feinstaubbelastung zu reduzieren und die angeblich an der Belastungsgrenze operierenden Krankenhäuser vor zusätzlichen Unfallopfern zu schützen. Viele ließen sich nicht durch dieses Manöver davon abhalten zu feiern. Mein Tweet zum Jahresauftakt zeigte einerseits, dass Deutschland nach zwei Monaten Lockdown inzwischen Schweden bei den „Coronatoten" überholt hatte und andererseits, dass findige Leute mit Jacken von „Lieferando" handelten, um sich legal im öffentlichen Raum bewegen zu können, damals ein Privileg.

Stefan Homburg
@SHomburg

Ob verbotenes Feuerwerk oder Lockdowns: Überzogene staatliche Repressionen werden umgangen und bringen wenig.

Das haben wir heute Nacht an der Knallerei zu #Silvester2020 gehört.

Und im Vergleich von 🇩🇪 und 🇸🇪 sehen wir es in den Zahlen. Also Schluss mit dem #Lockdown !

6:32 vorm. · 1. Jan. 2021 · Twitter Web App

https://twitter.com/SHomburg/status/1344879069943504898

Allein Schweden bewies, dass Lockdown, Ausgangssperre und Maskenzwang vollkommen überflüssig waren. Exotische Länder in Asien oder Afrika wollte ich nicht als Beispiele anführen, da Lockdowner bereits den Vergleich mit dem „dünn besiedelten“ Schweden ablehnten. Dabei kam es, wenn überhaupt, auf den Urbanisationsgrad an, also den Anteil der Menschen, die in Städten leben. Bei diesem Indikator lag Schweden deutlich vor Deutschland. Im Hinblick auf manche Maßnahmen, die deutsche Politiker den Bürgern im Winter 2020/21 auferlegten, erschienen inzwischen selbst Bezüge zu früheren Zeiten untertrieben, denn manch unverhältnismäßige Einschränkung hatte es nicht einmal während der Weltkriege gegeben.

Ein großes Ärgernis betraf die Doppelmoral von Medien und Politik, die den Normalbürgern unentwegt die Notwendigkeit strenger Regeln erklärten, sich selbst aber nicht daran hielten. So feierte das ZDF mit Andrea Kiewel und Johannes B. Kerner inmitten strengster Ausgangs-, Demonstrations- und Feierverbote eine zünftige Backstageparty für die oberen Zehntausend, bei der nicht einmal Masken vorgeschrieben waren. Damit niemand diese Pointe verpasste, ergänzte ich das Originalfoto um einen gelben Pfeil, der auf die verheißungsvolle Ankündigung „Maskenfrei!“ zeigt.

Stefan Homburg
@SHomburg

Wenn wir aufmucken, zeigt uns das @ZDF ein paar Särge; dann ist wieder Ruhe im Karton.

Backstage feiern Kerner und Kiewel die ZDF-Party zu #Silvester2020 mit Speis‘ und Trank - maskenfrei!

Eine sehr bedenkliche Entwicklung zur Zweiklassengesellschaft. 1/2

11:38 vorm. · 1. Jan. 2021 · Twitter Web App

https://twitter.com/SHomburg/status/1344956158050775040

Das RKI stellte Unmengen an Daten zur Verbreitung des Coronavirus zur Verfügung, die kaum jemand kannte, weil sie in den Medien keine Erwähnung fanden. Die nachstehend gezeigte hochinteressante Grafik dokumentierte, dass Theater, Gaststätten oder Fitnessclubs auch in jenen wenigen Monaten, da sie geöffnet waren, keine Bedeutung für die Virusverbreitung hatten. Zu den meisten Übertragungen kam es vielmehr in Wohnungen und Heimen aller Art, die man naturgemäß nicht schließen konnte. Im Grunde lag hierin eine plausible Teilerklärung für die Wirkungslosigkeit der Schließungen.

Die Zeichenfolge „1/2“ im folgenden Tweet bedeutet übrigens per Twitterkonvention, dass es sich dabei um den ersten Teil eines zweiteiligen Threads handelt. Der zweite Teil enthält die Quelle und wird angezeigt, wenn man den ersten Teil im Browser öffnet.

Stefan Homburg
@SHomburg

In den kleinen Feldern (hellorange) wirkt der #Lockdown : Theater, Lokale, Fitnessclubs, Discos, Stadien - alles zu.

Relevant für die Übertragung des #Coronavirus sind die großen Felder: Von Wohnungen bis zu Seniorentagesstätten (dunkelorange). Dort kann man nicht schließen. 1/2

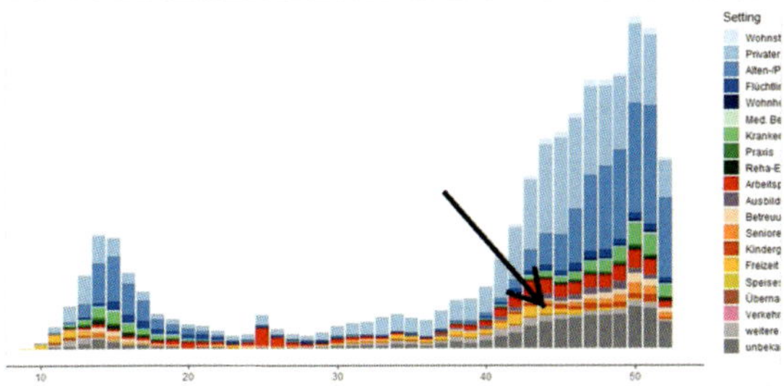

8:32 vorm. · 4. Jan. 2021 · Twitter Web App

https://twitter.com/SHomburg/status/1345996507464552448

Twitter erlaubt auch zweiseitige Kommunikation via Privatnachrichten, die nur vom Absender und Empfänger gelesen werden können. Auf diese Weise korrespondierte ich mit vielen Twitterern und machte auch neue Bekanntschaften. Eines Tages ging eine Privatnachricht vom Institut für Psychosoziale Prävention am Uniklinikum Heidelberg mit dem Absender *@PaceStudie* ein. Darin bat mich das Institut, auf eine von ihm geplante Studie mit dem Titel „Was macht die Corona-Pandemie mit Ihnen?“ hinzuweisen, um Teilnehmer zu gewinnen. Ich half sehr gern mit folgendem Tweet, da der Aspekt psychischer Schäden in der öffentlichen Diskussion zu kurz kam.

Stefan Homburg
@SHomburg

Das Universitätsklinikum Heidelberg führt aktuell eine @PaceStudie zu den psychosozialen Auswirkungen der Corona-Pandemie durch und hat mich gebeten, seinen Aufruf zu verteilen.

Das mache ich gern, weil ich diese Art der Forschung für wichtig halte.

klinikum.uni-heidelberg.de/zentrum-fuer-p...

5:30 nachm. · 4. Jan. 2021 · Twitter Web App

https://twitter.com/SHomburg/status/1346131930388049920

Hierauf folgte eine unerwartete und bezeichnende Reaktion. Die Leitung des gesamten Klinikums Heidelberg distanzierte sich, wie man heute so schön sagt, von meiner Unterstützung und bezichtigte mich gar der Lüge.

> **Universitätsklinikum Heidelberg**
> @uniklinik_hd
>
> Antwort an @SHomburg und @PaceStudie
>
> Was Sie schreiben, ist nicht korrekt. Das Universitätsklinikum Heidelberg hat Sie um überhaupt nichts gebeten.
>
> Wer genau hat Sie gebeten, den Studienaufruf zu teilen? In welcher Form ist dies geschehen? Wurden Sie persönlich kontaktiert?
>
> 8:15 vorm. · 6. Jan. 2021 · Twitter Web App

https://twitter.com/uniklinik_hd/status/1346717026048487425

Es ist doch klar: Wenn ein Universitätsinstitut eine wissenschaftliche Studie plant, dann ruft das Institut selbst zur Teilnahme auf und nicht die mit Verwaltungsaufgaben betraute Klinikleitung. In meinem Ausgangstweet hatte ich die Institutsadresse @PaceStudie ja auch angegeben. Indes wollte die politisch korrekte Klinikleitung offenbar jede Kontaktschuld vermeiden und den Eindruck abwehren, man kooperiere mit Wissenschaftlern wie mir.

Den Begriff „Kontaktschuld" kannte ich übrigens bis 2020 nicht, er hat jedoch bei Diskussionen in den sozialen Medien eine enorme Bedeutung. Ob Frau A eine korrekte oder falsche Aussage gemacht hat, ist oft weniger wichtig als die Frage, ob A etwa mit dem umstrittenen Herrn B Kontakt hatte, indem sie ihn zitierte oder gar zusammen mit ihm gesehen wurde.

Selbst eine Aussage vom Typ „Eins plus eins ist zwei" lässt sich heutzutage mühelos durch den Hinweis entkräften, kürzlich habe ein „Rechter" dasselbe behauptet und daher könne es nicht stimmen. Ich bin überzeugt, dass diese Art Gehirnwäsche und Logik-Negation, durch die wir hinter eine bis auf Aristoteles zurückgehende Tradition sauberen Denkens zurückfallen, Kernursache vieler politischer Irrungen und Wirrungen ist. Besonders bei den Medien werden Tatsachenberichte oft unmerklich durch Haltungspirouetten ersetzt.

Eskalation

Das Kanzleramt und der Bundesgesundheitsminister verfuhren inzwischen routiniert nach der Salamitaktik. Sie kündigten kurzfristige Maßnahmen wie den Wellenbrecher an und verlängerten diese dann, um das angeblich Erreichte nicht zu verspielen. Demgegenüber zeigte das Bundesfinanzministerium Schaubilder mit längerfristigen Hilfen, die auf der richtigen Annahme beruhten, der Lockdown werde sehr lange anhalten. Auf Twitter konnte man die Doppelzüngigkeit dieser Kommunikationsstrategie wunderbar aufzeigen.

Stefan Homburg
@SHomburg

Fürsorglich - auf seiner Homepage erklärt das BMF die Überbrückungshilfe III.

Sie ist für die Schließungen bis Juni 2021 (!) vorgesehen.

bundesfinanzministerium.de/Content/DE/Sta...

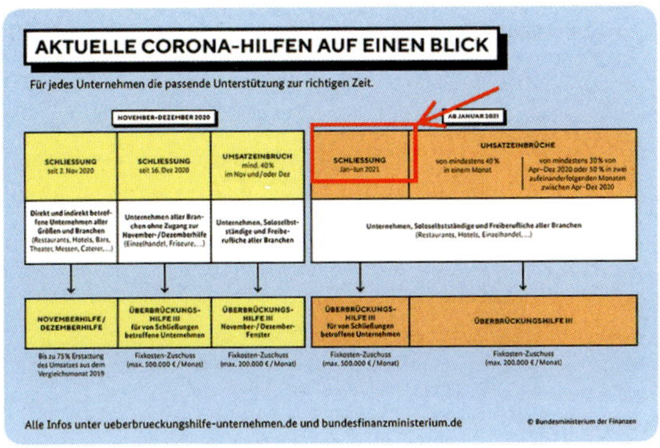

3:07 nachm. · 5. Jan. 2021 · Twitter Web App

https://twitter.com/SHomburg/status/1346458373483606016

Während die klinische Lage normal war, eskalierte die Bundeskanzlerin die Maßnahmen immer weiter, und Anfang Januar brachte sie unversehens erneute Ausgangssperren ins Gespräch. Begründet wurde deren Notwendigkeit mit einer Zunahme der „Covidkranken", in Wahrheit also der positiv getesteten Patienten auf den Intensivstationen. Deren Anteil an der Gesamtbelegung nahm tatsächlich zu, der Anteil der negativ Getesteten nahm entsprechend ab; mathematisch war diese Entwicklung bei steigender Prävalenz in der Bevölkerung alles andere als ein Wunder. Auf die sozialmedizinisch relevante Gesamtbelegung hatte beides keinen Einfluss. Indem fast alle Medien Merkels Behauptungen unkritisch verbreiteten, wurden sie zur empfundenen Wirklichkeit.

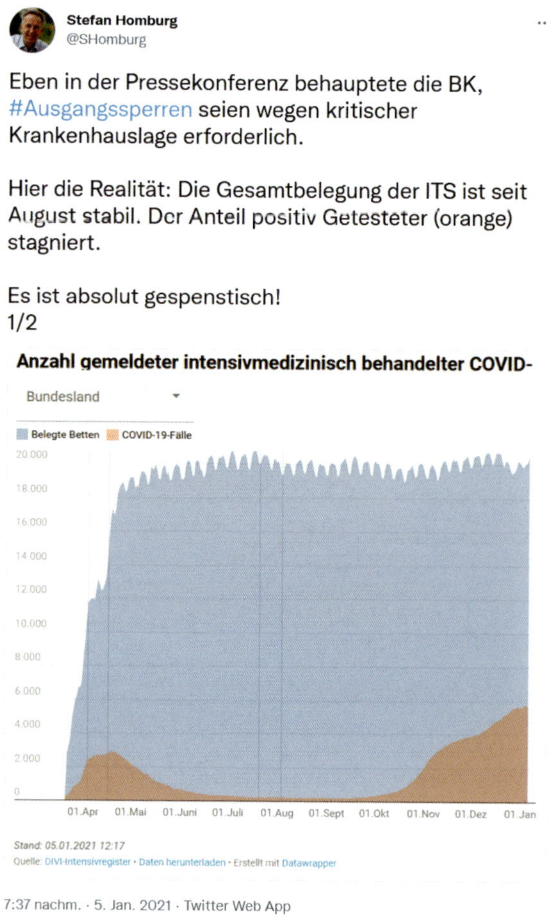
Stefan Homburg
@SHomburg

Eben in der Pressekonferenz behauptete die BK, #Ausgangssperren seien wegen kritischer Krankenhauslage erforderlich.

Hier die Realität: Die Gesamtbelegung der ITS ist seit August stabil. Der Anteil positiv Getesteter (orange) stagniert.

Es ist absolut gespenstisch!
1/2

7:37 nachm. · 5. Jan. 2021 · Twitter Web App

https://twitter.com/SHomburg/status/1346526143739011074

Während sogenannte Experten die Fernsehzuschauer fast täglich mit Prognosen schockierten, die Kliniken seien „in zwei bis drei Wochen" überlaufen, blieb die Internetseite „Kliniksterben in Deutschland" weitgehend unbeachtet[28]. Sie dokumentierte jede Krankenhausschließung in Deutschland. Während der „Pandemie" waren es viele, und die Wirksamkeit dieses Arguments hatte ich anfangs unterschätzt. Twitterer, die zuvor der Propaganda geglaubt hatten, zeigten sich befremdet darüber, dass reguläre Krankenhäuser während der „Pandemie" geschlossen und eigens errichtete Notkrankenhäuser, wie in Berlin, niemals in Betrieb genommen wurden. Auch lokale Zeitungsberichte über Klinikschließungen durchzogen die gesamte Laborpandemie. Selbst meine Kritiker waren nicht so schmerzfrei, dass sie den eklatanten Widerspruch zwischen der propagandistischen Behauptung einer „Überlastung des Gesundheitssystems" und den häufigen Klinikschließungen verkannten.

Stefan Homburg
@SHomburg

Im Frühjahr eröffnete eine Coronaklinik in Ingelheim:
swr.de/swraktuell/rhe...

Jetzt wird sie geschlossen:
swr.de/swraktuell/rhe...

Dazu passend ein Artikel von heute über Existenznöte niedersächsischer Kliniken. Leben in der Laborpandemie.

NIEDERSACHSEN & DER NORDEN

Kliniken fürchten um Existenz

Umfrage der Krankenhausgesellschaft: Erlöse brechen weg, Ausgaben steigen

1:12 nachm. · 7. Jan. 2021 · Twitter Web App

https://twitter.com/SHomburg/status/1347154196001386507

Mit einem weiteren, hier nicht gezeigten Tweet knüpfte ich Kontakt zur bekannten Feministin Dr. Naomi Wolf und ihren über 140.000 Followern. Frau Wolf hatte organisierte Angriffe auf Drostens Kritiker dokumentiert, die mundtot gemacht werden sollten. Leider sperrte Twitter sie dauerhaft, und zwar wegen angeblicher Fehlinformationen[29]. Was genau „Fehlinformationen" sind, entscheiden Twitters Mitarbeiter und Roboter; im Zweifel sind es Informationen, die der aktuellen Regierungslinie oder Konzerninteressen zuwiderlaufen.

Zur ideologischen Förderung ihrer Lockdownpolitik hatte die Bundesregierung eine Fülle eilfertiger Institutionen um sich geschart. Nur Wissenschaftlern fiel auf, dass es sich dabei fast ausschließlich um Bundesinstitutionen handelte, auf die der Bund leichten Zugriff hatte: Max-Planck-Gesellschaft, Helmholtz Gemeinschaft und Leopoldina, um die wichtigsten zu nennen, produzierten unentwegt Horrorszenarien, während die den Ländern zustehenden Universitäten mitsamt den dort tätigen Epidemiologen beredt schwiegen. Die Verlängerung des „Wellenbrechers" über Weihnachten und Neujahr hatte die Gelehrtengemeinschaft Leopoldina, die von Merkel meist als letztes argumentatives Sturmgeschütz vor anstehenden Entscheidungen eingesetzt wurde, mit dem Vorbild Irlands motiviert. Es war jetzt an der Zeit, daran zu erinnern.

Stefan Homburg
@SHomburg

Zur Vorbereitung des Serien-Lockdown hatte die einst geachtete "Leopoldina" Irland als Vorbild gerühmt. Was Irland harte Maßnahmen bringen, sehen Sie unten.

Viren sind schlauer als Politiker (und auch als die meisten Virologen).

#Lockdowns sind keine nachhaltige Politik. 1/2

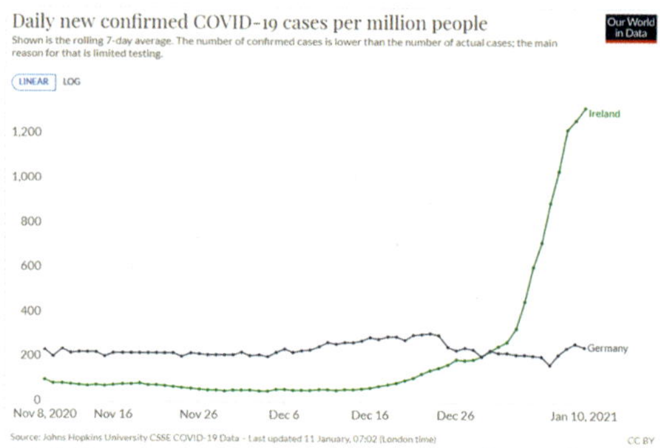

10:39 vorm. · 11. Jan. 2021 · Twitter Web App

https://twitter.com/SHomburg/status/1348565129529614338

Wie man in der Grafik zeigt, lag Irland mit seinen Fallzahlen inzwischen sechsmal so hoch wie Deutschland, was einem vollkommenen Fehlschlag der Lockdownpolitik gleichkam. In den Zeitungen war davon nichts zu lesen.

Zunehmender Widerstand

Einen großartigen Aufsatz zum unsinnigen Motto „Follow the Science", das suggerierte, es gäbe nur ein einziges wissenschaftliches Rezept, veröffentlichte der bekannte Soziologe Wolfgang Streeck, mit dem ich im Austausch stand.

Stefan Homburg
@SHomburg

Der große Soziologe Wolfgang Streeck entwickelt interessante Perspektiven zur Coronakrise. Lesenswert!

Die Bezeichnung, die Streeck für mich gefunden hat, gefällt mir durchaus. 1/2

zeitung.faz.net
Wissenschaftlern folgen? Ja doch, aber welchen?
Wenn es darum geht, wie der Pandemie zu begegnen wäre, wird wissenschaftliches Expertentum als höchste Instanz beschworen. Die ...

2:10 nachm. · 11. Jan. 2021 · Twitter Web App

https://twitter.com/SHomburg/status/1348618351145340928

Schon lange war klar, dass Psychologen, Soziologen, Politologen und andere Geisteswissenschaftler die tiefgreifende politische Krise besser erfassten als insbesondere Naturwissenschaftler und Ökonomen, die ein trauriges Bild abgaben. Dazwischen changierten Mediziner und Juristen. Von diesen beiden Disziplinen kam einerseits der erbittertste Widerstand, doch andererseits fanden sich in ihren Reihen auch die schärfsten Lockdowner, insbesondere bei den Ärztekammern und beim Bundesverfassungsgericht.

Politisch standen nicht mehr die üblichen Fronten einander gegenüber. Eine realistische und humane Position nahmen ausgerechnet zwei linke Politiker ein, nämlich Oskar Lafontaine und Sarah Wagenknecht, die sich ab Anfang 2021 wiederholt kritisch zur herrschenden Lehre äußerten, während SPD und B90/Grüne ungehemmt und anscheinend aus Prinzip an Zwangsmaßnahmen aller Art festhielten. Dabei waren die Fronten nicht starr. Bis Anfang 2021 machte etwa der Tübinger Oberbürgermeister Boris Palmer, mit dem ich ebenfalls per Email in Kontakt stand, eine so gute Figur, dass ich ihn auf Twitter ausdrücklich lobte. Später, im Zusammenhang mit der Impfung, sollte Palmer leider ins inhumane Lager abdriften; er forderte gar, Impfverweigerer mit finanziellem Ruin und Gefängnis zu bestrafen.

Stefan Homburg
@SHomburg

Laut Sarah Wagenknecht wirkt der Endlos-#Lockdown nicht. Die Politik muss jetzt ihre Kurzfrist-Brille abnehmen und überlegen, wohin ihr verheerendes Tun auf Dauer führt.

Diesem lesenswerten Artikel kann man nur zustimmen.

focus.de
Merkels Endlos-Lockdown wirkt nicht! Es gibt bessere Alternativen
Falsche Dosis? Oder falsches Medikament? Bevor wir uns in einem Endlos-Lockdown einrichten, der alle paar Wochen verschärft wird und immer mehr ...

5:14 nachm. · 11. Jan. 2021 · Twitter Web App

https://twitter.com/SHomburg/status/1348664665149218821

Nach dem Start der Impfkampagne begannen sich Zeitungsberichte über damit zusammenhängende Todesfälle zu häufen. Die offizielle Reaktion war stets dieselbe: Es handele sich um reine Zufälle oder irrelevante Einzelfälle, denn die Impfstoffe seien sehr sicher. Plötzlich erschienen altkluge Hinweise, Korrelation bedeute keine Kausalität, obwohl man bei der Diagnose von „Coronatoten“ genau entgegengesetzt verfahren war und weiter verfuhr: Selbst jemand, der vor etlichen Wochen einen positiven PCR-Test gehabt hatte und nun verstarb, konnte in der Statistik als Opfer der angeblichen Pandemie geführt werden. Der Hinweis auf dieses Messen mit zweierlei Maß stieß auf große Resonanz.

Stefan Homburg
@SHomburg

1. Eine Heimbewohnerin stirbt 1h nach der Impfung. Ob ein Zusammenhang besteht, ist unklar.

2. Jemand stirbt Wochen nach seinem positivem PCR-Test. Klarer Fall für die Corona-Todesstatistik.

Gibt es hier vielleicht einen Widerspruch?

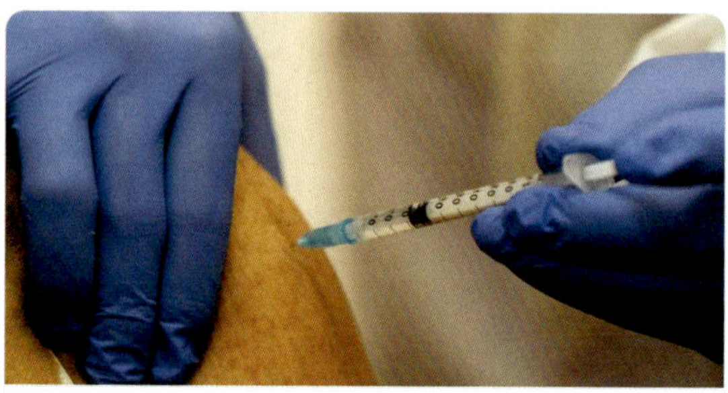

weser-kurier.de
Corona-Impfung: Frau stirbt kurz nach Injektion - Zusammenhang unklar - WES...
Rund eine Stunde nach der Impfung gegen das Coronavirus ist eine 89-jährige Heimbewohnerin aus Weyhe verstorben. Ob ein Zusammenhang mit dem Impfe...

9:03 nachm. · 13. Jan. 2021 · Twitter Web App

https://twitter.com/SHomburg/status/1349446959166337024

Unter dem höchst sachlich gewählten Titel „Quartett des Grauens“ widmete sich jenes Blatt, hinter dem einmal kluge Köpfe gesteckt hatten, den Tweets von Max Otte, Ulrich van Suntum, Markus Krall und mir. Die dabei verwendeten Zitate waren mir durchaus nicht unangenehm, und ich frage mich bis heute, ob der Schuss der FAZ bei vielen intelligenteren Lesern nicht nach hinten losgegangen ist. Oder war es ein Spiel über Bande, bei dem für unsere Positionen geworben und dies durch eine politisch korrekte Überschrift vertuscht wurde? Ich weiß es nicht.

Stefan Homburg
@SHomburg

Im Sommer wollte der mwgfd.de eine Anzeige in der FAZ schalten. Das hat sie abgelehnt.

Nun lässt die Zeitung im redaktionellen Sonntagsteil Lockdownkritiker kostenlos zu Wort kommen.

Aber warum? Hier drei mögliche Erklärungen: 1/3

WIRTSCHAFT 21

NAMEN & NACHRICHTEN

Quartett des Grauens

Ihre Fans klatschen begeistert, der Rest ist empört: Eine kleine Gruppe von Ökonomen sorgt auf Twitter für Aufregung. Hier ist eine Auswahl ihrer Tweets im Wortlaut.

Prof. Dr. Max Otte

Prof. Dr. Stefan Homburg

Prof. Dr. Ulrich van Suntum

Dr. Markus Krall

4:48 nachm. · 17. Jan. 2021 · Twitter Web App

https://twitter.com/SHomburg/status/1350832419121848321

Unter anderem spießte die FAZ meinen Tweet vom Juli 2020 auf. Der darin enthaltene Hashtag #Impfzwang wies auf eine drohende Impfpflicht hin, die von sämtlichen Parteien bis Oktober 2021, also bis kurz nach der Bundestagswahl, vehement bestritten wurde. Die Vorwegnahme bzw. zutreffende Vorhersage politischer Entwicklungen galt im damaligen Klima als inakzeptabel. Kritisiert werden durfte höchstens, was bereits im Gesetzblatt stand, ein Witz. Was genau der FAZ am folgenden Text missfiel, ist mir bis heute nicht klar:

Stefan Homburg
@SHomburg

Das Schlimmste sind nicht die immensen Schäden durch den verfehlten #Lockdown.

Sondern dass das Zeitalter der Aufklärung in die Tonne getreten wurde und die alten Geister zurück sind - sie haben nur neue Namen!

#coronavirusDE #COVID_19 #Impfzwang

7:16 nachm. · 23. Juli 2020 · Twitter Web App

https://twitter.com/SHomburg/status/1286349412520865793

Trotz sinkender Fallzahlen inmitten einer klinisch unauffälligen Lage verlängerten die Bundeskanzlerin und die Ministerpräsidenten den Lockdown und verschärften ihn zugleich erheblich. Der hierauf bezogene Tweet enthielt eine Karikatur, da der Inhalt der Beschränkungen ohnehin bekannt war; in den Medien ging es zu dieser Jahreszeit um kaum etwas anderes als die jeweils neuesten Maßnahmen und deren Verschärfungen.

Stefan Homburg
@SHomburg

Die Horrorrunde BK+MPs hat getagt: Es wird noch schlimmer und natürlich, wie immer, verlängert.

Die Graphik ist nicht von mir, ist prononciert, aber zugleich treffend. Vernunftargumente spielen keine Rolle mehr, denn auch bei sinkenden Zahlen heißt das Ergebnis: "Feste druff!".

10:06 nachm. · 19. Jan. 2021 · Twitter Web App

https://twitter.com/SHomburg/status/1351637103646568449

Kurz darauf äußerte die Bundeskanzlerin in einem Interview, beim Lockdown könne es sich nur noch um wenige Wochen handeln, falls keine Mutation komme. Natürlich kam eine, wie stets bei den sehr schnell mutierenden Coronaviren, daher sollten es noch Monate werden.

Seit den Coups in Zusammenhang mit den Bankenrettungen ab 2008 korrespondierte ich mit Prof. Dr. Dietrich Murswiek, einem erstklassigen Juristen. Im Rahmen der mündlichen Verhandlung vor dem Bundesverfassungsgericht im Sommer 2012 über den „Europäischen Stabilitätsmechanismus (ESM)“ hatten wir Seite an Seite gefochten. Und auch hinsichtlich der Verfassungsmäßigkeit der Lockdownpolitik stimmten wir überein. Murswiek hat seither in mehreren klugen Aufsätzen gezeigt, dass Regierungen, Parlamente und Rechtsprechung den Boden unserer Verfassung verlassen haben, indem sie den Grundsatz der Verhältnismäßigkeit grob missachteten.

Stefan Homburg
@SHomburg

Prof. Dr. Dietrich Murswiek:

"Kein Richter, der sich nicht als Büttel der Regierung versteht, kann die Rechtfertigung des Lockdowns mit der
Überschreitung eines Inzidenzwertes akzeptieren. Der Inzidenzwertfetischismus der Regierung muss jetzt abdanken."

welt.de
Lockdown: Die Politik hat in ihrem Corona-Furor jedes Maß verloren - WELT
Schluss jetzt! Ein weiterer Lockdown wäre verfassungswidrig, sagt unser Gastautor und erklärt, warum die größte Gefahr für unsere freiheitliche ...

9:09 vorm. · 28. Feb. 2021 · Twitter Web App

https://twitter.com/SHomburg/status/1365937058326413314

Die BILD griff jetzt eine zuvor von mir getwitterte Grafik auf, die eindrucksvoll die fast deckungsgleiche Entwicklung der „Coronatoten“ in Deutschland und Schweden zeigte. Deutschland befand sich seit Monaten im Lockdown, Schweden nicht. Ein gutes Argument, aber auf Argumente kam es schon lange nicht mehr an.

Stefan Homburg
@SHomburg

Trubel in 🇸🇪 versus Ödnes in 🇩🇪.

Die fast identischen Kurven der "Coronatoten" dokumentieren das totale Versagen der Politik von #Merkel, @jensspahn und @Markus_Soeder .

Wir sind jetzt im 5. Lockdownmonat! Die massiven Freiheitsbeschränkungen haben rein nichts gebracht!

10:05 vorm. · 1. März 2021 · Twitter Web App

https://twitter.com/SHomburg/status/1366313733497237504

Großdemo in Kassel

Ein Schwerpunkt des Jahres 2021 waren Demonstrationen und deren Verbote. Wer vor der Coronakrise juristisch ausgebildet wurde, kennt den überragenden Stellenwert des Demonstrationsrechts im Rahmen unserer Verfassung. Während bei Wahlen die Mehrheitsmeinung zum Ausdruck kommt, können Minderheiten ihre Ansichten durch Demonstrationen artikulieren, und dieses Recht wurde bis 2019 hoch geachtet. Durch Corona änderte sich die Situation grundlegend. PCR-Phantasiezahlen reichten Behörden und Gerichten, die meisten Demonstrationen entweder aufzulösen oder von vornherein zu verbieten, und zwar oft mit Hinweis auf befürchtete Verstöße gegen die sinnlose Masken- und Abstandsfolklore. Die lange geplante bundesweite Großdemo in Kassel wurde als eine der ersten vom Verbot erwischt. Gleichwohl fand sie statt. Ich lief dort bei schönem Wetter mit und fand sie sehr gelungen.

Stefan Homburg
@SHomburg

Am nächsten Samstag, 20. März 2021, finden weltweit Großdemos gegen den #Lockdown - Wahnsinn statt.

Die Stadt Kassel hat die Großdemo in 🇩🇪 jetzt untersagt. Hoffentlich kassieren Gerichte dieses Verbot.

Unsere Demokratie darf nicht einer Laborpandemie geopfert werden!

9:38 vorm. · 16. März 2021 · Twitter Web App

https://twitter.com/SHomburg/status/1371742619278135303

In diesem Demoaufruf erscheint der Begriff „Laborpandemie". Ihn hatte ursprünglich ein Mitarbeiter der Leibniz Universität Hannover geprägt, der ihn als Profilnamen verwendete, aber nun dauerhaft gesperrt war. Ich fand „Laborpandemie" treffender als „Plandemie", da ich nicht an eine durchgeplante Aktion glaubte. Dass die medizinische Lage in Wahrheit keineswegs besorgniserregend war, da der Tod mit oder an Corona so gut wie ausschließlich sehr alte Menschen betraf, bewiesen die RKI-Daten schlüssig. Selbst mit 70 Jahren war man noch weitgehend auf der sicheren Seite. Gleichwohl verstieg sich Drosten öffentlich zu der Behauptung, es werde nun für Ungeimpfte ab 50 Jahren „brenzlig". Lauterbach phantasierte sogar von ungeimpften Endvierzigern, die massenhaft an Corona sterben und ihre Kinder als Waisen hinterlassen würden[30]. Später wurde beides durch die amtlichen Zahlen eindeutig widerlegt.

Grundrechtedemos waren und sind Glücksache, und man weiß nie, was einen erwartet. Im Vorfeld der Kasseler Veranstaltung hatten viele Rebellen düstere Vorahnungen, doch sollten sich diese als unbegründet erweisen. Die Polizei war sehr kooperativ und räumte ein paar Antifanten, die die Demonstration behindern wollten, stoisch zur Seite, wie dieses stimmungsvolle Kurzvideo zeigt.

Stefan Homburg
@SHomburg

Die Demo in Kassel war ein tolles Happening mit Musik und riesiger Teilnehmerzahl, ganz Kassel war überfüllt.

Einige wenige Straftäter, die Demonstranten nötigen und die Versammlung stören wollten, wurden von der @Polizei NH einfach abgeräumt. Danke!

Von **julius geiler**

7:47 nachm. · 20. März 2021 · Twitter Web App

https://twitter.com/SHomburg/status/1373345532148613126

Die Einschränkung des Demonstrationsrechts anderer ist übrigens ebenfalls zentraler Bestandteil linker *cancel culture*. Der verniedlichende Ausdruck „Gegendemonstration", den die MSM hierfür gebrauchen, soll verschleiern, dass es sich um strafbare Angriffe auf ein hohes Verfassungsgut handelt. Mir würde es nie einfallen, eine Demonstration, mit deren Zielen ich nicht übereinstimme, durch Blockade und Gewalt zu vereiteln.

Weil im nicht endenden Lockdown immer mehr skeptisch wurden und meine Tweets anschauten, wurde ich nicht müde, diese Torheit anhand teils neuer, teils wiederholter offizieller Zahlen zu kommentieren. Die folgende Grafik des RKI zeigte, dass die Anzahl Erkrankter, die man nur aus speziellen Berichten erfuhr, weit unterhalb der „Fallzahlen" lag, die damals allabendlich in den Nachrichten verlesen wurden, um die Panik hochzuhalten.

Stefan Homburg
@SHomburg

Neben den „Fallzahlen“ teilt das RKI jeden Tag echte Erkrankungen mit, geordnet nach Datum (blaue Balken). Was erkennt man in diesen Daten?

„Exponentielles Wachstum“ für Analphabeten!

Quelle: RKI (21.03.2021)
rki.de/DE/Content/Inf...
1/2

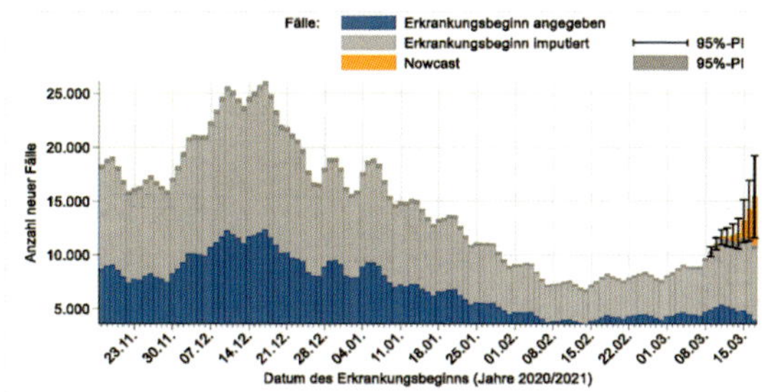

Abbildung 3 Darstellung der an das RKI übermittelten COVID-19-Fälle mit bekanntem Erkrankungsbeginn (dunkelblau), geschätztem Erkrankungsbeginn für Fälle mit fehlender Eingabe des Erkrankungsbeginns (grau) und geschätzter Verlauf der noch nicht übermittelten Fälle 'orange) (Stand 21.03.2021, 0:00 Uhr, unter Berücksichtigung der Fälle mit Erkrankungsbeginn bis 17.03.2021).

6:50 nachm. · 21. März 2021 · Twitter Web App

https://twitter.com/SHomburg/status/1373693464827854852

Neben den neuartigen Coronaberichten veröffentlichte das RKI auch klinische Daten im Rahmen des „Grippeweb“ und der „Arbeitsgemeinschaft Influenza“. Diese beruhten nicht auf anlasslosen Massentests, die es zuvor nie gegeben hatte, sondern auf sogenannten Sentinelproben, die Arztpraxen und Krankenhäuser turnusmäßig zur Untersuchung an das RKI sandten. Die Angaben reichten weit zurück und eigneten sich für Vergleiche mit dem vermeintlichen „Pandemiejahr“.

Besonders interessant war die Entwicklung der schweren Atemwegserkrankungen (SARI), über die das RKI genau Buch führt. Im Grunde war es eine Sensation, dass die schweren Atemwegserkrankungen laut RKI „in allen Altersgruppen unter den Fallzahlen der Vorjahre lagen“, wobei der Effekt bei den eingesperrten und von Kitas und Schulen ferngehaltenen Kindern (rote Kurve) besonders stark war. Bestand das politische Ziel, so konnte man fragen, in der Vermeidung klinischer Überlastungen oder in der Illusion, Erkältungskrankheiten gänzlich auszurotten?

Stefan Homburg
@SHomburg

RKI zu schweren Atemwegserkrankungen (SARI) in Kliniken: "Die Zahl der SARI-Fälle lag in allen Altersgruppen unter den Fallzahlen der Vorjahre."

#Lockdown bewirkt weitere Klinikinsolvenzen. Man könnte lachen, wenn Dyslexie und Dyskalkulie der Deutschen nicht so traurig wären.1/2

ꓷie Zahl der SARI-Fälle lag in allen Altersgruppen unter den Fallzahlen der Vorjahre.

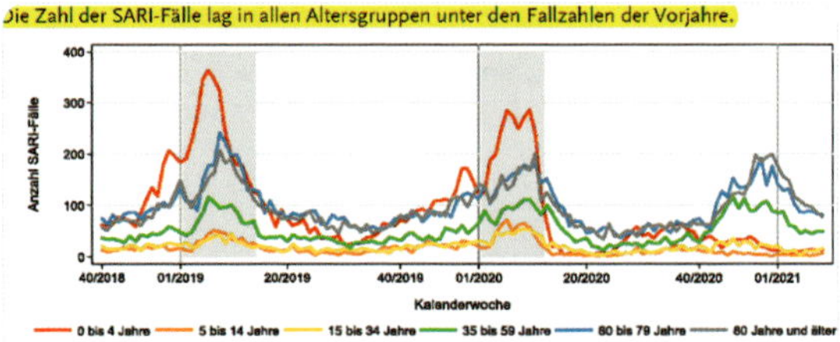

Abb. 6: Wöchentliche Anzahl der SARI-Fälle (ICD-10-Codes J09 – J22) mit einer Verweildauer bis zu einer Woche von der 40. KW 2018 bis zur 9. KW 2021, Daten aus 72 Sentinelkliniken. Der senkrechte Strich markiert jeweils die 1. KW des Jahres, der Zeitraum der Grippewelle ist grau hinterlegt.

7:01 nachm. · 22. März 2021 · Twitter Web App

https://twitter.com/SHomburg/status/1374058735761559553

Die Darstellung der SARI ist die vielleicht instruktivste Grafik überhaupt. Monate später sollte ihre Fortsetzung erweisen, dass das Einsperren der Kleinkinder, bei denen schwere Atemwegserkrankungen im Winter 2020/21 so gut wie verschwanden, eine umso steilere Nachholwelle auslösten, vermutlich weil die Lockdowns die sonst beständig trainierten Immunsysteme schwächten.

Zum einjährigen Jubiläum des Lockdowns fragte ich, ob dieser Albtraum irgendwann enden werde, denn ungeachtet aller Evidenz hielten die deutschen Verantwortlichen an ihren Maßnahmen fest.

Stefan Homburg
@SHomburg

Jubiläum 23. März: Ein Jahr #Lockdown .

Dauerberufsverbot für Messebauer, Klubbetreiber uvm.

Ab und zu "Lockerungen" für den Rest, Kurzarbeit, Massenpleiten, Kliniksterben, Demoverbote, Maskenzwang, Schulschließungen, #CoronaGipfel ...

Wird dieser Alptraum irgendwann enden?

8:02 vorm. · 23. März 2021 · Twitter Web App

https://twitter.com/SHomburg/status/1374255102190616577

Osterruhe

Kurz danach holte die Bundeskanzlerin zum finalen Schlag aus, nämlich der fast totalen Schließung Deutschlands über die Osterfeiertage und des Verbots von Ostermessen. Der Coup war wie üblich vorbereitet, diesmal in Gestalt von Schreckensprognosen des Verkehrsplaners Kai Nagel. In seinem Auftragspapier modellierte Nagel eine aus der Luft gegriffene Versiebenfachung der „Inzidenz“ und der davon angeblich abhängigen Krankenlast.

https://twitter.com/SHomburg/status/1374406764423049227

Bei den Verhandlungen zwischen Bundeskanzlerin und Ministerpräsidenten wiederholte sich das aus dem Vorjahr bekannte Muster. Da objektive Zahlen für eine Beruhigung der Situation sprachen, wich Merkel auf Nagels Phantasieprognosen aus, um ihre Vorstellungen durchzusetzen.

Gleichwohl hatte die Bundeskanzlerin diesmal überzogen. Unter anderem verwahrten sich die in ihrer Partei einflussreichen Christen dagegen, zum zweiten Mal in Folge auf eine ungestörte Begehung ihres höchsten religiösen Festes verzichten zu sollen; aber auch Einzelhändler und Bürger hatten es langsam satt. Schließlich musste Merkel kapitulieren und sogar erstmals in ihrer langen Amtszeit öffentlich einen Fehler eingestehen.

Stefan Homburg
@SHomburg

Tja, Frau #Merkel, da sind wir ausnahmsweise einmal derselben Ansicht ...

Schade, dass nur Druck hilft.

Stefan Homburg @SHomburg · 23. März 2021
Wollt Ihr den totalen #Osterlockdown ?

Noch freuen sich die Massen, dass sie von #Merkel über Ostern fast ausgehungert werden.

Wenn unser Land nach dem weltweit längsten Lockdown in Trümmern liegt, wird sich die Sichtweise ändern.

Aber das hatten wir ja alles schon einmal. 1/2
Diesen Thread anzeigen

11:29 vorm. · 24. März 2021 · Twitter Web App

https://twitter.com/SHomburg/status/1374669590408613888

Merkels Eingeständnis ihres Fehlers gab Anlass für eine grundsätzliche Manöverkritik: Sitzungen mit Tischvorlagen, die sich bis in die Nacht hinziehen, führen nur ausnahmsweise zu sachgerechten Ergebnissen. Das weiß jeder, der solche Sitzungen einmal geleitet hat. In schroffem Gegensatz zur Rhetorik, Deutschland befinde sich in einer gefährlichen Notstandssituation, gestaltete sich das Krisenmanagement von Anfang bis Ende dilettantisch, und selbst 2022 sollte die RKI-Faxtechnik noch nicht richtig funktionieren. Auch international war das absolut blamabel.

Wer aber geglaubt oder gehofft hatte, die politische Klasse hätte aus dem Scheitern der Osterruhe ihre Lehren gezogen, sah sich alsbald getäuscht. Vielmehr eskalierten Merkel und in ihrem Gefolge die Ministerpräsidenten nach den Osterfeiertagen in einer Weise, die jeder Beschreibung spottete. Höhepunkt ihrer neuen Pläne waren langfristige Ausgangssperren, die sogar gemeinsame Nachtspaziergänge von Eheleuten unter Strafe stellten.

Stefan Homburg
@SHomburg

RKI-Inzidenz erneut gesunken; der vorübergehende Anstieg folgte den Testorgien an Schulen.

#Merkel eskaliert in ihrer passiv-aggressiven Art weiter: Verschärfter #Lockdown nach Ostern. Ein Testzwang für Betriebe soll die passenden "Zahlen" liefern. Das Kliniksterben geht voran.

9:33 vorm. · 3. Apr. 2021 · Twitter Web App

https://twitter.com/SHomburg/status/1378249247389257728

Die Twitterin *@SiriaBlack* kommentierte Merkels abermalige Volte mit den markigen Worten „Erst für eine Ohrfeige entschuldigen, und dann mit Anlauf in die Fresse treten“. Hierzu muss man den Kontext sehen: Wir befanden uns mitten im Frühling, und die Winterwelle war, wie in der vorigen Grafik gezeigt, längst ausgelaufen. Andere Länder lockerten. Nichts deutete auf irgendeine Gefahr. In diesem Umfeld führten Merkel und ihre folgsamen Ministerpräsidenten den ultimativen Schlag, nämlich die sogenannte Bundesnotbremse, die auf Twitter als #Bundesnotluege trendete.

Warum eigentlich wurden all diese erratischen Manöver von den Bürgern des Landes toleriert? Eine mögliche Antwort auf diese Frage lieferte wiederum die Psychologie, diesmal in Gestalt des „Stockholm Syndroms“, also des empirischen Befunds, dass sich Geiseln aus Verzweiflung mit den Geiselnehmern solidarisieren, zu ihnen aufblicken und hoffen, dass nichts Schlimmeres geschieht. Per Twitter ließen sich derartige wissenschaftliche Ergebnisse in Form geeigneter Lehrvideos popularisieren, wenn man lange genug nach ihnen suchte. Wer das Video nicht kennt, sollte es anschauen.

Stefan Homburg
@SHomburg

CORONA-PSYCHOLOGIE: DAS STOCKHOLM SYNDROM

Geiseln haben eine positive Einstellung zu ihren Entführern und eine negative Einstellung zur Polizei.

Weltweit profitieren brutale Lockdowner wie @Markus_Soeder von diesem Effekt. Entrechtete Wähler lieben sie.

youtube.com
Was ist das Stockholm Syndrom?
Hi Leute, hier unser neues, kleines Erklärvideo zum Stockholm- Syndrom.In unseren Videos versuchen wir die ...

9:20 vorm. · 16. Apr. 2021 · Twitter for Android

https://twitter.com/SHomburg/status/1382957068571787268

Die jüngste Verschärfung nebst Ausgangssperren fiel übrigens in eine Zeit drastischer Untersterblichkeit, die der ganzen Panikmache Hohn sprach.

Stefan Homburg
@SHomburg

Aktuellen offiziellen Angaben zufolge hatten wir zuletzt eine starke UNTERSTERBLICHKEIT.

Währenddessen faseln Regierung und Qualitätsmedien von "Pandemie", "Mutationen" und "überfüllten Kliniken" und wollen den endlosen #Lockdown sogar verschärfen.

destatis.de
Sterbefallzahlen in der 9. Kalenderwoche 2021: 14 % unter dem Durchschnitt d...
Nach einer Hochrechnung des Statistischen Bundesamtes (Destatis) sind in der ersten Märzwoche (1. bis 7. März 2021) in Deutschland 18 557 Menschen ...

9:26 nachm. · 18. Apr. 2021 · Twitter for Android

https://twitter.com/SHomburg/status/1383864602362978304

Merkels Bundesnotbremse abstrahierte im Tatbestand sorgfältig von medizinischen Indikatoren wie Krankheit, Tod oder Klinikbelegung; die Rechtsfolgen richteten sich ausschließlich nach der „Inzidenz", also der Anzahl positiver PCR-Tests pro 100.000 Einwohner binnen einer Woche. Zudem war dieses selbstreferenzielle System, im Grunde die Krönung der Laborpandemie, als verfassungsrechtlich bedenkliches Maßnahmengesetz ausgestaltet, um die störende Verwaltungsgerichtsbarkeit matt zu setzen. Nur das Bundesverfassungsgericht konnte etwas dagegen unternehmen, aber es blieb untätig.

Allesdichtmachen

Der ironische Hashtag #allesdichtmachen wurde rasch zum Trend auf Twitter. Eine Gruppe von Schauspielern, die der Regisseur Dietrich Brüggemann um sich versammelte, hatte pointierte und teils sehr lustige Videos gedreht, die sich gegen die Lockdownpolitik richteten. Berühmt wurde insbesondere Jan-Josef Liefers' Ausspruch: „Verzweifeln Sie ruhig, aber zweifeln Sie nicht." Ich unterstützte die Aktion mit einem Tweet, da sie mir gefiel und sich mit den Schauspielern eine Gruppe zu Wort meldete, die von den Verboten besonders betroffen und teilweise in ihrer Existenz bedroht war. Mit über 5.000 Likes war es mein bis dahin beliebtester Beitrag.

https://twitter.com/SHomburg/status/1385533942745505795

Ursprünglich hatten an der Aktion mehrere Dutzend Schauspieler teilgenommen. Nachdem sie unter sofortigen Beschuss gerieten, zogen viele wie etwa Kinostar Heike Makatsch zurück, löschten ihre Videos, erklärten, sie seien getäuscht worden, und leisteten teilweise in bizarrer Form Abbitte, als seien wir in China. Verdenken konnte ich ihnen das kaum, da zahlreiche

Faktenchecker sofort mit den unvermeidlichen Kontaktschuld- und Nazivorwürfen über sie herfielen[31]. Damit hatten viele der politisch unerfahrenen Schauspieler nicht gerechnet.

Für Schauspieler, deren Herz bekanntlich eher links schlägt, muss es seltsam gewesen sein zu sehen, in welche Ecke sie von Thomas Laschyks „Volksverpetzer“ gestellt wurden. Die Strategie, alle politischen Gegner als „Nazis“ oder „Antisemiten“ abzuqualifizieren, stammt übrigens von Stalin und dem sowjetischen Geheimdienst KGB. Wladimir Putin übernahm diese Methode ebenso wie die SED und die westdeutsche Linke. Es ist eine historische Kuriosität, dass Lockdownskeptiker sowohl als „Nazis“ (KGB) diffamiert wurden wie auch als „Verschwörungstheoretiker“ (CIA).

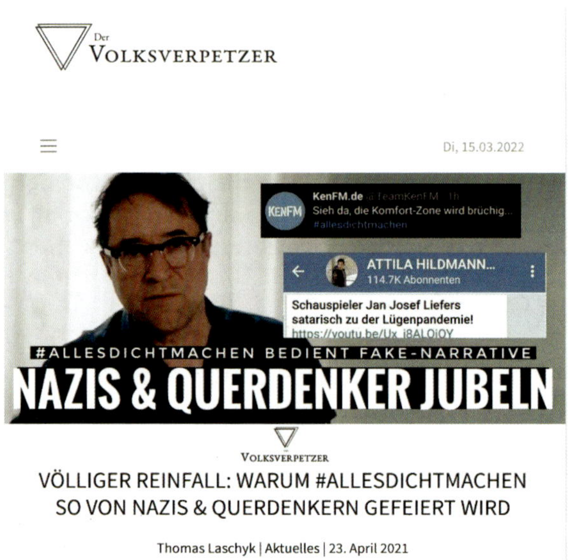

Jene Protagonisten von #allesdichtmachen, die standhielten, wie Jan-Josef Liefers oder Volker Bruch, wurden von den MSM ins Lager der Verschwörer umsortiert. Erstmals gelang das nur unvollkommen. Professoren, Ärzte und Juristen, die in der Öffentlichkeit unbekannt waren, konnte man leicht als aus dem Ruder gelaufene Sonderlinge dämonisieren. Aber warum sollten plötzlich zahlreiche populäre Schauspieler bösartige Falschnachrichten verbreiten? Aus meiner Sicht markierte #allesdichtmachen einen ersten Schritt hin zu einem breiteren Meinungswandel, und ich war den Schauspielern sehr dankbar.

Die Hetze gegen die Schauspieler reichte übrigens bis zur Forderung nach einem Berufsverbot im ÖRR. Vorgeworfen wurde ihnen neben dem Verstoß gegen die *political correctness*, dass sie keine Alternativen zur Lockdownpolitik anboten, eine absurde Anschuldigung, da die ganze Aktion eindeutig auf die Aufhebung der Maßnahmen und auf die Beschreitung des schwedischen Wegs gerichtet war.

Stefan Homburg
@SHomburg

Die Diffamierung von #allesdichtmachen durch @sz , @derspiegel, @rnd_de ,@Tagesspiegel usw. war ein Eigentor.

Vielleicht haben manche die Vorwürfe gegen @wodarg , @PHockertz oder mich geglaubt.

Aber sollten auch diese beliebten Schauspieler allesamt Verschwörer sein? 1/2

#ALLESDICHTMACHEN WIRBELT DIE STARS AUF

Ein Riss geht durch die Schauspielbranche!

Drohungen von ARD-Rundfunkrat +++ Einige Stars geben dem Druck nach

02:48

5:09 nachm. · 23. Apr. 2021 · Twitter Web App

https://twitter.com/SHomburg/status/1385611864151834624

Mitten im Frühling war ein Ausweg aus der Lockdownpolitik nicht ersichtlich. Entweder berichteten die MSM von hohen Fallzahlen. Oder sie berichteten von niedrigen Fallzahlen in Verbindung mit unbegründeten Horrorprognosen, wobei sich insbesondere der SPIEGEL und das RKI immer wieder hervortaten. Der SPIEGEL hatte grässlich ausschauende Exponentialkurven nachgerade zu einer neuen Kunstform entwickelt. Hiergegen gab es nur ein Mittel, nämlich die Phantasiezahlen der Auftragsforscher immer und immer wieder nach einigen Wochen aus dem Archiv zu holen und sie anschließend mit der tatsächlichen Entwicklung zu vergleichen. Wer diese Übung über längere Zeit verfolgte, konnte klar sehen, das die Prognosen keine Zufallsfehler enthielten, also teils über-, teils untertrieben, sondern systematisch nach oben verzerrt waren.

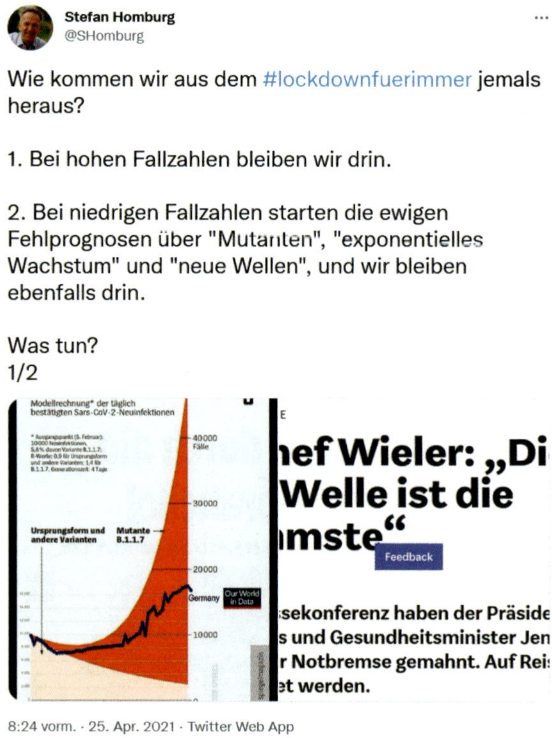
Stefan Homburg
@SHomburg

Wie kommen wir aus dem #lockdownfuerimmer jemals heraus?

1. Bei hohen Fallzahlen bleiben wir drin.

2. Bei niedrigen Fallzahlen starten die ewigen Fehlprognosen über "Mutanten", "exponentielles Wachstum" und "neue Wellen", und wir bleiben ebenfalls drin.

Was tun?
1/2

8:24 vorm. · 25. Apr. 2021 · Twitter Web App

https://twitter.com/SHomburg/status/1386204553499009024

Um der Legende entgegenzuwirken, wir befänden uns in einer sozialmedizinisch kritischen Lage, verlinkte ich in einem hier nicht gezeigten Thread Zeitungsmeldungen über wirklich schlimme Zustände[32] – mit reißerischen Überschriften wie etwa „Totenstau im Krematorium“. Bezeichnenderweise stammten sie sämtlich aus der Zeit vor 2020.

Unter Beobachtung

Von allen Meldungen während der Coronakrise hat mich diese am stärksten schockiert: Die Politik stellte Lockdownkritiker unter Beobachtung durch den Verfassungsschutz. Aufgrund der spezifischen deutschen Erfahrungen mit Gestapo und Stasi hat unser Verfassungsschutz eigentlich sehr eingeschränkte Befugnisse. So enthält § 3 des niedersächsischen Verfassungsschutzgesetzes die folgende abschließende Aufzählung möglicher Beobachtungsobjekte: Bestrebungen gegen das Grundgesetz, Tätigkeiten für eine fremde Macht, Anwendung oder Vorbereitung von Gewalttaten sowie Bestrebungen gegen die Völkerverständigung und das friedliche Zusammenleben der Völker. Der Verfassungsschutz ist insbesondere nicht für Links- oder

Rechts*radikale* zuständig, also Personen, die eine stark von der Mitte abweichende Position einnehmen, was in der Demokratie legitim ist, sondern lediglich für Links- und Rechts*extremisten*, deren kennzeichnendes Merkmal die Gewaltbereitschaft ist. Da die ganz überwiegende Mehrheit der Demonstranten selbst nach Angaben der Polizei absolut friedlich war, konnten sie schlechterdings nicht Gegenstand einer Beobachtung durch den Verfassungsschutz sein.

Stefan Homburg
@SHomburg

Bisher beobachtete der Verfassungsschutz Extremisten.

Weil es solche auf den Grundrechte-Demos kaum gibt, erweitert er seine Tätigkeit nun auf "Delegitimierung des Staates".

Es sollen alle Normalbürger verfolgt werden, die Virologen kritisieren und ihre #Grundrechte einfordern.

8:26 vorm. · 30. Apr. 2021 · Twitter Web App

https://twitter.com/SHomburg/status/1388016867835584519

Die Politik behalf sich auf eine Weise, die die fortschreitende Erosion unseres Rechtsstaates nicht deutlicher hätte zeigen können: Sie änderte nicht die Gesetze, sondern erfand eine neue Beobachtungskategorie unter dem Namen „Delegitimierung des Staates“, eine Diffamierung, die bewusst verkannte, dass sich die Proteste nicht gegen den Staat richteten, sondern gegen überzogenes Regierungshandeln[33]. Unter die neue Beobachtungskategorie konnte man jede Oppositionstätigkeit subsumieren. Roger Köppl schrieb einst süffisant in der „Weltwoche“, Deutschland sei wohl der einzige westliche Staat, der seinen Verfassungsschutz zur Oppositionsbekämpfung einsetze. Er meinte damit die Beobachtung der „Alternative für Deutschland“, doch galt dasselbe für die illegale Verfolgung der Lockdowngegner.

Mit Stefan Hockertz, früher Professor und Institutsdirektor für Immunologie und Toxikologie der Universität Hamburg und nun freiberuflich für die Pharma- und Kosmetikindustrie tätig, traf ich mich seit 2020 gelegentlich in

Hannovers „Café Kröpcke“ und lernte viel von ihm. Hockertz hatte sich von Anfang an sehr deutlich gegen die neuen und kaum getesteten Impfstoffe ausgesprochen. Im Mai 2021 endete seine Karriere auf Twitter jäh.

https://twitter.com/SHomburg/status/1388423870257012736

Man muss sich das einmal vorstellen: Mitarbeiter eines Technikkonzerns sperren einen fachlich versierten Universitätsprofessor, weil dessen Äußerungen nicht genehm sind. Später wurde Hockertz Opfer einer fragwürdigen Steuerrazzia, die mit über einem Dutzend teils bewaffneter Beamter in sein Wohnhaus einfiel. Festnahme, Hausdurchsuchung, Diffamierung, Suspendierung oder Entlassung erfuhr praktisch jeder bekannte Kritiker.

Im Anschluss an die erste Impfwelle häuften sich nun Berichte über Nebenwirkungen. Das Problem: Sie erschienen in Lokal- oder Regionalblättern, während die MSM im Politikteil seinerzeit noch schwiegen und die experimentellen Impfstoffe wie von Sinnen in den Himmel lobten. Auf Twitter eigneten sich Collagen von Zeitungsberichten, um darauf aufmerksam zu machen, dass dies keine Einzelfälle waren.

Stefan Homburg
@SHomburg

In der Politik zeichnet sich derzeit die Vorstellung ab, dass wir Bürger unsere Grundrechte dauerhaft verlieren sollen.

Wer mag, kann sich einen Teil der Grundrechte zurückspritzen lassen. Und dafür ggf. einen hohen Preis zahlen.

Diese drohende Impf-Apartheid ist inakzptabel!

7:38 nachm. · 2. Mai 2021 · Twitter Web App

https://twitter.com/SHomburg/status/1388910855731941380

Eine weitere Collage unter dem beliebten Hashtag #Bundesnotluege, der die Bundesnotbremse kritisierte, verglich Deutschland mit seinen Nachbarn. Keines dieser Länder hatte unter einem vergleichbar harten und langen Lockdown gelitten. Überall sonst saßen die Menschen zusammen, während in den deutschen Straßen gespenstische Leere an einen veritablen Polizeistaat erinnerte, wie das Bild rechts unten zeigt.

Stefan Homburg
@SHomburg

Da #Bundesnotluege noch immer trendet, möchte ich dezent an den Haupttäter erinnern, nämlich @c_drosten .

Seit einem Jahr hält uns Oberpanicker Drosten mit seinen Fehlprognosen und Mutationsphantasien im #Lockdown , während unsere Nachbarländer #AllesOeffnen .

9:30 vorm. · 4. Mai 2021 · Twitter Web App

https://twitter.com/SHomburg/status/1389482513639301126

Rettung von außen

Am 1. April 2021 begann mein selbst gewählter und vor der Coronakrise eingefädelter Ruhestand, zeitgleich mit der niedersächsischen Ausgangssperre, die das Oberverwaltungsgericht Lüneburg aber schon wenige Tage später als offensichtlich rechtswidrig einkassierte. Nur kurze Zeit danach trat die Ausgangssperre indes erneut in Kraft, diesmal als Teil von Merkels Maßnahmengesetz, gegen das Verwaltungsgerichte nichts ausrichten konnten. Durch diesen Exzess reifte in mir der Gedanke, dass Deutschland, ähnlich wie 1945, nur von außen geholfen werden konnte, weil Politiker, Medien und Bürger inzwischen mehrheitlich in einer Psychose gefangen waren. Die Idee einer „Rettung von außen“ sollte Grundlage vieler weiterer Tweets werden, die unsere Lage mit der im Ausland verglichen.

Für internationale Vergleiche, die Deutschland aus der kollektiven Psychose herausführen sollten, schienen unter anderem die USA prädestiniert, da ihre Bundesstaaten den Föderalismus ernst nahmen, während die deutschen Ministerpräsidenten das Grundgesetz auch in diesem Punkt faktisch außer Kraft setzten, indem sie nahezu identische Maßnahmen anordneten, nachdem sie zuvor mit der Bundeskanzlerin zusammengehockt und gemeinsam entschieden hatten. Florida hatte zu Anfang ähnlich reagiert wie Deutschland, seine Lockdownpolitik aber schon im Laufe des Jahres 2020 aufgegeben und nicht erneuert. Im Mai 2021 stellte der Staat unter Gouverneur Ron

DeSantis das Verlangen nach Impfausweisen unter Strafe. Diese aus deutscher Sicht unglaubliche Maßnahme ließ viele Twitterherzen höher schlagen.

Stefan Homburg
@SHomburg

Florida erspart den Menschen brutale Lockdowns.
Jetzt stellt der famose Gouverneur Ron DeSantis sogar das Verlangen nach Impfausweisen unter STRAFE.

So funktionieren Föderalismus, Augenmaß und Humanität. Aber leider nicht bei uns!
1/2

Ron DeSantis @GovRonDeSantis · 3. Mai 2021
I was proud to sign landmark legislation & 2 executive orders to protect individual liberties. SB 2006:
✓Bans Vaccine Passports
✓Prohibits Indefinite Lockdowns
✓Ends Local Restrictions on Small Businesses
✓Bolsters Emergency Preparedness for Future Public Health Emergencies

7:03 vorm. · 5. Mai 2021 · Twitter Web App

https://twitter.com/SHomburg/status/1389807872368861189

Weil mich das neue Mandat des Verfassungsschutzes, die Beobachtung von Grundrechtedemos, außerordentlich verstörte, nahm ich diese Grenzüberschreitung anlässlich meines Ein-Jahres-Jubiläums mit einem ironisierenden Tweet aufs Korn. Er verglich die von der Regierung bevorzugten Aktionen der Antifa, bei denen oft kein (Polizisten-) Auge trocken blieb, mit den sehr zivilen und familiären Protesten gegen Lockdown und Impfzwang.

Stefan Homburg
@SHomburg

Heute bin ich 1 Jahr auf Twitter!

Zum Jubiläum habe ich einen harten Test für Sie, an dem 80% der Politiker und Journalisten scheitern:

Welche Gruppe ist eine Gefahr für unsere Verfassung?

1. Bild links (Antifa) - liken Sie mich!
2. Bild rechts (#b0108) - blocken Sie mich!1/2

7:08 vorm. · 6. Mai 2021 · Twitter Web App

https://twitter.com/SHomburg/status/1390171638000390144

Am folgenden Tag platzte eine wahre Nachrichtenbombe, freilich nicht in den MSM, die ihre Schäfchen im Glauben an eine vermeintliche Pandemie beließen, sondern auf den Internetseiten des Bundesgesundheitsministeriums. Dort fand sich die amtliche Feststellung, dass die Klinikbelegungen während der „Pandemie" um 13 % gegenüber dem Vorjahr gesunken waren, anfangs sogar um unglaubliche 30 %, während Politik und Medien fortlaufend von einer Überlastung fabulierten. Im Text, auf den der Tweet verlinkte, lautete der zentrale Satz: „Die Mitglieder des Beirats betonten, dass die Pandemie zu keinem Zeitpunkt die stationäre Versorgung an ihre Grenzen gebracht hat." [34]

Diese außerordentlich wichtige Nachricht harmonierte perfekt mit dem Befund, dass im Frühjahr 2020 mehr als 400.000 medizinisch Beschäftigte in Kurzarbeit geschickt worden waren[35] und die Kliniken wegen Patientenmangels in finanzielle Schieflagen gerieten, die durch Subventionen zwar gemildert wurden, aber Klinikschließungen nicht verhinderten. Die Realität widersprach dem weiterhin hochgehaltenen Narrativ diametral.

Stefan Homburg
@SHomburg

Ich habe so das ganze Jahr argumentiert, jetzt stellt das @BMG_Bund es amtlich fest:

Die Kliniken waren nie überlastet. Vielmehr SANKEN die Krankenhausfälle im Frühjahr 2020 um 30% und im Gesamtjahr um 13%.

Überlastungsmeldungen waren reine Panikmache.

bundesgesundheitsministerium.de
Beirat diskutiert und verabschiedet Analyse von Prof. Augur...
Gute Patientenversorgung auch in der Corona-Pandemie stets gewährleistet, Instrument der Freihaltepauschale zur ...

7:42 vorm. · 7. Mai 2021 · Twitter Web App

https://twitter.com/SHomburg/status/1390542423240085504

Die NZZ war unterdes zur früheren, objektiveren Berichterstattung zurückgekehrt. Im folgenden Tweet nutzte ich Flaggen, um Zeichen einzusparen:

Stefan Homburg
@SHomburg

Nach Ansicht der NZZ liefern das @rki_de und andere Horrorszenarien "wie bestellt", um die Bürger als "trotzige Kleinkinder" zu ängstigen.

Nur wegen dieser Wissenschaftskorruption ist 🇩🇪 im Gegensatz zu 🇨🇭 im #lockdownfuerimmer !

nzz.ch/meinung/corona...
@ViolaPriesemann

nzz.ch
Corona und die Modellierer: Ihre Prognosen liegen oft daneben
Modellrechnungen zum Verlauf der Pandemie sind oft fehlerhaft. Trotzdem haben Politiker und Journalisten damit Stimmung gemacht. Wer den Bürgern ...

6:18 nachm. · 9. Mai 2021 · Twitter Web App

https://twitter.com/SHomburg/status/1391427259060391943

Treffend nahm die NZZ aufs Korn, wie das RKI und dessen Dunstkreis eilfertiger Modellierer die Deutschen mit hoffnungslos übertriebenen Szenarien wie „trotzige Kleinkinder“ ängstigten, um das Ende des Lockdowns immer und immer wieder hinauszuschieben.

Bereits 2020 hatte mich der Fotograf Alexander Heil kontaktiert und mir sein Schicksal geschildert. Als Freiberufler verdiente er sein Geld dort, wo Menschen zusammenkamen, bei Hochzeiten, Konzerten oder Sportereignissen. Infolge der Kontaktverbote und Schließungen war er nunmehr beschäftigungslos und stellte mir sein einziges Projekt vor, einen Bildband über die Coronarebellen. Hieran wirkte ich gern mit und half ihm, als sein Buch „Freiheit in der Krise“ erschien, durch Werbung.

Stefan Homburg
@SHomburg

Ein prächtiger Bildband (352 S. Großformat) mit Demo-Impressionen und Exklusivfotos der Lockdown-Kritiker.

Für dieses Dokument der Zeitgeschichte reiste der Fotograf Alexander Heil ein Jahr lang quer durch Deutschland.

Informationen und Bezug unter:
freiheit-in-der-krise.de

7:55 vorm. · 16. Mai 2021 · Twitter Web App

https://twitter.com/SHomburg/status/1393807390827552776

Die Intensivtäter

Wenn es eine kopernikanische Wende in der Coronakrise gab, die zu einem bedeutenden Meinungsumschwung beitrug, dann war es der Skandal um die Intensivstationen, der auf Twitter unter dem Hashtag #DIVIGate trendete. Der Ausdruck „Trend“ bezeichnet auf Twitter ein häufig benutztes Hashtag, das anderen Nutzern in der Suchfunktion angezeigt wird und damit immer mehr Aufmerksamkeit auf sich zieht. Selten entsteht ein Trend zufällig, oft durch gezieltes Zusammenwirken mehrerer followerstarker Profile. Die Sache fußte auf der verdienstvollen Recherche einer kritischen Arbeitsgruppe um den Internisten Prof. Dr. Matthias Schrappe und nahm mit einem Artikel von Elke Bodderas in der WELT ihren Lauf, der die oben erwähnte Lage der Intensivstationen kurz und bündig zusammenfasste: „Während des gesamten Verlaufs der Pandemie war Deutschland weit davon entfernt, in einen Engpass bei den Covid-Intensivbetten zu geraten. Dennoch übten sich die Kliniken im Notstands-Alarm. Warum?“

Stefan Homburg
@SHomburg

Niedersachsen geht im Sommer ab einer Inzidenz von 10 (zehn!) schrittweise in den Lockdown. Ministerin Behrens: Kliniküberlastung ist zu vermeiden.

Derweil gestehen Intensivmediziner den wahren Grund für Ihre Fake-News: "Der Rubel muss rollen." 1/2

welt.de/debatte/kommen...

Die Wahrheit der Zahlen

Wenn wir hinterher, nachdem alles vorbei ist, einmal abgeklärt genug sein sollten für eine Zusammenfassung, dann müsste ein Zitat drüberstehen: „Die Intensivstationen arbeiten am Anschlag.“ Virologen und Modellierer gaben diesen Satz zum Besten, auch Mediziner, es ist der Lieblingssatz von Politikern. Vor allem aber ist dieser Satz eine sehr umstrittene, man kann sagen zweifelhafte Behauptung. Nach dem Abgleich mit den Zahlen, mit allen Fakten und Faktoren in ihrer chronologischen Entwicklung durch die Pandemie, müsste dieser Satz als unaussprechlich gelten. Und als unmoralisch. Denn was ist davon zu halten, wenn Ärzte, Ärztinnen, Pflegerinnen und Pfleger ihr Letztes geben, während ihren Krankenhaus-Betreibern, wie die Zahlen jetzt nahelegen, offenkundig etwas ganz anderes am

Während des gesamten Verlaufs der Pandemie war Deutschland weit davon entfernt, in einen Engpass bei den Covid-Intensivbetten zu geraten. Dennoch übten sich die Kliniken im Notstands-Alarm. Warum?

ten gesundheitlichen Herausforderung [...] Weltkrieg hat es viele Vorteile, in Deuts[...] wohnen. Sechs von zehn Intensivbetten sind immer noch frei für alle[...]periert werden wollen und müssen“. Das ko[...]uch den Krankenhaus-Managern entgegen. In Deutschland sträubten sich während der Pandemie öffentliche wie private Betreiber, Operationen aufzuschieben. Die Gründe liegen auf der Hand. „Die könnten locker doppelt- oder dreifach mehr Corona-Patienten aufnehmen. Sie machen es aber nicht, weil es das Geld nicht bringt“, sagt der leitende Intensiv-Chefarzt einer Uniklinik. So wie er formulierten es unter Anonymitätsvorbehalt auch andere gegenüber WELT.

So auch der bayerische Landkreispräsident Christian Bernreiter zu Beginn der zweiten Welle im Herbst: „Die Krankenhäuser, die für die Behandlung von COVID-19-Patienten ausgewählt wurden, haben brutal drauf gezahlt. Die Fallpauschalen decken nicht die Behandlungskosten.“ Ein international anerkannter Intensivmediziner bestätigt: „Wir versuchen, Covid zu bewältigen und gleichzeitig den wirtschaftlichen Normalbetrieb zu ermöglichen. Der Rubel muss rollen“. Es ist das Recht, es ist die Pflicht der Krankenhaus-Manager, auf die Bilanzen zu schauen. Aber es riecht nach Unredlichkeit, nach Vertrauensmissbrauch oder, wie namhafte Wissenschaftler unter der Hand schlicht sagen: nach Lüge, wenn einerseits Intensivmediziner und Intensivpflegepersonal unter der körperlichen und psychischen Last ihres Einsatzes fast zusammenbrechen - während gleichzeitig ihre Ver-

8:39 vorm. · 16. Mai 2021 · Twitter Web App

https://twitter.com/SHomburg/status/1393818296110178305

Die Antwort lautete schlicht: aus monetären Gründen. Im Grunde fand unter den Augen der Öffentlichkeit ein Geschäft auf Gegenseitigkeit statt, bei dem die Intensivmediziner zusätzliches Geld erhielten und sich dafür vor allem in Gestalt ihrer Funktionäre Uwe Janssens, Christian Karagiannidis und Gernot Marx durch Phantasiedarstellungen erkenntlich zeigten. Mit „unter den Augen der Öffentlichkeit“ meine ich, dass die wahren Belegungszahlen täglich, sogar an Wochenenden, im Internet publiziert wurden. Nur hatte die breite Masse, die sich nach morgendlicher Zeitungslektüre und abendlichem Tagesschaukonsum gut informiert fühlte, davon bisher nichts mitbekommen; diese Zahlen wurden lediglich auf Twitter und in anderen alternativen Medien diskutiert.

Mit inzwischen 25.000 Followern wollte ich das Hashtag #DIVIGate, das sprachlich an den Watergate-Skandal von US-Präsident Richard Nixon erinnerte, zu einem veritablen Trend ausbauen.

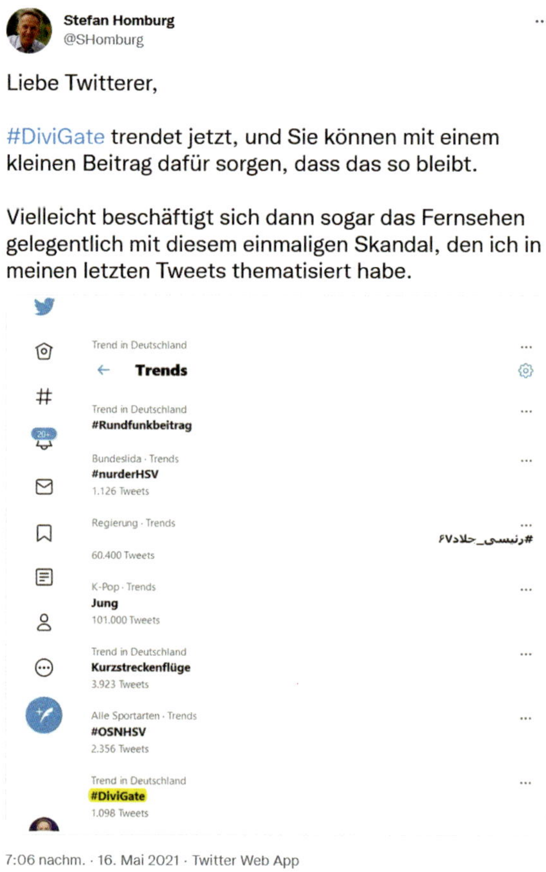

https://twitter.com/SHomburg/status/1393976100011790337

Der Versuch war nicht ohne Risiko, weil ein Fehlschlag als Blamage gegolten hätte. Es dauerte aber keine zwei Stunden, bis #DIVIGate über 6.000 Mal genannt wurde, weit oben in den Trends erschien und damit auch Twitterer anlockte, die sich bisher nicht für diese Thematik interessiert hatten. Dies war das eigentliche Ziel der Aktion: Menschen anzusprechen, die mit der Lockdownpolitik einverstanden waren, weil sie die Propaganda über angeblich überfüllte Intensivstationen für bare Münze nahmen und die gegenteiligen Fakten nicht kannte.

Stefan Homburg
@SHomburg

Liebe Twitterer,

gemeinsam haben wir es geschafft, dass #DiviGate auf dem politischen Medium Twitter mit über 6.000 trendet!

Daher keimt in mir die zarte Hoffnung, dass auch @DasErste oder @zdf über diesen Skandal berichten werden? Schließlich trended #Rundfunkbeitrag parallel!

8:22 nachm. · 16. Mai 2021 · Twitter Web App

https://twitter.com/SHomburg/status/1393995374906511364

Der DIVI-Skandal hatte zahlreiche Facetten, deren erschöpfende Behandlung zu weit führen würde. Tom Lausen, mit dem ich gelegentlich kooperierte, hat dazu ein Buch mit dem Titel „Die Intensiv-Mafia“ geschrieben[36].

Stefan Homburg
@SHomburg

Kurzfassung #DiviGate für Neueinsteiger:

1. Die Intensiv-Lügner Karagiannis & Co. haben uns monatelang über die Lage auf den ITS getäuscht.

2. Die Politik hat's gewusst.

3. @DasErste und @ZDF schweigen's tot. 1/2

#Rundfunkbeitrag #AllesOeffnen

presse-augsburg.de
Forscher kritisieren Umgang von Krankenhäusern mit Fördermitteln

7:44 vorm. · 17. Mai 2021 · Twitter Web App

https://twitter.com/SHomburg/status/1394166844211273731

Es ging bei #DIVIGate erstens darum, dass positiv getestete Menschen statistisch zu COVID-19-Kranken umdefiniert wurden, zweitens um verschwundene Betten und die Falschbehauptung einer Überlastung des Gesundheitssystems, vor allem aber um die bewusste Reduktion von Intensivkapazitäten, die dazu diente, die Belastungsquote scheinbar in die Höhe zu treiben und damit Anspruch auf zusätzliche Staatsprämien zu erhalten.

Nicht jeder verstand die Sache auf Anhieb, und mancher wollte sie auch nicht verstehen. Im Kernpunkt war die gesamte Intensivkapazität, bestehend aus belegten und freien Betten sowie der Notfallreserve, just zu dem Zeitpunkt rapide geschrumpft, da Bundesgesundheitsminister Jens Spahn Sonderprämien für hohe Belastungsquoten einführte. Die Kliniken reagierten, indem sie Intensivbetten im elektronischen System abmeldeten und als Normalbetten führten. Bei Zunahme der Belegung konnten sie dieses Manöver mit einem Tastendruck korrigieren. Diese Tatsachen stießen erwartbar auf heftiges Leugnen, unter anderem in Gestalt der Behauptung, die geschrumpfte Kapazität sei Massenkündigungen durch das Pflegepersonal geschuldet. Kündigungen folgten aber erst später im Zusammenhang mit der Impfpflicht für medizinisches Personal. Nachdem der Trend #DIVIGate mit sagenhaften 60.000 Nennungen ausgelaufen war, fasste ich seine Essenz zusammen und zitierte noch einmal das Bundesgesundheitsministerium mit dem Satz: „Die Mitglieder des Beirats betonten, dass die Pandemie zu keinem Zeitpunkt die stationäre Versorgung an ihre Grenzen gebracht hat." Deutlicher konnte die Formulierung wirklich nicht sein.

Ende April, also mitten im Frühling und bei Fallzahlen, die wie stets automatisch sanken, war die Bundesnotbremse als ultimative Lockdownverschärfung mit Ausgangssperren sogar für Ehegatten in Kraft getreten. Was hatte sie gebracht? Ein Vergleich mit den Nachbarstaaten zeigte es eindeutig:

Stefan Homburg
@SHomburg

Am 23. April 2021 trat auf Druck von u. a. @Karl_Lauterbach und @c_drosten das Bundes-Notlügengesetz in Kraft.

Es verschärfte den #Lockdown um Ausgangssperren usw., während unsere Nachbarstaaten lockerten.

Klausur: Hat das Bundesnotlügen-Gesetz eine merkliche Wirkung gehabt?

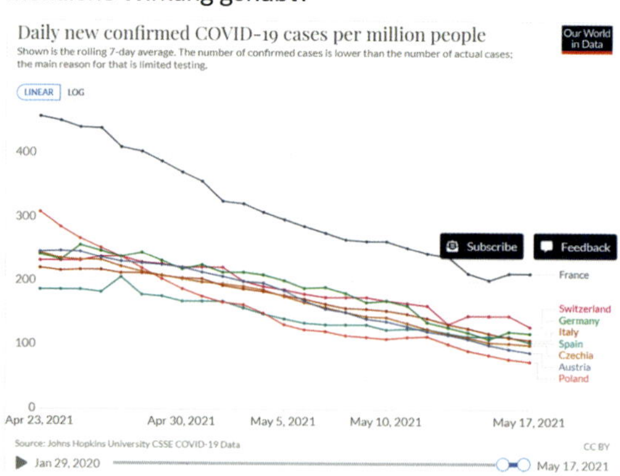

6:36 nachm. · 18. Mai 2021 · Twitter Web App

https://twitter.com/SHomburg/status/1394693472511266816

Andere Staaten hatten entweder von vornherein keine vergleichbar drastischen Maßnahmen ergriffen oder diese schon längst gelockert. Der vorstehende Tweet bewies unzweifelhaft, dass die Fallzahlen überall demselben Muster folgten. Eine Wirkung der Bundesnotbremse, auf Twitter stets als #Bundesnotluege apostrophiert, war beim besten Willen nicht erkennbar, das ganze Vorgehen zutiefst unwissenschaftlich und ideologisch.

Im Frühling beschlossen etliche Bundesländer Stufenpläne, die die jeweiligen Maßnahmen von mehreren PCR-Indikatoren abhängig machten, insbesondere der „Inzidenz“ und der „Hospitalisierungsinzidenz“, nicht aber von sozialmedizinischen Kennzahlen wie der Gesamtbelastung. Und nun?

Stefan Homburg
@SHomburg

WICHTIG!

Bei einem #Inzidenzwert unter 100 beruhen die Maßnahmen nicht auf der #bundesnotlüge , § 28b IfSG.

Sondern auf dem #Lockdown-Gesetz, § 28a IfSG.

Folge: Sie können vor den Verwaltungsgerichten klagen oder an Ihre Landtagsabgeordneten und die Landesregierung schreiben.

Corona: Land rückt von seinem Stufenplan ab

KIEL. Landesweit ist die Corona-Inzidenz auf 32 gesunken, in einigen Kreisen liegt sie bereits seit einer Woche unter dem Schwellenwert von 35. Dafür sieht der Stufenplan Schleswig-Holsteins weitreichende Lockerungen vor, etwa bei Theatern, Konzerthäusern und Kinos. Doch die Landesregierung hält sich nicht an diesen Plan, wie sie jetzt auf Nachfrage mitteilte. Damit gibt es für Bürger keine Möglichkeit mehr, sich an kommenden Öffnungsschritten zu orientieren.

https://twitter.com/SHomburg/status/1395306999743750146

Die Stufengrenzen waren von den Ländern mit Bedacht so gewählt worden, dass sie eine weitgehende Fortführung des Lockdowns sichern sollten. Ende Mai sanken die Fallzahlen, von denen das Leben in Deutschland abhing, jedoch unerwartet ins Bodenlose, und die zuvor verabschiedeten Stufenpläne verlangten Lockerungen. Politisch waren diese nicht gewollt, und so weigerte sich etwa das Land Schleswig-Holstein selbst bei einer kaum wahrnehmbaren „Inzidenz“ von 32, Theater und Kinos endlich zu öffnen. Auch sonst setzte sich die utopische NoCovid-Ideologie durch; man wollte nicht Überlastungen vermeiden, sondern das Virus mit Stumpf und Stiel ausrotten, so als sei Deutschland eine einsame Insel. Damit waren die Stufenpläne Makulatur.

Summertime Blues

Eine derart sachwidrige Politik verlangte, Kritiker mit allen Mitteln mundtot zu machen. Zu den bereits bewährten Methoden wie Festnahmen, Hausdurchsuchungen, Diffamierungen, Entlassungen und Suspendierungen gesellte sich ein neuartiges Instrument, nämlich die Kontokündigung. Hierüber berichtete der Journalist Paul Schreyer in einem gut recherchierten Artikel. Ein anderer Journalist, den ich an dieser Stelle nicht namentlich nennen möchte, erzählte mir, dass die Sparkasse sogar seiner 8-jährigen Tochter das Sparbuch kündigte, das Kind also gewissermaßen in Sippenhaft für seine kritische Berichterstattung nahm.

Paul Schreyer
@paul_schreyer

Immer mehr regierungskritischen Medien wird ohne Begründung das Bankkonto gekündigt, darunter Boris Reitschuster, Oval Media oder RT DE. Auch kritische Vereine wie der von Sucharit Bhakdi sind betroffen. Was geht hier vor?

multipolar-magazin.de
Oppositionsmedien unter Feuer
Mehreren regierungskritischen Medien wurden jüngst die Bankkonten gekündigt

1:44 vorm. · 29. Mai 2021 · Twitter Web App

https://twitter.com/paul_schreyer/status/1398424924063244291

Die Nervosität der Lockdowner nahm ungeachtet der Repressionsmaßnahmen zu, weil ihnen Argumente fehlten und die Fakten erdrückend waren. Drosten beschimpfte auf Twitter ausgerechnet einen RKI-Forscher für dessen Feststellung, dass Viren im Frühjahr von selbst verschwinden. Dabei war das eine Binsenweisheit: Alle Erkältungskrankheiten sanken bei steigenden Temperaturen, um dann im Herbst zurückzukehren. Die Grafik im Tweet zeigte eindringlich, wie stark dieser saisonale Effekt vor 2020 gewesen war, als noch niemand an Lockdowns und ähnliche Maßnahmen dachte.

Stefan Homburg
@SHomburg

Auf Twitter beleidigt @c_drosten einen RKI-Forscher, der Drostens These anzweifelt, das Wetter habe nur 20% Anteil am Rückgang der Fallzahlen.

Da Atemwegsinfektionen seit Menschengedenken im Frühjahr verschwinden, liegt der tatsächliche Einfluss der Saisonalität nahe 100%. 1/2

8:47 vorm. · 30. Mai 2021 · Twitter Web App

https://twitter.com/SHomburg/status/1398893695647334400

Mit ist bis heute nicht klar, warum jemand derart evidenzwidrig reden kann und gleichwohl so oft von den Medien zitiert wird.

Wer umgekehrt gegen Lockdowns demonstrierte, hatte nicht nur in Deutschland einen schweren Stand, wie die drastische englischsprachige Karikatur zeigt. Der Polizist ruft dort „Versteht Ihr denn nicht? Wir tun dies, um Eure Gesundheit zu schützen!“

Prof. Dr. Helmut Küchenhoff hatte sich im April 2020 als Kritiker meiner These zitieren lassen, der erste Lockdown sei verfehlt gewesen, sich dann aber sogleich bei mir entschuldigt. Nun fuhr er gemeinsam mit einem Kollegen schweres Geschütz gegen sieben Monate Dauerlockdown auf, die gemäß einer statistischen Untersuchung der beiden Wissenschaftler rein gar nichts gebracht hatten.

Stefan Homburg
@SHomburg

2020 hatte ich mathematisch gezeigt, dass der 1. #Lockdown keine erkennbare Wirkung hatte.

Jetzt zeigen zwei Münchner Professoren dasselbe für 7 Monate Wellenbrecher, Verschärfung und Ausgangssperre: Empirisch wirkungslos.

Interessiert das die Politik?

welt.de
Corona-Inzidenz: Forscher zweifeln an Effekt von Lockdown und „Notbremse" ...
Statistiker der Ludwig-Maximilians-Universität München haben Zweifel am konkreten Nutzen der deutschen Corona-Maßnahmen geäußert. Denn sie ...

2:33 nachm. · 1. Juni 2021 · Twitter for Android

https://twitter.com/SHomburg/status/1399705667338919936

Einem bekannten Sarkasmus zufolge gibt es zwischen Verschwörungstheorien und der Realität einen wichtigen Unterschied: Sechs Monate! Während #DIVIGate noch Hasstiraden, Strafanzeigen und Rufe nach dauerhaften Sperren gegen diejenigen ausgelöst hatte, die den Skandal aufdeckten, sickerten die damit verbundenen Einsichten allmählich in die MSM ein und erreichten sogar den Bundesrechnungshof, wie das folgende Zitat von Markus Grill (NDR und WDR) dokumentiert. Der im Tweet benutzte Ausdruck „Rotpunkt" spielt übrigens auf Lockdown- und Impfpflichtbefürworter an, die ihre Profile seinerzeit oft mit roten Punkten verzierten. Statt gängiger Attribute wie „Coronazis" verwendete ich diese neutrale Bezeichnung, weil ich die Betreffenden ja mit ins Boot holen wollte.

Stefan Homburg
@SHomburg

Der Bundesrechnungshof, WDR, NDR und sz, alles bekannte Verschwörungstheoretiker, zeigen detailliert, dass der Betrug mit den Intensivbetten real war.

Erinnern Sie sich, liebe Twitterer, wie wir #DIVIGate vor Wochen trenden ließen und dafür Prügel von den Rotpunkten bekamen?

> **Markus Grill** @m_grill · 10. Juni 2021
> Exklusiv: Wurde die Zahl der freien Intensivbetten in Deutschland seit November von Kliniken künstlich klein gerechnet, um an Zuschüsse zu kommen? Dafür gibt es seit gestern neue Hinweise. Sie finden sich im 1. umfassenden Bericht des Rechnungshofes über die Corona-Politik (1/x)
> Diesen Thread anzeigen

11:43 vorm. · 10. Juni 2021 · Twitter Web App

https://twitter.com/SHomburg/status/1402924267227037700

Der „Stern“ wartete mit einem bemerkenswerten Kommentar auf, der den Intensivbettenbetrug als Freiheitsberaubung der im Lockdown gefangenen Bürger geißelte und Aufklärung von Merkel, Spahn und Wieler forderte.

Stefan Homburg
@SHomburg

Der "Stern" sieht Spahn, Wieler und Merkel als Straftäter, die den Bundeslockdown wissentlich mit Lügen über die Intensivbetten durchgedrückt haben.

So weit bin ich bisher nicht gegangen. Demnächst halten mich vielleicht alle für einen Regierungstroll.

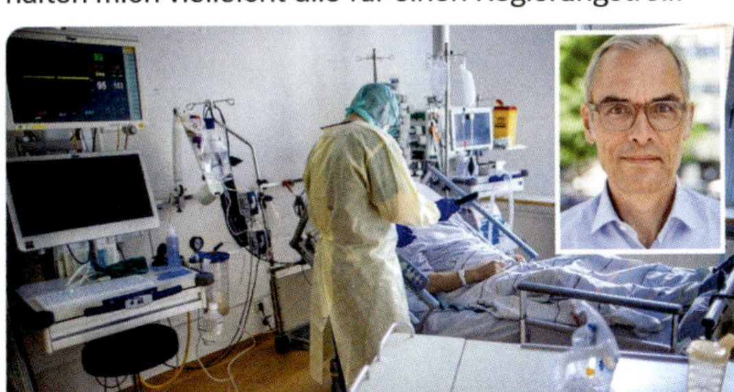

stern.de
Der Betrug mit den Intensivbetten ist Freiheitsberaubung
Die Zahl der belegten Intensivbetten war Grundlage für die Bundesnotbremse und Lockdown. Jetzt stellt sich heraus, dass die Zahlen falsch waren. Das ist …

9:34 vorm. · 16. Juni 2021 · Twitter Web App

https://twitter.com/SHomburg/status/1405066356844896260

Während das Coronavirus bei gestiegenen Temperaturen nicht nur sozialmedizinisch, also im Hinblick auf eine Überlastung des Gesundheitssystems, bedeutungslos geworden war, sondern auch individualmedizinisch, und es mit Ausnahme der Nachmeldungen für frühere Wochen und Monate praktisch keine „Coronatoten“ mehr gab, blieb Deutschland im Unterschied zu vielen Nachbarn bei seinen Maßnahmen und zwang seine Bürger, den ganzen Sommer über Masken zu tragen. Zu diesem Zeitpunkt musste ich mir eine schwere Fehleinschätzung eingestehen: Im Juni 2020 hatten Sucharit Bhakdi und ich darauf angestoßen, dass der ganze Spuk alsbald enden werde. Davon war ein Jahr später nichts zu spüren.

Wie es die Dialektik will, hatte aber selbst diese Entwicklung einen Vorteil. Erstmals in meinem Leben verspürte ich die gewaltige Wirkung sinnfreier Ideologien am eigenen Leib. Ob „Herrschaft des Proletariats“, „Volk ohne Raum“ oder nunmehr „Inzidenzen“: Nie hatte ich richtig verstanden oder nachempfinden können, was insbesondere in den 1930er-Jahren dem einstigen Volk der Dichter und Denker widerfahren war und wie hartnäckig sich fixe Ideen gegen jede Evidenz zu halten vermochten. Vor allem die politische Klasse hatte sich, befeuert durch selbst ausgesuchte radikale Berater, in eine veritable Psychose hineingesteigert, aus der sie nicht mehr herausfand. In der Bevölkerung waren, das lag klar auf der Hand, Akademiker gefährdeter als andere; Otto Normalverbraucher und Gabriele Mustermann waren noch am ehesten gefeit. Dies passte immerhin zu einem Motto, das viele meiner früheren Studenten und Assistenten kannten: Vor die Wahl gestellt, ob ich von fünf unbekannten Professoren oder von fünf unbekannten Handwerkern regiert werden wolle, würde ich fraglos die Handwerker vorziehen, da mein eigener Berufsstand zu anfällig für Ideologien ist.

Der ÖRR mühte sich nach Kräften, die Panikmache hochzuhalten, doch waren seine Botschaften oft voll unfreiwilliger Komik. Der neueste Marketing-Hit namens „Delta-Variante“ sollte tatsächlich Kopfschmerzen, Schnupfen und eine raue Kehle auslösen, konnte aber fälschlich für eine Erkältung gehalten werden! Dabei waren Coronaviren seit langem als *die* Erkältungsviren bekannt, und dies waren eben typische Symptome.

Stefan Homburg
@SHomburg

Zwei Ansichten zur #DeltaVariante des #Coronavirus

1. Laut NDR erzeugt sie leichte Symptome, wie die früher so genannte Sommergrippe.

2. Laut britischer Regierung ist die Sterberate niedriger als bei den übrigen Mutationen.

Eric Topol @EricTopol · 20. Juni 2021
There are many statements asserting that the Delta variant is more deadly than Alpha. There are no data to back that up
assets.publishing.service.gov.uk/government/upl...
"The crude case fatality rate remains lower for Delta than other variants at present" @PHE_uk /1
Diesen Thread anzeigen

1:42 nachm. · 21. Juni 2021 · Twitter Web App

https://twitter.com/SHomburg/status/1406940606975418368

Scheinheiligkeit

Am 19. Juni 2021 find in Hannover bei einer „Inzidenz" von sage und schreibe acht eine Demonstration statt, die ich als Tiefpunkt der bis dahin erlebten Versammlungen empfand. Die meisten der von weither angereisten prominenten Redner wurden festgenommen, bevor sie das erste Wort herausgebracht hatten, da sie ein speziell für Demos von 1,5 auf 5 Meter vergrößertes Abstandsgebot nicht einhielten. Infolge einer passiven Rechtsprechung, die der dritten Gewalt jeden Exzess durchgehen ließ, waren Kritiker praktisch vogelfrei.

Stefan Homburg
@SHomburg

Auf der Demo am 19.06. in Hannover wurden alle Redner festgenommen, weil sie bei einer "Inzidenz" von 8 ein 5-Meter-Abstandsgebot nicht einhielten.

Das OVG Lüneburg (11 ME 143/21) akzeptierte diese schikanöse Auflage. Begründung: Drosten und Merkel warnen vor Delta-Variante ...

8:23 vorm. · 23. Juni 2021 · Twitter Web App

https://twitter.com/SHomburg/status/1407585033297219586

Während wir Demonstranten von der Polizei unentwegt so stark bedrängt wurden, dass an einen geordneten Versammlungsablauf nicht zu denken war, entdeckten wir, dass im silbernen Bulli des Einsatzleiters eine größere Polizistengruppe ohne Abstand und Maske versammelt war und ein Spiel der laufenden Fußballeuropameisterschaft anschaute. Nachdem ich diese Kuriosität aufgespießt und dabei den zuständigen Innenminister Boris Pistorius *(@borispistorius)* angesprochen hatte, blockte er mich, mutmaßlich deshalb, weil die zahlreichen an mich gerichteten Reaktionen, deren Tendenz man sich leicht denken kann, in Kopie auch an ihn gingen und er oder sein Social-Media-Team die Nerven verloren.

Fortan galten für Demonstrationen ganz ungeniert unterschiedliche Maßstäbe. Grundrechtedemos wurden verboten oder schikaniert, während die *woke* Klientel der Elite weder Abstände noch Maskenpflicht beachten musste; gern zeigte sich diese Elite auch selbst.

Stefan Homburg
@SHomburg

MP Schwesig, die ihre Untertanen und Reisenden auf härteste Weise kujoniert, ist bei den Massen beim Christopher Street Day ganz locker.

Abstand, Maske? Nur für den Plebs und Grundrechte-Demos!

10:42 nachm. · 26. Juni 2021 · Twitter for Android

https://twitter.com/SHomburg/status/1408888423067312133

Während die meisten Gerichte und insbesondere das Bundesverfassungsgericht dem Treiben der Politik tatenlos zusahen, fasste sich ein Weimarer Amtsrichter betreffend die für Kinder geltende Maskenpflicht ein Herz, mit denkwürdigem Resultat: Der Richter hatte drei Gutachten an die Professoren Dr. Ines Kappstein, Dr. Ulrike Kämmerer und Dr. Christof Kuhbandner vergeben, die zum übereinstimmenden Ergebnis gelangten, dass eine Maskenpflicht im Unterricht unverhältnismäßig sei. Das Urteil hatte für alle Beteiligten einschneidende Folgen: Der Amtsrichter selbst wurde strafverfolgt, sämtliche Gutachter mussten Hausdurchsuchungen hinnehmen. Politisch verantwortlich dafür war der Thüringer Justizminister Dirk Adams (B90/Grüne).

In diesem Fall zitierte ich ausnahmsweise und notgedrungen ein alternatives Medium, nachdem ich mit den Betroffenen persönlich gesprochen hatte, die mir den Sachverhalt bestätigten. Im Fall Christof Kuhbandners wurden sogar die Kommunikationsgeräte von Frau und Kindern beschlagnahmt; eine Zeit lang konnte er mangels Geräteausstattung nicht einmal mehr die damals gängigen Fernvorlesungen aus dem Homeoffice halten:

Stefan Homburg
@SHomburg

Kürzlich durchsuchten 12 z. T. bewaffnete Beamte das Haus von Prof. Hockertz. Jetzt widerfuhr den Proff. Ines Kappstein, Ulrike Kämmerer und Cristof Kuhbandner dasselbe.

Alle Laptops und Handys wurden beschlagnahmt, auch die von Ehegatten und Kindern. 1/3

2020news.de
Staatsanwaltschaft Erfurt macht selbst vor Bundestagskandidaten nicht Halt: ...
Heute haben nahezu zeitgleich mindestens acht Hausdurchsuchungen stattgefunden. Offizieller Grund sind die Rechtsbeugungsvorwürfe gegen den ...

8:07 vorm. · 30. Juni 2021 · Twitter Web App

https://twitter.com/SHomburg/status/1410117766351368193

Twitter eignet sich hervorragend dafür, amtliche Grafiken mit emotionalen Bildern zu kombinieren und auf diese Weise beide Gehirnhälften gleichzeitig anzusprechen. Hierzu bot die laufende Fußballeuropameisterschaft Material in Hülle und Fülle.

Die deutschen Stadien blieben weitgehend menschenleer, angeblich aus Infektionsschutzgründen, während viele andere Länder, namentlich Ungarn, alle Beschränkungen aufhoben. Dass randvolle Stadien keinerlei Auswirkung auf die Fallzahlen hatten, ließ sich einige Wochen später wunderbar belegen. Der folgende Tweet zeigte, dass das Fußballspiel am 14. Juni nach Ablauf von zwei Wochen, also unter Berücksichtigung von Inkubationszeit und Meldeverzug, keineswegs zu höheren Fallzahlen führte. Diese waren und blieben im Sommer auf demselben niedrigem Niveau wie in den vorigen Jahrtausenden.

Stefan Homburg
@SHomburg

In München mussten unsere Fußballer vor einer Geisterkulisse spielen - wegen der "Pandemie".

Ganz anders in Ungarn. Drei Wochen später sehen wir die Folgen brechend voller Stadien - es gibt keine.

Es gibt auch keine Rechtfertigung für die anhaltenden Grundrechtsbeschränkungen!

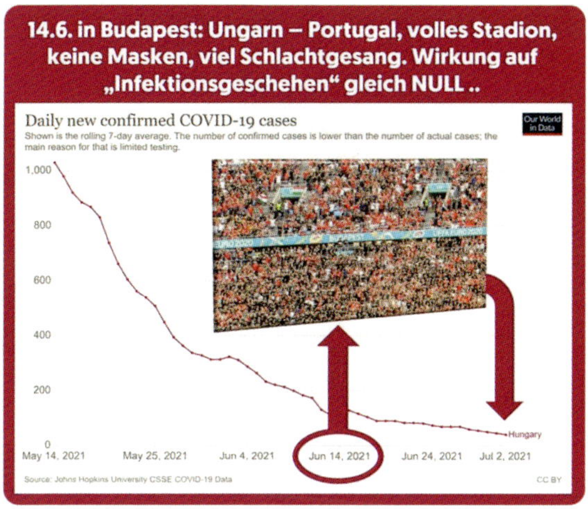

7:11 vorm. · 6. Juli 2021 · Twitter Web App

https://twitter.com/SHomburg/status/1412278114563076097

Ab Juli beschlich mich der Verdacht, dass die Massenimpfungen womöglich zu mehr Todesfällen führten als sie verhinderten. Umringt von lebenslang gesperrten früheren Mitstreitern konnte ich das natürlich nicht schreiben.

Stattdessen kleidete ich den Verdacht vorsichtig in eine Frage. Da ich auf Twitter stets auch mittels meines nirgends geblockten Zweitprofils las, wusste ich, dass Gegner meine Tweets nach dem Begriff „Impfung" durchsuchten, um mich hernach bei Twitter anzuschwärzen. Es gab sogar eigene Diskussionsrunden, wie man durch virtuelle Meldungen über Proxyserver und die USA meine Sperrung herbeiführen könne. Die Chancen der Gegner standen dabei nicht schlecht, da sie mit der Eliminierung etwa des Medizinprofessors Dr. Stefan Hockertz oder des Arztes Dr. Paul Brandenburg einige Erfolge vorweisen konnten. Ihnen blieb auch nichts anderes übrig als *cancel culture*, da sie keine Argumente hatten. Es war schon auffällig, dass die Sterblichkeit im Impfjahr 2021 seit dem Sommer deutlich über der Sterblichkeit des Vorjahres lag. Dies konnte man weder demografisch noch durch steigende Immunität der Bevölkerung erklären.

Stefan Homburg
@SHomburg

Eine merkwürdige Geschichte ...

Seit Mitte April sinkt die Zahl der "Coronatoten" saisontypisch auf Null (grüne Linie).

Hingegen ist die GESAMTsterblichkeit teils deutlich höher als in den Vorjahren (blaue Linie).

Ich rätsele, woran das liegt. 1/2

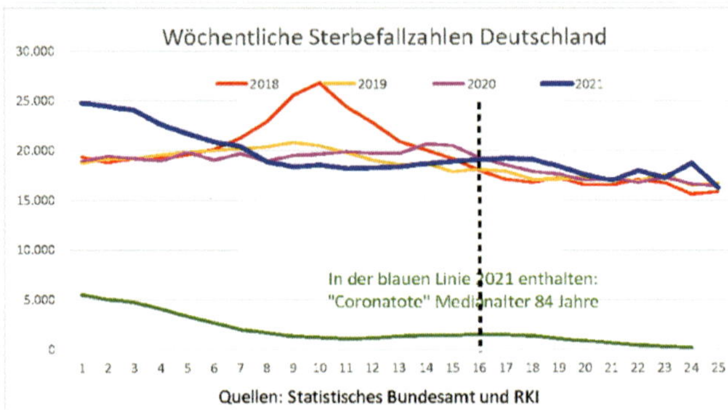

6:57 nachm. · 10. Juli 2021 · Twitter Web App

https://twitter.com/SHomburg/status/1413905213157675016

Während England die „Pandemie" im Juli 2021 politisch beendete, verbreiteten sich in Deutschland Maßnahmen mit den Kürzeln 3G (geimpft, genesen oder getestet) bzw. 2G (geimpft oder genesen). An den meisten sozialen Aktivitäten durften nur Personen mit diesen Merkmalen teilnehmen.

Für den vollständigen Ausschluss Ungeimpfter durch 2G bürgerte sich der Ausdruck „Impfapartheid" ein, meines Erachtens eine ziemliche Untertreibung: Während der Apartheid durften Farbige immerhin in separaten Gaststätten tafeln; Ungeimpften war dies komplett verboten. Bei Festivals zeigte sich allerdings, dass auch die neuartigen Diskriminierungsmethoden 3G und 2G nichts brachten; sie waren kaum verhüllte Instrumente zur Impferpressung. Während der gesamten „Pandemie" nahm die Natur ohne Rücksicht auf die jeweils geltenden Maßnahmen ihren Lauf; dies war durchaus faszinierend anzuschauen.

Stefan Homburg
@SHomburg

20.000 Zuschauer, allesamt getestet, genesen oder geimpft (3G), besuchen ein Festival in Utrecht.

Anschließend sind 1.000 von ihnen "infiziert".

Die Kombination von 3G und PCR ist ein so unglaubliches Schmierentheater - weg damit!

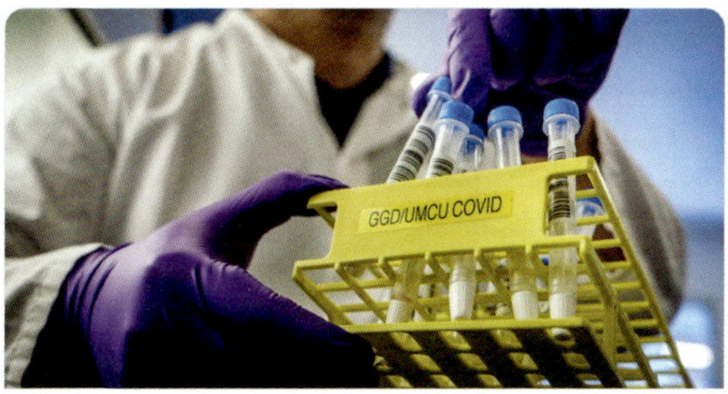

spiegel.de
Utrecht: Fast tausend Menschen infizieren sich auf Verknipt-Festival mit Corona
Man musste geimpft, negativ getestet oder von Covid-19 genesen sein, um das Verknipt-Festival in Utrecht besuchen zu dürfen. Dennoch haben sich dort fast ...

6:36 nachm. · 14. Juli 2021 · Twitter Web App

https://twitter.com/SHomburg/status/1415349451292565510

Da Bundeskanzlerin Merkel gedroht hatte, ab einer „Inzidenz" von 100 kämen neuerliche Ausgangssperren, sollte ein weiteres Quiz die Twitterer zum Nachdenken darüber anregen, was diese Zahl eigentlich konkret bedeutete.

Wie unten gezeigt, gaben erstaunliche 70 % der knapp 2.000 Teilnehmer die richtige Antwort und hatten somit erkannt, dass die „Inzidenz" weder von Erkrankungen noch von Infektionen abhing, sondern allein von positiven PCR-Tests. Da *Inzidenz* als medizinischer Fachausdruck eine Erkrankungswahrscheinlichkeit bedeutet, setze ich diesen zu Propagandazwecken okkupierten Begriff stets in Anführungszeichen.

Stefan Homburg
@SHomburg

QUIZ - TESTEN SIE SICH!

Im Frühjahr gab es bei uns #Lockdown mit Ausgangssperre ab einer "Inzidenz" von 100. Diese Zahl kann schnell wieder erreicht werden!

Aber was bedeutet eine "Inzidenz" von 100?

Bezogen auf die Bevölkerung werden ...

0,5% täglich krank	1 %
0,1% täglich infiziert	16,3 %
1% tgl. positiv getestet	12,5 %
0,014% tgl. pos. getestet	**70,3 %**

1.975 Stimmen · Endergebnisse

6:33 nachm. · 15. Juli 2021 · Twitter Web App

https://twitter.com/SHomburg/status/1415711168581279749

Über die Presse und selbst in ihrer eigenen Umgebung hatte Bundeskanzlerin Angela Merkel gestreut, das Coronavirus flöße ihr sehr große Angst ein. Etliche Schnappschüsse widerlegen diese These.

Das folgende Bild habe ich ausgewählt, weil zum Zeitpunkt der Aufnahme mehrere Freiwillige, die den Opfern der Hochwasserkatastrophe 2021 helfen wollten, wegen angeblicher Verletzung von Abstandsgeboten festgenommen wurden. Für die Politprominenz galten diese Regeln offenbar nicht. Weitere Aufnahmen, die hier nicht wiedergegeben sind, zeigen Merkel gut gelaunt während einer Kinopremiere oder bei Begrüßungen anderer Politiker, die teils gestellt wirken, teils innig ausfallen.

Stefan Homburg
@SHomburg

In diesem Skandalvideo werden Hochwasserhelfer behindert, weil sie bei Inzidenz 10 nicht auf Masken und Abstand achten!

Wenn BK Merkel und MP Dreyer ihre Krokodilstränen vergiessen, sieht die Polizei das nicht so eng.

#monumentalesSystemversagen

twitter.com/RoseKikii/stat...

Dieser Tweet stammt von einem gesperrten Account. Mehr erfahren

11:13 nachm. · 19. Juli 2021 · Twitter for Android

https://twitter.com/SHomburg/status/1417231168009818118

Es war schön, dass ein anerkannter und kluger Kopf wie Stefan Aust klare Worte fand für das, was jeder sah und eigentlich wissen musste: Mit dem Maskenzwang verfolgte die Politik kein medizinisches Ziel, sondern ein politisches. Die Maske hielt eine imaginäre Gefahr stets im Bewusstsein der Menschen, und sie eignete sich auch hervorragend zur Unterbindung von Grundrechtedemonstrationen.

Bis März 2020 hatte selbst die WHO ausdrücklich von Masken abgeraten, im Einklang mit den Ergebnissen jahrzehntelanger Forschung[37]. Nachdem die Politik indes im April 2020 Maskenzwang angeordnet hatte, schossen mit einem Mal dutzende „Forschungsstudien“ hervor, die zeigen sollten, Masken seien sinnvoll.

Stefan Homburg
@SHomburg

Wer glaubt, der Maskenzwang habe medizinische Gründe, und zwar auch bei einer "Inzidenz" von 0, hat seinen Verstand und sich selbst aufgegeben.

Der frühere SPIEGEL-Chefredakteur Stefan Aust nennt das wahre Motiv für die Herabwürdigung der Bürger.

6:36 nachm. · 22. Juli 2021 · Twitter Web App

https://twitter.com/SHomburg/status/1418248552330010626

Freedom Day – aber nicht hier

Ab Juli 2021 gingen Deutschland und England, die bis dahin vergleichbar gehandelt hatten, in der Coronapolitik entgegengesetzte Wege. Premierminister Boris Johnson verfügte für England einen #FreedomDay, den später auch die insoweit autonomen übrigen Teilgebiete Großbritanniens nachahmten.

Der Schlüssel zur Freiheit lag darin, dass Johnson die Ratschläge von Neil Ferguson in den Wind schlug. Ferguson warnte unmittelbar vor dem #FreedomDay vor einer medizinischen Katastrophe, wurde aber alsbald durch die Daten widerlegt und spielte nach dieser Blamage fortan kaum noch eine Rolle. Später sollte die Schweiz dem Vorbild Großbritanniens folgen, indem sie ihre publicitysüchtigen „Experten“ kaltstellte.

Stefan Homburg
@SHomburg

🇬🇧 Since @BorisJohnson scrapped #lockdown and mandatory masks at #FreedomDay , daily cases do not rise to 100,000-200,000 but fall rapidly. Could you please explain, @neil_ferguson ?

@AlexBerenson @FatEmperor

🇩🇪 Wer ist Neil Ferguson? --> Seite 2

Tweet übersetzen

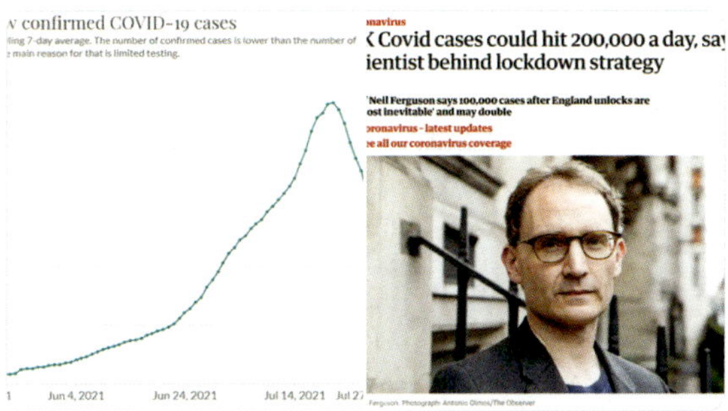

6:15 nachm. · 28. Juli 2021 · Twitter Web App

https://twitter.com/SHomburg/status/1420417671175286790

Bei #B0108, Twitter-Hashtag für die Demo am 1. August 2021 in Berlin, verbrachte ich einen schönen Tag, obwohl sie strikt verboten war:

Stefan Homburg
@SHomburg

Interessant, wen man auf #B0108 so kennenlernt: Studenten aus ganz 🇩🇪, eine Unternehmerin aus Südbaden oder eine Journalistin des @Tagesspiegel , die sich für ihren Arbeitgeber entschuldigt.

Runde Sache, bis #B2908 also!

6:49 nachm. · 1. Aug. 2021 · Twitter for Android

https://twitter.com/SHomburg/status/1421875710394867714

Während *woke* Demonstrationen im Sommer 2021 gern gesehen waren und von der Politprominenz sogar persönlich aufgesucht wurden, war die Durchführung von Grundrechtedemos anders als 2020 fast unmöglich. Anderen Teilnehmern erging es folglich weit schlechter als mir, da die Polizeitruppen des Innensenators Andreas Geisel (SPD, ex-SED) wie entfesselt auf sie einprügelten, insbesondere auf Alte, bei denen Knochenbrüche nicht selten waren. Das im folgenden Tweet verlinkte und in seiner Eigenart sehenswerte Video zeigt Gewaltszenen, die zuvor in Deutschland unvorstellbar waren.

https://twitter.com/Kultkomplex/status/1422168636706394114

Schon im Vorjahr hatte es ausgerechnet frühere Bürgerrechtler schon zum zweiten Mal getroffen. So wurde die DDR-Oppositionelle Angelika Barbe (68) unsanft und unter Schmerzen von der Polizei abgeführt, nachdem sie gewagt hatte, eine Frage zu stellen[38].

Das privat archivierte Foto eines verstorbenen Demoteilnehmers zeigte ich auf Twitter nie, da die Familie um Zurückhaltung gebeten hatte. Im Rahmen dieser Dokumentation sollte der Vorgang aber zumindest erwähnt werden, da er durch Medienberichte belegt ist[39]: Der Endvierziger Sascha war im Kreis Euskirchen Gründungsmitglied der Partei „Die Basis", die als Protestpartei gegen Lockdown und Impfzwang entstand. Er verstarb in einer polizeilichen Maßnahme. Dritte Zeugen gab es keine, da die Polizei Festgenommene oft isolierte. Die Staatsanwaltschaft stellte ihre Ermittlungen wegen eines angeblich natürlichen Todes ein.

Für die unsäglichen Vorgänge auf #B0108 interessierte sich nunmehr auch der auf Twitter aktive UNO-Sonderberichterstatter für Folter, Nils Melzer, den ich unter Verweis auf einen Artikel in der „Berliner Zeitung" ansprach.

Stefan Homburg
@SHomburg

Laut UN-Sonderberichterstatter für Folter @NilsMelzer waren bei #b0108 mehrheitlich friedliche "Frauen, Kinder, Radfahrer, ältere Leute."

Interessanter Artikel in der Berliner Zeitung:
berliner-zeitung.de/politik-gesell...

6:09 nachm. · 5. Aug. 2021 · Twitter Web App

https://twitter.com/SHomburg/status/1423315267418009608

Für die Aufklärung der Schummeleien um die Intensivbetten interessierte sich inzwischen unter anderem der Bundesrechnungshof. Der Bund forderte Nachweise über die Mittelverwendung seitens der Länder, die indes viele Intensivstationen etwa in den Unikliniken selbst betrieben. Die Länder verweigerten dem Bund die Herausgabe der Daten; man konnte sich leicht denken, warum.

Aber nicht nur dieser Affront war bemerkenswert, sondern mehr noch die Tatsache, dass der auf Twitter erfundene Trend #DIVIGate nun seinen Weg in die Berichterstattung des ZDF fand.

So ging es in einem fort: Exponentielles Wachstum, alternativlose Lockdowns, überlastete Kliniken, Massensterben, Pandemie der Ungeimpften, fehlende Nebenwirkungen – buchstäblich jede PR-Idee wurde erst auf Twitter abgeräumt und später in der allgemeinen Berichterstattung und im Bewusstsein der Bevölkerung. Spaßvögel riefen schon nach neuen Verschwörungstheorien, weil sich die meisten inzwischen bewahrheitet hatten. Für Grundrechte-, Immunitäts- und Nebenwirkungsleugner, wie man diese Personen in Abwandlung ihrer eigenen Diktion nennen könnte, wurde die Situation immer schwieriger. Hier nun der Tweet mit Link zum ZDF:

Stefan Homburg
@SHomburg

BREAKING NEWS

Um den Intensivbetten-Betrug aufzuklären, will der Bund jetzt Nachweise von den Ländern. Die weigern sich aber, Daten herauszugeben. Im Bericht des ZDF fällt explizit der Ausdruck #DIVIGate , den wir auf Twitter gemeinsam trenden ließen!

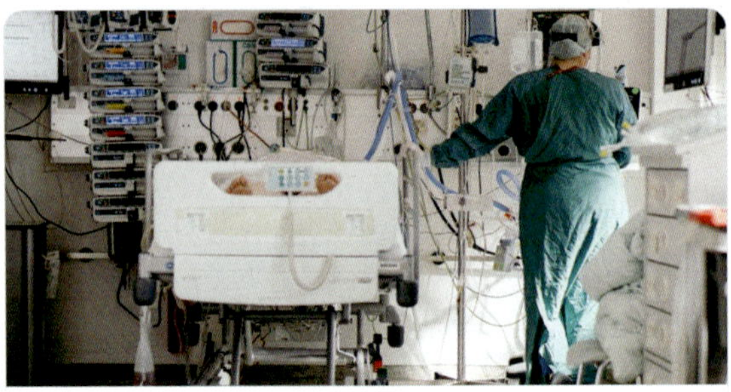

zdf.de
Länder verweigern Bund Daten zu Intensivbett-Subventionen
Haben Kliniken bei Intensivbett-Subventionen betrogen? Die Bundesländer wollen Daten dazu nicht an das Bundesgesundheitsministerium weitergeben.

7:11 nachm. · 6. Aug. 2021 · Twitter Web App

https://twitter.com/SHomburg/status/1423693187164655621

Wer sich fragt, was gerade diskutiert wird und interessant ist, kann die Twitter-Suchfunktion benutzen. Das ist meiner Ansicht nach ein Fehler, da die Trends personalisiert, also auf die eigenen Präferenzen abgestimmt sind. Folgt man Twitters Vorschlägen, hängt man in der eigenen Filterblase fest.

Stefan Homburg
@SHomburg

Oh, Platz 1 der deutschen Twitterer hatte ich noch nie …

Trending Deutschland
@TrendingDLand

Top beliebteste Tweeps:
trendingdeutschland.com/tweeps
1. @shomburg 2. @zhangdanhong
3. @fuechsinvonwelt 4. @bild 5.
@nikitheblogger

https://twitter.com/SHomburg/status/1423952091115134976

Ich ziehe das oben gezeigte Werkzeug „Trending Deutschland“ vor, das personenunabhängige Trends darstellt und ebenso die beliebtesten „Tweeps“, also Twitterprofile. Nach über einem Jahr erschien mein eigenes Profil dort gelegentlich an der Spitze der deutschen Tweeps; das sollte sich im Winter fortsetzen und intensivieren.

Die Grafiker Markus Gelau und Nina Hallmann stellen im Netz ausnehmend schöne Poster mit Personenfotos und belegten Zitaten zur Verfügung. Die Behauptung Karl Lauterbachs, „80 % unseres Erfolgs waren die Horrorbilder aus Italien“, die an Zynismus wohl kaum zu überbieten ist, löste auf Twitter wahre Wutstürme aus – und mit Recht. In einem ebenso lesenswerten wie versteckten Beitrag[40] hat der Bayerische Rundfunk die Manipulation durch die Bergamo-Bilder, auf die sich Lauterbach bezieht, sorgfältig dokumentiert. Die ganze Bildberichterstattung war heiße Luft, reichte aber propagandistisch aus, um die Welt in den Lockdown zu schicken. Prof. Dr. Hans-Joachim Maaz beschrieb diesen psychotischen Zustand ganz richtig.

https://twitter.com/SHomburg/status/1424034776554561537

Obwohl wir uns noch immer im Sommer befanden, bei minimaler „Inzidenz“ natürlich, nahte die nächste Lockdownrunde mit Bundeskanzlerin und Ministerpräsidenten heran. Der Twitterer *@prof_freedom* hatte ein treffliches Schaubild zur Frage gefertigt, was die Bevölkerung jetzt erwarte. Die Kernbotschaft des skizzierten Irrgartens lautete: Egal was geschieht, wir enden immer im Lockdown, Freiheit ist unerreichbar. Das kennzeichnete in der Tat die Befindlichkeit der deutschen Politik.

Stefan Homburg
@SHomburg

WINTER IS COMING

Am Dienstag trifft sich BK Merkel mit den MPs. Man munkelt über 2G, Massenquarantänen für Schüler und "inzidenzunabhängige Maßnahmen".

Jedenfalls will man die "Strategie" überarbeiten:

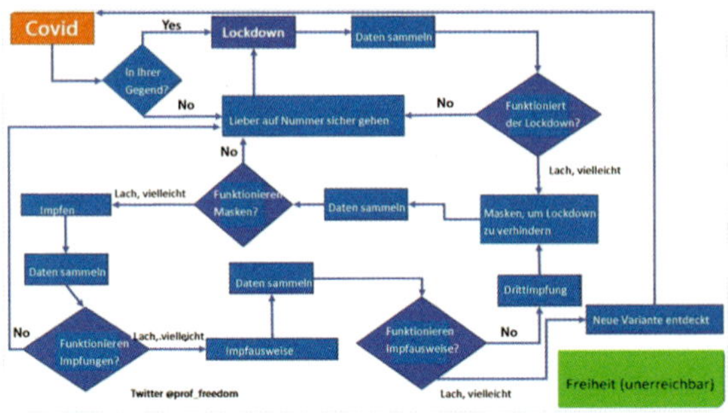

10:44 vorm. · 8. Aug. 2021 · Twitter Web App

https://twitter.com/SHomburg/status/1424290448030437376

Die Überschrift *Winter is Coming* spielt auf die bekannte Saga *Game of Thrones* an und sollte ironisieren, dass man bereits im Hochsommer knallharte Maßnahmen für die weite Zukunft verabredete, ohne deren Erforderlichkeit auch nur im Entferntesten voraussehen zu können. Im kommenden Jahr wurde dieses Muster noch intensiver: beängstigende Schlagzeilen zum nächsten Winter erschienen schon vor Frühlingsbeginn.

Neue Zweifel

Der folgende Tweet war sachlich korrekt und auch sehr prägnant. Gleichwohl hätte ich ihn nicht bringen sollen, denn das gezeigte Poster kostete einige Mitstreiter ihre Existenz auf Twitter. Ich konnte mir inzwischen etwas mehr herausnehmen, da Twitter große Profile, die viel Aufmerksamkeit auf sich ziehen, nicht so gern löscht. Letztlich steht das Gewinninteresse im Vordergrund.

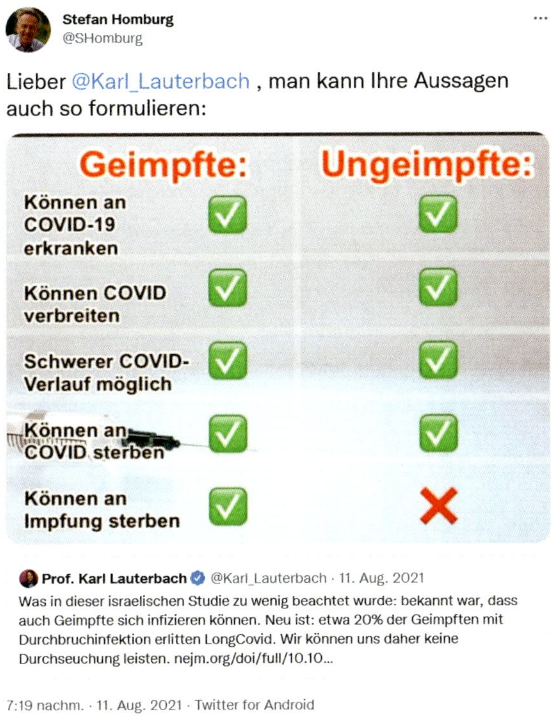

Stefan Homburg
@SHomburg

Lieber @Karl_Lauterbach , man kann Ihre Aussagen auch so formulieren:

	Geimpfte:	Ungeimpfte:
Können an COVID-19 erkranken	✓	✓
Können COVID verbreiten	✓	✓
Schwerer COVID-Verlauf möglich	✓	✓
Können an COVID sterben	✓	✓
Können an Impfung sterben	✓	✗

Prof. Karl Lauterbach @Karl_Lauterbach · 11. Aug. 2021
Was in dieser israelischen Studie zu wenig beachtet wurde: bekannt war, dass auch Geimpfte sich infizieren können. Neu ist: etwa 20% der Geimpften mit Durchbruchinfektion erlitten LongCovid. Wir können uns daher keine Durchseuchung leisten. nejm.org/doi/full/10.10...

7:19 nachm. · 11. Aug. 2021 · Twitter for Android

https://twitter.com/SHomburg/status/1425507118422036488

Das staatliche Paul-Ehrlich-Institut (PEI) sammelte ebenso wie europäische und amerikanische Behörden fortlaufend Daten zu den Nebenwirkungen der neuen mRNA-Impfstoffe und veröffentlichte sie. Bis August waren Zahlen aufgelaufen, die außer Verhältnis zu dem standen, was man von den traditionellen, gut erprobten Impfstoffe kannte. Da half auch der semantische Trick nicht, Impfnebenwirkungen als Impfreaktionen herunterzuspielen; für die Betroffenen war die Bezeichnung gleichgültig. Angesichts der offiziellen Daten wirkte die Klage Karl Lauterbachs, dass „eine Minderheit der Gesellschaft eine nebenwirkungsfreie Impfung nicht“ wolle, absolut befremdlich und verdiente einen Tweet, zumal Lauterbach früher bereits in den Lipobay-Skandal verwickelt gewesen war[41].

Stefan Homburg
@SHomburg

Obwohl rund 1 Mio. Impf-Nebenwirkungen erfasst wurden und viele unentdeckt bleiben, behauptet @Karl_Lauterbach eine "nebenwirkungsfreie Impfung".

Lauterbach hat seit dem Lipobay-Skandal nichts dazugelernt. Und tausende seiner Follower jubeln.

Vergleich Covid, Polio, TBC Verdachtsfälle Nebenwirkungen n. Kategorien 1

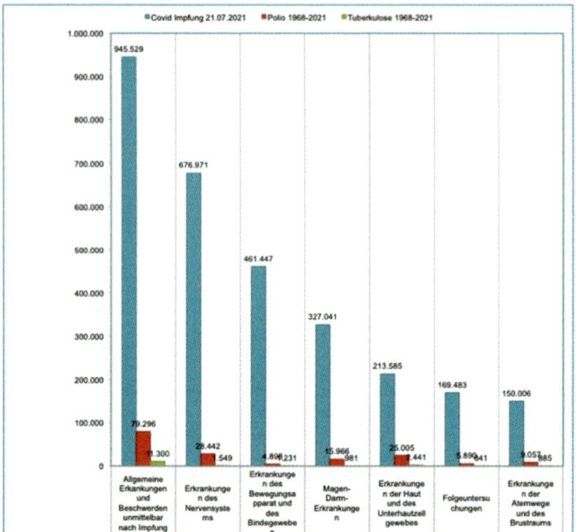

	Allgemeine Erkankungen und Beschwerden unmittelbar nach Impfung	Erkrankungen des Nervensystems	Erkrankungen des Bewegungsapparat und des Bindegewebes	Magen-Darm-Erkrankungen	Erkrankungen der Haut und des Unterhautzellgewebes	Folgeuntersuchungen	Erkrankungen der Atemwege und des Brustraums
Covid Impfung 21.07.2021	945.529	676.971	461.447	327.041	213.585	169.483	150.006
Polio 1968-2021	79.296	28.442	4.898	15.966	25.005	5.890	9.057
Tuberkulose 1968-2021	11.300	1.549	1.231	981	2.441	841	885

Transparenztest, Daten VigiAccess Vergleich Covid, Polio, TBC V-Nebenwirkungen n. Kat. Teil 1, 21.7.21

Prof. Karl Lauterbach @Karl_Lauterbach · 14. Aug. 2021
Stimmt. Und zusätzlich geht es darum, weshalb eine Minderheit der Gesellschaft eine nebenwirkungsfreie Impfung nicht will, obwohl sie gratis ist und ihr Leben und das vieler anderer retten kann. Daher bin ich pessimistisch was freiwillige Opfer für den Klimaschutz betrifft twitter.com/rahmstorf/stat...

1:03 nachm. · 14. Aug. 2021 · Twitter Web App

https://twitter.com/SHomburg/status/1426499611162775553

Stefan Hockertz zog andere Konsequenzen als Protest und verließ Deutschland. Dies erinnert mich an einen charakteristischen Stimmungsumschwung auf den Demonstrationen: Hatte 2020 noch die Frage im Vordergrund gestanden, wann die Bevölkerung endlich aufwache und den Spuk beende, ging es 2021 vorwiegend um Auswanderungsziele. Diskutiert wurden insbesondere Skandinavien, Osteuropa, Tansania und die Schweiz. Einige haben ihre Auswanderungspläne inzwischen verwirklicht, und ich überlege auch manchmal in diese Richtung.

Stefan Homburg
@SHomburg

Dieser Professor für Immunologie und Toxikologie kritisierte schon früh die vermurkste Coronapolitik im Radio.

Dafür musste er bitter bezahlen und hat jetzt Deutschland verlassen.

Details finden Sie hier:
corona-transition.org/der-wissenscha...

7:58 nachm. · 19. Aug. 2021 · Twitter for Android

https://twitter.com/SHomburg/status/1428416147074994182

Zahlreiche Studien hatten mittlerweile gezeigt, dass das neue Coronavirus ähnlich gefährlich war wie das traditionelle Grippevirus, dessen Umlauf zwar auch stets zu zahlreichen Todesfällen geführt hatte, aber niemals zu auch nur annähernd vergleichbaren Maßnahmen oder Panikreaktionen. Indes hatten die Marketingleute mit „Long Covid" eine geniale neue Idee kreiert, nämlich die Behauptung, dass eine Coronainfektion langfristige Gesundheitsschäden auslösen könne.

Sicher war das natürlich nicht, da man bei einem gerade erst aufgetretenen Virustyp natürlich keine verlässlichen Daten hatte, plausibel aber schon, weil Langzeitfolgen auch bei den anderen Infektionskrankheiten auftraten. Weil die letztere Tatsache weithin unbekannt war, setzte ich nach aufwendiger Recherche einen Thread mit zahlreichen wissenschaftlichen Quellen zu den Langzeitwirkungen von RS-, Adeno- und Influenzainfektionen ab.

Stefan Homburg
@SHomburg

Nach Widerlegung von Massensterben und Kliniküberlastung durch die Daten ist "Long Covid" die letzte Patrone der Lockdowner.

Lesen Sie hier, wie die Patrone platzt:

Long RSV!
pharmazeutische-zeitung.de/inhalt-32-2004...
Long Adeno!
helmholtz-muenchen.de/aktuelles/uebe...
Long Influenza!
medica.de/de/News/Archiv... 1/2

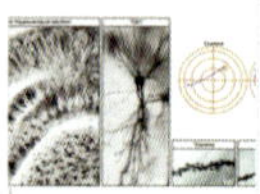

medica.de
Grippe mit Langzeitfolgen
Wer schon einmal eine Grippe hatte, weiß, wie sehr das Denkvermögen im akuten Stadium leidet. Doch das Gehirn ...

9:08 vorm. · 21. Aug. 2021 · Twitter Web App

https://twitter.com/SHomburg/status/1428977225496469513

Über den Sommer hatte Niedersachsen ähnlich wie andere Bundesländer das im nachfolgenden Tweet gezeigte kunstvolle Warnstufensystem entwickelt, das die Lockdownpolitik scheinbar objektivierte. In Wirklichkeit hing jeder Einzelindikator einzig und allein von PCR-Tests ab und spielten klinische Merkmale, insbesondere die Gesamtbelegung der Krankenhäuser, keinerlei Rolle. Obwohl die erforderlichen Schwellenwerte nicht erreicht wurden, verhängte Niedersachsen alsbald Maßnahmen der höchsten Warnstufe und schaffte die Systematik später ganz ab, um mehr Beinfreiheit zu haben.

Beim neuen Indikator „Hospitalisierungsinzidenz“ war es freilich Definitionssache, ob man von einem Schwindel sprechen wollte. Das RKI führte die Öffentlichkeit zwar erfolgreich in die Irre, indem es im Text suggerierte, es gehe um COVID-19-Kranke, doch sicherte es sich zugleich mit einer Fußnote gegen mögliche Vorwürfe ab.

Der erste der folgenden Tweets formuliert die Generalkritik an den PCR-Indikatoren, der zweite lenkt die Aufmerksamkeit der Twitterer mit rotem Pfeil und rotem Kasten auf die entscheidende Fußnote.

Stefan Homburg
@SHomburg

3G-Lockdown hängt ab morgen in Niedersachsen von folgendem ab:

1. PCR-"Inzidenz" in Bevölkerung
2. PCR-"Inzidenz" in Kliniken
3. PCR-"Inzidenz" auf ITS

Klinik- und ITS-Gesamtbelastung sind auch in Zukunft egal. Wegen hoher Korrelation der 3 Indikatoren der perfekte Schwindel!

Niedersächsische Corona-Verordnung - kompakt — Niedersachsen. Impft. Klar.

System der Warnstufen

Leitindikatoren:	Warnstufe 1	Warnstufe 2	Warnstufe 3
Neuinfektionen (Fälle je 100.000 Einwohner = bisherige Inzidenzzahl)	Inzidenz 35 bis 100	Inzidenz 100 bis 200	Inzidenz über 200
Hospitalisierung (Aufnahme Krankenhaus, Fälle je 100.000 Einwohner)	Aufnahme über 6 bis 9 Fälle	Aufnahme über 9 bis 12 Fälle	Aufnahme über 12 Fälle
Intensivbetten Landesweite Belegung der 2.424 Intensivbetten wg. Covid-19	Auslastung 5 % bis 10 %	Auslastung 10 % bis 20 %	Auslastung über 20 %

10:36 nachm. · 24. Aug. 2021 · Twitter for Android

https://twitter.com/SHomburg/status/1430267711054041089

Stefan Homburg
@SHomburg

Viele glauben, die jetzt in Mode kommenden "Hospitalisierungen" beträfen Covid19-Kranke.

In Wahrheit wird selbst hier an/mit zusammengemixt. Das Lesen von RKI-Fussnoten ist eben Glücksache:
rki.de/DE/Content/Inf...

Zeitraum	Impfung von Kindern und Jugendlichen 12–17 Jahre	Betrachtete Altersgruppe	COVID-19 (n)	Hospitalisierung[1] (n)	ITS (n)	PIMS[2] (n)	Erwartete Myokarditiden nach Impfung[2] (n)
Bisherige Pandemie (16 Monate)	Bis 10.06.2021 keine. Ab 10.06.2021 Kinder/Jugendliche mit Vorerkrankungen	12–17 Jahre	206.161	2.110	36	86	
Erwartungen 4. Welle laut Modell	90 % Impfung von Kindern und Jugendlichen mit Vorerkrankungen. 20 % Impfquote bei gesunden Kindern und Jugendlichen	12–17 Jahre	449.477	5.466	101	187	
	90 % Impfung von Kindern und Jugendlichen mit Vorerkrankungen. 50 % Impfquote bei gesunden Kindern und Jugendlichen	12–17 Jahre (direkte Effekte)	−164.119	−1.966	−36	−68	82
		0–11 Jahre (indirekte Effekte)	−65.915	−811	−15	−71	

Tab. 15 | Risiko-Nutzen-Abwägung der Impfempfehlung für 12–17-jährige Kinder und Jugendliche bei einer angenommenen Impfquote für die abgeschlossene Grundimmunisierung von 50 % in dieser Altersgruppe und von 75 % bei den 18–65-Jährigen. ITS = Intensivstation

1 Die Zahl der COVID-19-bedingten Hospitalisierungen wird überschätzt, da in den Meldezahlen nicht zwischen einer stationären Aufnahme aufgrund von COVID-19 oder mit COVID-19 differenziert wird.
2 Zu den Datenquellen zu PIMS siehe Kapitel 3.2.2. und zu Myokarditis siehe Kapitel 5.3.

10:54 vorm. · 25. Aug. 2021 · Twitter for Android

https://twitter.com/SHomburg/status/1430453477877092356

Der Impfdruck wächst

Die israelische Regierung hielt an ihrem offensiven Kurs fest, kündigte die Viertimpfung an und legte bereits jetzt den Zeitpunkt fest, an dem die durch die dritte Impfung, den Booster, erworbenen Freiheitsrechte enden sollten. Das klang beängstigend, wurde später aber nie umgesetzt, da Israel auch zu den ersten Ländern gehörte, die von den Massenimpfungen schrittweise Abstand nahmen.

Mehrfach traf ich mich zu jener Zeit mit Studenten verschiedener Fachrichtungen, die mir von ihrer schwierigen Lage erzählten. Die Studenten wurden durch 3G und teilweise sogar durch 2G zur Impfung erpresst, und etliche mussten ihr Studium abbrechen. Besonders bewegte mich der Fall einer Studentin, die an Multipler Sklerose litt und gleichwohl keine Impfunfähigkeitsbescheinigung erhielt. Die meisten Ärzte hatten mehr Angst vor ihrer Kammer als vor Verstößen gegen das Berufsethos.

https://twitter.com/SHomburg/status/1434903196388954112

In einem Kultvideo auf YouTube berichtete der frühere Bundesgesundheitsminister und jetzige Bundesinnenminister Horst Seehofer, dass die Politik gegen die Pharmaindustrie machtlos sei. Natürlich war das Zitat schon einige Jahre alt. Zeitgemäß erschien es gleichwohl.

Stefan Homburg
@SHomburg

Pharma-Konzerne dominieren die Politik. Sagt Horst Seehofer. Durch ihre riesigen Werbeetats beherrschen sie auch die Medien. Klar.

Aber wie Big Pharma es geschafft hat, Linksgrün und #Antifa für seine Zwecke einzuspannen, ist mir bis heute ein Rätsel.

youtube.com
Horst Seehofer - Die Macht der Pharmalobby war zu groß (2...
Achtung YouTube! Journalist (Member of DVPJ)! Pressefreiheit nach Artikel 5 Grundgesetz!"Diejenigen, die ...

7:24 vorm. · 7. Sep. 2021 · Twitter Web App

https://twitter.com/SHomburg/status/1435111720289193987

Der folgende Tweet enthält den Hashtag #Versuchskaninchen, weil Kanzlerkandidat Olaf Scholz die Geimpften in einer Wahlkampfrede so bezeichnet hatte. Im Kern thematisierte der Tweet Drosten, der nach Beschädigung seiner Reputation vor allem mit skurrilen Äußerungen Aufmerksamkeit erheischte.

Stefan Homburg
@SHomburg

Neulich lockte @c_drosten mit "Impfung ODER Infektion". Jetzt wünscht er sich Impfung UND Infektion!

Als #Versuchskaninchen wäre ich jetzt fassungslos.

8:13 vorm. · 7. Sep. 2021 · Twitter Web App

https://twitter.com/SHomburg/status/1435124016180862976

Bis zuletzt hatte ich nicht damit gerechnet, dass auch Kinder geimpft würden. Denn die Daten ließen keinen Zweifel daran, dass sie durch Corona kaum gefährdet waren; insbesondere gab es bei Kindern so gut wie keine Todesfälle infolge des Virus. Todesfälle und andere Nebenwirkungen im Zusammenhang mit der Impfung gab es hingegen sehr wohl.

Stefan Homburg
@SHomburg

Sogar Kinder ab 5 sollen jetzt #BioNTech erhalten.

Das kommentiere ich lieber nicht!
spiegel.de/wissenschaft/c...

7:52 nachm. · 10. Sep. 2021 · Twitter for Android

https://twitter.com/SHomburg/status/1436387087192895490

Der bayerische Ministerpräsident Markus Söder gerierte sich seit März 2020 als härtester Lockdowner Deutschlands. Das brachte ihm eine in Deutschland nie gemessene Popularität in den Umfragen ein, sogar Hoffnung auf das Kanzleramt. Im Sommer 2021 schlug die Stimmung jedoch um, und Söder erlitt einen beispiellosen Absturz, Jens Spahn ebenfalls. Harte Maßnahmen waren nicht mehr populär.

Stefan Homburg
@SHomburg

Gute Sache: Lockdowner @Markus_Soeder hat seine einst stolze CSU schon auf 28 Prozent gedrückt.

Übrigens bringt ein CSU-Direktmandat den anderen Parteien bis zu 20 Überhangmandate!

Wenn Sie gegen Lockdown, Impfzwang und einen aufgeblähten Bundestag sind: Keine Stimme der CSU!

BR-UMFRAGE

CSU nur noch bei 28 Prozent

12:05 nachm. · 15. Sep. 2021 · Twitter Web App

https://twitter.com/SHomburg/status/1438081653226737669

Im geboosterten Israel waren die astronomischen Fallzahlen nicht nur kurios, sondern sie ließen eine ähnliche Entwicklung auch für Deutschland erwarten. Das schrieb ich nicht, behielt es aber im Hinterkopf. In der Tat stiegen die Fallzahlen im Winter hierzulande auf Werte, die alle früheren Coronawellen verzwergten. Israel war als Studienobjekt interessant, weil es mit den Impfungen früher begonnen hatte als alle anderen Staaten. Aus seiner Entwicklung hätte die deutsche Politik viel lernen können, wenn sie denn gewollt hätte.

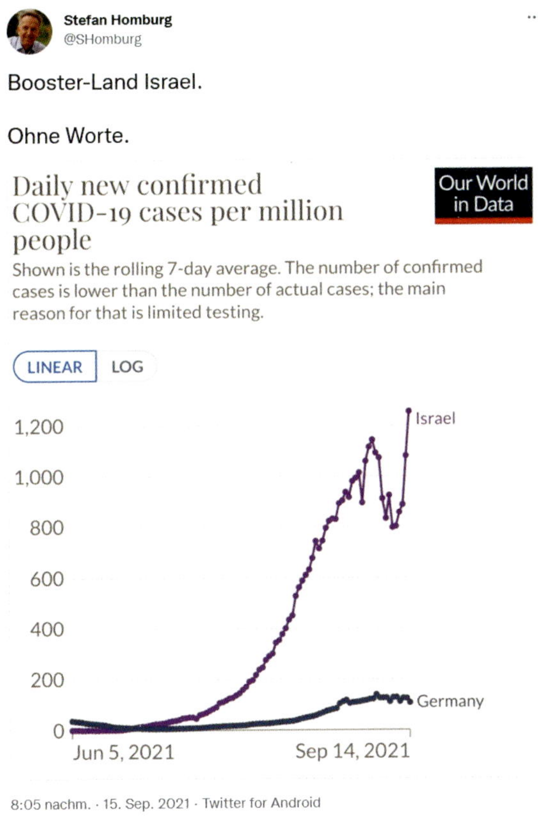

https://twitter.com/SHomburg/status/1438202337164726277

Ein vielseitiger Unterstützer, der über geheimdienstliche Kenntnisse verfügte, in einem US-Ministerium gearbeitet hatte und eine Consultingfirma in Deutschland betrieb, hatte mich auf die folgende Idee gebracht: International stachen vor allem drei Länder durch ihre irrationale und inhumane Coronapolitik hervor, und das waren ausgerechnet die früheren Kernstaaten des Faschismus bzw. Nationalsozialismus. Zufall oder Veranlagung?

Stefan Homburg
@SHomburg

Diese Graphik der Universität Oxford zeigt die Schärfe der "Maßnahmen" in den verschiedenen Ländern.

Weit oben: Die drei Kernstaaten des früheren Faschismus.

Ist aber bestimmt Zufall.

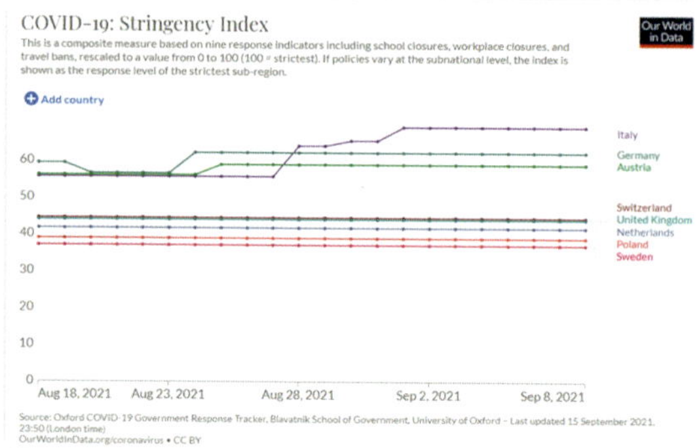

8:10 vorm. · 16. Sep. 2021 · Twitter Web App

https://twitter.com/SHomburg/status/1438384653824626688

Anfangs veröffentlichte das PEI in wöchentlichem Rhythmus, dann monatlich und wiederum später, als die Zahlen immer schlechter wurden, nur noch im Zwei-Monats-Takt seine Berichte über gemeldete Impfnebenwirkungen. Diese waren für Laien unlesbar. Ein weiterer Kooperationspartner eröffnete jedoch die Domain „Transparenztest“ und veranschaulichte den Inhalt der PEI-Sicherheitsberichte durch sehr gut gemachte Grafiken.

Auf diese Quelle verlinkte ich in der Folge oft. Regelmäßig sprachen „Transparenztest“ und ich per Email ab, welche Themen besonders interessant sein könnten, etwa Daten des PEI, des amerikanischen VAERS-Meldesystems oder der europäischen Gesundheitsbehörde EMA. Den Auftakt bildete ein Nebenwirkungsvergleich neuer und traditioneller Impfstoffe. Für beide Gruppen wurde die Zahl der jeweiligen Nebenwirkungen durch die Zahl der jeweils verabreichten Impfdosen dividiert, um aussagekräftige Ergebnisse zu erhalten. Das Ergebnis war frappant. Pro verabreichter Dosis traten Nebenwirkungen der neuartigen Impfstoffe gut 16-mal so häufig auf wie bei den traditionellen. Man konnte die Impfkampagne eigentlich nicht mehr guten Gewissens weiterlaufen lassen.

Stefan Homburg
@SHomburg

NEUE ZAHLEN VOM PAUL-EHRLICH-INSTITUT

Wichtig für alle, die bald die dritte und vierte Runde anstreben:

- Meldungen pro Impfung 16mal so hoch wie üblich!
- Niederlande melden ungleich mehr als Deutschland.
- Dunkelziffer wird auf 95% geschätzt.

Link: transparenztest.de/post/paul-ehrl...

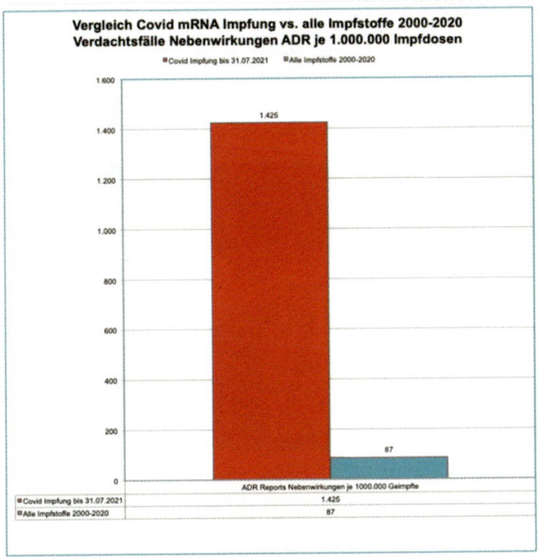

Transparenztest, Rohdaten PEI Sicherheitsbericht 19.08.21, DB-UAW Datenbank, Vergleich Covid Impfung vs. alle Impfstoffe 2000-2020 V-Nebenwirkungen je 1.000.000 Impfdosen

Rot = Covid mRNA Impfung bis 31.07.21
Blau = Alle Impfstoffe gesamt 2000-2020

6:15 nachm. · 17. Sep. 2021 · Twitter Web App

https://twitter.com/SHomburg/status/1438899502828736514

Apropos Gewissen: Eine der aus meiner Sicht negativsten Figuren im großen Coronaspiel war RKI-Chef Lothar Wieler, dessen Übertreibungen und Panikmache jedes Maß überstiegen. Aufgrund seiner Federführung über die einflussreichen Tagesberichte des Instituts schaffte Tierarzt Wieler es, Deutschland ununterbrochen eine mindestens „hohe“, meist aber „sehr hohe“ Gefahrenlage zu attestieren. Klinisch sah man davon im Inland ebenso wenig wie im Ausland. Wieler war in vielfältiger Weise mit internationalen Gremien und der Pharmaindustrie verbandelt, und man hatte zu keinem Zeitpunkt das Gefühl, dass er sich für die Volksgesundheit interessierte.

Aber nicht nur in Deutschland, sondern auch im Ausland rollten die Köpfe vieler, die noch ein Gewissen hatten. In den USA traf es die Spitze der Zulassungsbehörde FDA, nachdem sich die FDA mit deutlicher Mehrheit gegen einen Booster für alle ausgesprochen hatte.

Stefan Homburg
@SHomburg

BOOSTER KOMMT INS WANKEN

1. In den USA will Joe Biden den Booster für alle.

2. Gestern lehnte die FDA das mit 16:2 Stimmen ab!

3. FDA-Chefin und Stellvertreter legen Ämter nieder.

Genau wie bei uns: Machthaber gegen Fachleute!
1/2

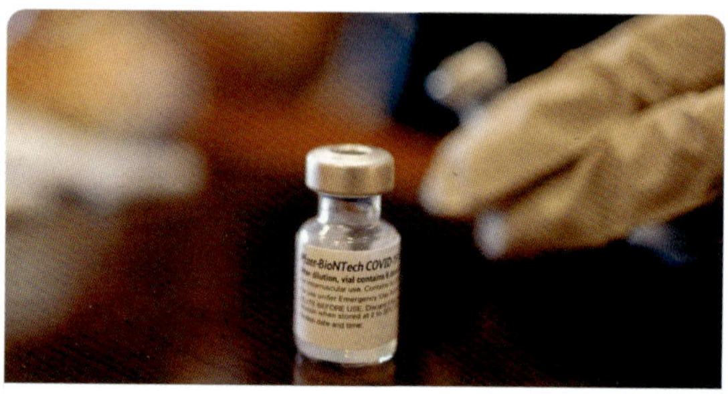

npr.org
An FDA Panel Says Only High-Risk Americans And Those 65+ Should Get COVI...
Advisers to the Food and Drug Administration supported boosters of the Pfizer-BioNTech COVID-19 vaccine for a smaller group of people after they voted ...

9:21 vorm. · 18. Sep. 2021 · Twitter Web App

https://twitter.com/SHomburg/status/1439127360373235715

Im April 2020, als ich in der WELT meinen Gastbeitrag zu Schweden veröffentlichte, hatten Kritiker gemeint, Freiheit sei gut und schön, doch zahle Schweden für seine Freiheit einen hohen Preis. Auf diese Behauptung konnte ich nicht unmittelbar reagieren, da Gesamtsterbezahlen mit Verzögerung veröffentlicht wurden. Inzwischen war jedoch unwiderleglich erwiesen, dass die Gesamtsterblichkeit in Schweden trotz durchgehenden Verzichts auf Lockdown und Masken nicht nur nicht höher, sondern zeitweise sogar niedriger war als in Deutschland.

Es war also nicht nur das angeblich drohende „exponentielle Wachstum" in Schweden ausgeblieben, sondern jede eindeutig positive Wirkung. Spätestens zu diesem Zeitpunkt hätten vernunftgeleitete Entscheider die Lockdownpolitik beendet. Der folgend Tweet zeigt einen Auszug des sogenannten EUROMOMO, einer zwischenstaatlichen Einrichtung zur Überwachung der Sterblichkeitsraten in Europa.

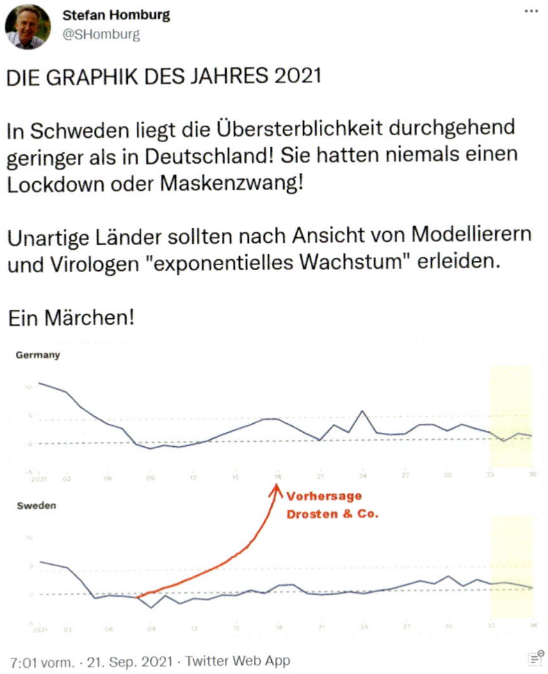

https://twitter.com/SHomburg/status/1440179234991792132

Nach wie vor wollten Politik und Bürokratie von Impfschäden oder gar Impftoten nichts hören. In den Medien war das Thema ebenfalls nicht präsent, und insbesondere das zuständige PEI tat wenig zur Aufklärung, der sich nunmehr einige Professoren der Pathologie annahmen. Nachdem der Verein MWGFD öffentlich aufgerufen hatte, tödliche Verdachtsfälle an ihn zu melden, obduzierten unsere Pathologen und diskutierten ihre Befunde in einem Video.

Auf YouTube fand das Video große Resonanz, wurde aber rasch gelöscht, wie man sich denken kann. Staat, Pharma- und Medienindustrie kooperierten perfekt. Der folgende Tweet hatte auch den Zweck, auf eine nicht löschbare Version hinzuweisen.

Stefan Homburg
@SHomburg

BREAKING!
Pathologen haben etliche Impftote obduziert und Impfstoffe analysiert.

Video ist auf YT natürlich gelöscht, hier eine komprimierte Version.

Sehen Sie sich das vor den Boostern bitte unbedingt an!

odysee.com
Pressekonferenz: Tod durch Impfung/Undeklarierte Bestan...
Pressekonferenz am 20.09.2021 zum Thema "Tod durch Impfung/Undeklarierte Bestandteile der COVID-19-...

7:23 nachm. · 21. Sep. 2021 · Twitter for Android

https://twitter.com/SHomburg/status/1440366037937975306

Die Berliner Zeitung publizierte fast zeitgleich ein kritisches Interview mit dem Medizinstatistiker Prof. Dr. Gerd Antes, das mir sehr gefiel:

Stefan Homburg
@SHomburg

Prof. Dr. Gerd Antes über die Politik, die Kritiker diffamiert und einen Brief von 3.500 Persönlichkeiten zum Ausstiegsplan unbeantwortet lässt.

Weil sie keinen Ausstiegsplan hat und nach der #Bundestagswahl21 weiterwursteln will.

#FreedomDay !

berliner-zeitung.de
Medizinstatistiker Antes: „Die Leute machen den Mund sehr wohl auf"
Der Mathematiker Gerd Antes über Interessenskonflikte zwischen Politik, Wissenschaft und der Pharma-Industrie.

7:47 vorm. · 22. Sep. 2021 · Twitter Web App

https://twitter.com/SHomburg/status/1440553381282476037

Eine Grafik des Bundesgesundheitsministeriums beschrieb die medizinische Lage in Deutschland treffend und eindeutig. Sie zeigte, dass die akuten Atemwegserkrankungen durch Influenza, Corona und andere Viren seit Anfang 2020 seltener geworden waren. Diese Tatsache widersprach dem Pandemienarrativ, passte aber gut zur gesunkenen Krankheitslast, die sich wiederum als Unterbelegung oder Insolvenz von Kliniken oder Kurzarbeit für Ärzte und Krankenpfleger manifestierte. Im Grunde hatte das Coronavirus lediglich andere Viren verdrängt, medizinisch oder diagnostisch. Die „Pandemie" war eine einzige mediale Illusion.

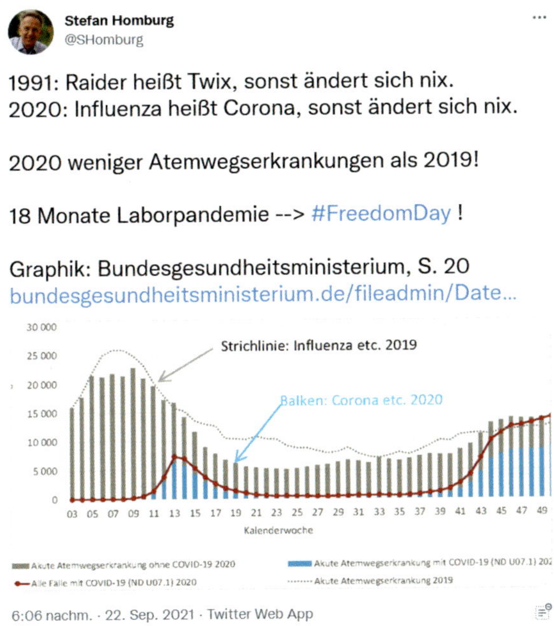

https://twitter.com/SHomburg/status/1440709176041226246

Noch hielten alle politischen Parteien an der Zusicherung fest, keine Impfpflicht einführen zu wollen; dieses Versprechen brachen sie erst kurz nach der Bundestagswahl. Gleichwohl waren Millionen Menschen bereits seit langem faktisch gezwungen, sich impfen zu lassen. Wie sollte etwa ein Straßenbahnfahrer, der vor Schichtantritt um 3 Uhr früh nirgends einen tagesaktuellen Test erhalten konnte, seiner Kündigung sonst entgehen? Die faktische Impfpflicht durch das erpresserische 2G-/3G-Regime machte einen guten Teil des „Erfolgs" der Impfkampagne aus. Doch schon jetzt rückten rundherum einige Länder ab, weil Zweifel an der Impfung aufkamen.

Der ÖRR ließ nichts unversucht, die Bevölkerung durch Publikation irreführender Zahlen zur Impfung zu bewegen. So verband der WDR die Nachricht über Norwegens Beendigung der Coronamaßnahmen mit dem Hinweis, dort seien 84 % der Bevölkerung geimpft. Das galt aber nur für die

Erwachsenen. Ein sachgerechter Vergleich der Zahlen für die Gesamtbevölkerung zeigte klar und deutlich, dass zwischen Norwegen, Schweden und Deutschland praktisch kein Unterschied bestand.

Stefan Homburg
@SHomburg

MORGEN HEBT NORWEGEN DIE MAßNAHMEN AUF!

Laut WDR wegen 84% Impfquote, die er aber irreführend nur aus der älteren Bevölkerung berechnet.

Anhand vergleichbarer Zahlen wird klar: Der Unterschied der Impfquoten ist minimal, 2%.

Alle WDR-Follower sind bisher darauf hereingefallen!

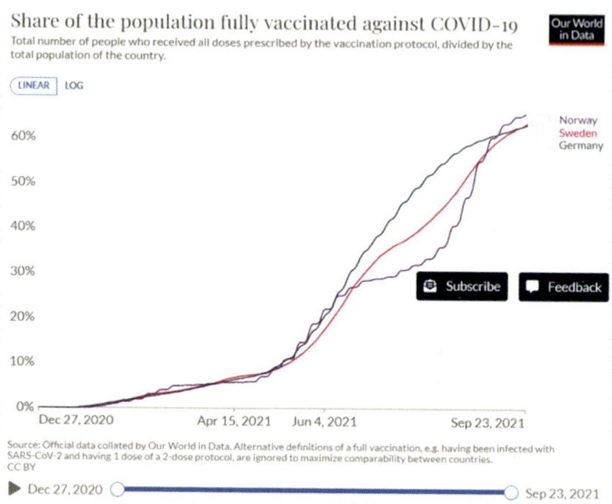

WDR aktuell @WDRaktuell · 24. Sep. 2021
Nach Dänemark will auch Norwegen seine Corona-Beschränkungen weitgehend aufheben. Ministerpräsidentin @erna_solberg sagte, dass ab morgen Nachmittag die meisten Maßnahmen beendet werden. In Norwegen sind fast 84 Prozent der Erwachsenen vollständig geimpft.

7:23 nachm. · 24. Sep. 2021 · Twitter Web App

https://twitter.com/SHomburg/status/1441453267326750720

Wie jemand zu Impfungen steht, wird unter anderem durch eigene Erfahrungen geprägt. Die des Schauspielers Til Schweiger waren negativ, da seine Tochter einen schweren Impfschaden erlitten hatte. Schweiger machte dies öffentlich – ein Fehler, denn statt Mitgefühls erhielt er Morddrohungen.

Stefan Homburg
@SHomburg

Als Vater hat Til Schweiger ein tragisches Schicksal erlitten. Dafür gebührt ihm Mitgefühl und Respekt.

Statt dessen wird er diffamiert und mit dem Tod bedroht. Wie jeder Kritiker der "Maßnahmen". 1/2

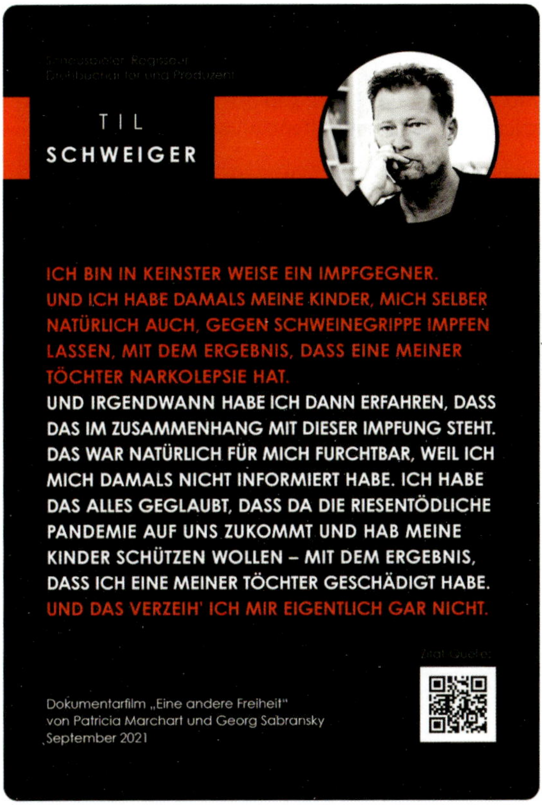

12:41 nachm. · 29. Sep. 2021 · Twitter Web App

https://twitter.com/SHomburg/status/1443164108661182472

Auf Tournee

Berlin, Hamburg oder Köln – solange geschlossene Veranstaltungen noch nicht durch 2G beschränkt oder ganz verboten waren, trat ich an vielen Orten als Redner auf, natürlich ohne Honorar. Um Angriffe durch Antifa und Polizei zu verhindern, wurden derartige Events nur in privaten Telegramgruppen angekündigt und fanden unter großen Sicherheitsvorkehrungen statt. Das Foto zeigt mich auf der Bühne der legendären „Großen Freiheit", wo früher Rockkonzerte für bis zu 2.000 Zuhörer stattgefunden hatten. Infolge der auch im Sommer geltenden Abstandsregeln war mein Publikum auf wenige hundert Personen begrenzt. Als Format wählte ich nicht die Vortragsform, weil das Publikum ohnehin meist sehr gut informiert war, sondern startete mit einem kurzen Impulsreferat, an das sich stundenlange und sehr interessante Diskussionen anschlossen.

Stefan Homburg
@SHomburg

Gestern auf der Bühne eines Nachtclubs in Hamburg, das hätte ich mir vor Corona nicht träumen lassen.

Infolge drohender Störungen durch Antifanten werden solche Vorträge nicht öffentlich angekündigt.

Email- und Telegramverteiler sorgen aber stets für Zulauf. Toller Abend!

2:40 nachm. · 30. Sep. 2021 · Twitter Web App

https://twitter.com/SHomburg/status/1443556272272519173

Spätestens ab Oktober 2021 war in der Fachliteratur klar, was heute niemand mehr bestreitet: Die Impfung brachte nicht den versprochenen Fremdschutz. Die Politik reagierte in bezeichnender Weise: Sie hob nicht 2G/3G auf, sondern führte 2GPlus ein: Auch doppelt Geimpfte brauchten jetzt einen Test! An Widersinn war das nicht zu überbieten, weil der ursprünglich behauptete Fremdschutz Motiv für die Diskriminierung der Ungeimpften gewesen war. Nunmehr konnte jedermann erkennen: Es ging nicht um Gesundheitsschutz, sondern lediglich um Impferpressung.

Stefan Homburg
@SHomburg

BREAKING NEWS

Laut neuem wissenschaftlichen Artikel hat die Impfung KEINEN Einfluss auf die Erkrankungen!

Warum die Ungeimpften Schuld an der "Pandemie der Geimpften" sein sollten, bleibt unerfindlich.

--> G2/G3 sind Willkür und verfassungswidrig!

EPIDEMIOLOGY

link.springer.com
Increases in COVID-19 are unrelated to levels of vaccination...
European Journal of Epidemiology -

5:32 nachm. · 4. Okt. 2021 · Twitter Web App

https://twitter.com/SHomburg/status/1445049126450864132

Von meinem Auftritt in Hamburg hatte auch die „Hannoversche Allgemeine Zeitung“ erfahren. Heute ist es bei der Presse normal, missliebige Personen als „umstritten“ zu diskreditieren. Das konnte ich umgekehrt auch:

Stefan Homburg
@SHomburg

Heute hat die umstrittene "Journalistin" @doehnerking einen schäbigen Diffamierungsartikel in der @HAZ platziert.

Warum habe ich ihre Emailanfrage, ob ich noch an der @UniHannover tätig sei, nicht beantwortet? Weil sie diese Frage an mein Uni-Emailfach geschickt hatte ...
1/2

mit Auftritt

Ex-Professor nutzt Titel der Leibniz-Uni

Von Saskia Döhner

Der wegen seiner Corona-Thesen umstrittene Wirtschaftswissenschaftler Prof. Stefan Homburg hat mit einem Auftritt in einem Hamburger Nachtclub in der vergangenen Woche für Diskussionen gesorgt. Homburg hielt dort einen Vortrag vor Pandemiekritikern, auf einer Präsen-

nover 18:04 Uhr

ıg vor Corona-Skeptikern: Hombur rrender Auftritt in Hamburg

el um den wegen seiner Corona-Thesen umstrittenen Prof. Stefan Homburg: O
oniert ist, hat er bei einem Vortrag vor Pandemie-Kritikern in Hamburg offent
eckt, er sei aktiver Professor der Leibniz-Universität Hannover. Die Uni reagie

9:15 nachm. · 4. Okt. 2021 · Twitter Web App

https://twitter.com/SHomburg/status/1445105378732171265

HAZ-Redakteurin Saskia Döhner echauffierte sich in dem Artikel, dass ich in Hamburg als Angehöriger der Leibniz Universität Hannover aufgetreten war (was ich auch als Universitätsprofessor im Ruhestand tatsächlich bin). Ihre schriftlichen Fragen hatte ich nicht beantwortet, da ich keine Vorlagen für weitere Diffamierungsartikel geben wollte. Dass Döhner ihre Fragen ausgerechnet an mein offizielles elektronisches Uni-Postfach sandte, spricht übrigens Bände über den geistigen Zustand unserer Medien; dümmer ging es nimmer.

Doch wie schon betont sind nicht alle Journalisten korrupt oder degeneriert. Beim SWR protestierte der Redakteur Ole Skambraks in seinem mutigen Namensartikel „Ich kann nicht mehr" gegen die einseitige Lockdown- und Impfpropaganda seines Senders. Weil der Artikel sofort von den üblichen Mächten gelöscht wurde, präsentierte ich den Twitterern eine Sicherungskopie, die ich von einem Unterstützer erhalten hatte:

Stefan Homburg
@SHomburg

FUNDSTÜCK!

Der SWR-Redakteur Ole Skambraks kritisiert die unsäglichen Zustände beim ÖRR in der Coronakrise.

Die Originalseite wurde wohl abgeschossen, hier die Sicherungskopie:

Ich kann nicht mehr

In einem offenen Brief äußert sich ein ARD-Mitarbeiter kritisch zu anderthalb Jahren Corona-Berichterstattung: Ole Skambraks arbeitet seit 12 Jahren als redaktioneller Mitarbeiter und Redakteur beim öffentlich-rechtlichen Rundfunk.

OLE SKAMBRAKS, 5. Oktober 2021, *0 Kommentare*

Ich kann nicht mehr schweigen. Ich kann nicht mehr wortlos hinnehmen, was seit nunmehr anderthalb Jahren bei meinem Arbeitgeber, dem öffentlich-rechtlichen

Aktuelle Empfehlungen

ACHGUT: FDA-Impf-Hearing: Es wird ernst. Sehr ernst. – Auszug: "Das Hearing vom 17. September hatte es in sich. Über einen der dort vorgetragenen, besonders wichtigen Berichte möchte ich hier kurz berichten und dessen Ergebnisse dann mit dem neuesten Sicherheitsbericht des Paul-Ehrlich-Instituts vergleichen. Der Informatiker und Unternehmer Steve Kirsch hat als externer Berater der FDA [U.S. Food and Drug Administration] ein Modell zur Abschätzung der Impfstofftoxizität vorgestellt. (...) In den USA gibt es ein sehr gutes System zur Meldung von Impfschäden, das vaccine adverse event reporting system (VAERS). Dort sind derzeit etwa 14.000 Impftote gemeldet, bei etwa 185 Mio. geimpften Amerikanern. Doch es ist bekannt, dass die Systeme zur spontanen Meldung von Arzneimittelnebenwirkungen die wahre Quote drastisch unterschätzen. (...) [Kirsch] nutzt dann drei Verfahren, um die Anzahl der Impftoten in den USA aus den VAERS-Daten zu schätzen. (...) Auf diese Weise errechnet er für die USA bis Ende August etwa 150.000 bis 200.000 Tote durch die Impfung. Er validiert diese Zahlen durch Vergleiche mit zahlreichen anderen Schätzungen (...), die alle ähnliche Zahlen ergeben, wenn man sie auf die Anzahl der Impflinge in den USA extrapoliert. Aus den zitierten Studien geht hervor, dass die Impfstoffe sich in allen humanen

archive.ph
Ich kann nicht mehr - multipolar
archived 5 Oct 2021 00:32:01 UTC

9:47 vorm. · 5. Okt. 2021 · Twitter Web App

https://twitter.com/SHomburg/status/1445294448066408450

Wie erklärt man Simpsons Paradox? Diesem mathematischen Effekt zufolge kann es sein, dass in einer Bevölkerung sowohl weniger Junge als auch weniger Alte sterben als im Vorjahr, die Gesamtsterblichkeit aber trotzdem zunimmt, weil der Anteil der Alten an der Gesamtbevölkerung steigt. Ein zweiteiliger Thread illustrierte diese wichtigen Tatsachen in leicht verständlicher Form. Der erste, hier nicht wiedergegebene Teil zeigte die Sterberaten der

Jüngeren und Älteren und verdeutlichte, dass 2020 in beiden Gruppen weniger Menschen gestorben waren als im Durchschnitt der Vorjahre. Addiert über alle Altersgruppen war die Sterberate minimal höher, was allein daran lag, dass der Anteil der Älteren zugenommen hatte.

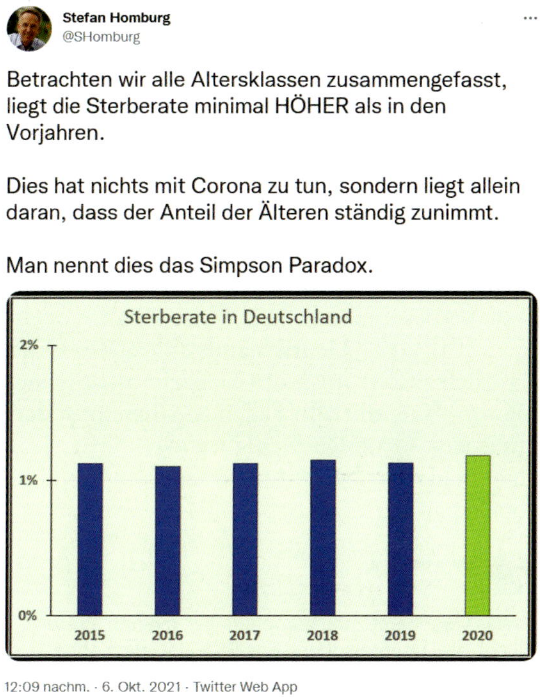

https://twitter.com/SHomburg/status/1445692795587493888

Beim Umgang mit der Coronakrise war uns Schweden in allen Belangen voraus. Nachdem Studien die Gesundheitsgefahren der mRNA-Stoffe für Jüngere erwiesen hatten, setzte Schweden die entsprechenden Impfungen zeitnah aus. In Deutschland passierte vorerst nichts, hier bekam die Fax-Bürokratie nicht einmal tagesaktuelle Meldungen der Fallzahlen hin. Es war verstörend, wie die politischen Akteure einerseits ständig eine schlimme „Pandemie" beschworen, andererseits aber eine unglaubliche Dickfelligkeit beim Versuch an den Tag legten, sie effektiv zu managen. Das einzige, was reibungslos funktionierte, waren die den Bürgern aufgelegten Ge- und Verbote nebst der damit verbundenen Strafen.

Stefan Homburg
@SHomburg

BREAKING NEWS II

Schweden beendet mRNA-Impfung (Moderna) für unter 31jährige wegen Gesundheitsgefahr.

folkhalsomyndigheten.se
Användningen av Modernas vaccin mot covid-19 pausas för ...
Folkhälsomyndigheten har beslutat att pausa användningen av Modernas vaccin Spikevax, för alla som är födda 1991 oc...

2:25 nachm. · 6. Okt. 2021 · Twitter Web App

https://twitter.com/SHomburg/status/1445726989747294211

Journalisten sind auf Twitter omnipräsent, und sie lesen dort eifrig mit, um keine Neuigkeit zu verpassen. Auf diese Weise schaffte es einer meiner Beiträge sogar in den SPIEGEL, Deutschlands führendes Organ für Pharmapropaganda. Natürlich zitierte mich das Magazin nicht namentlich, sondern nur als anonymen Impfskeptiker. In Fällen wie diesem ist der Screenshot des Tweets aus technischen Gründen wenig aussagekräftig. Das Zitat erkennt man besser, indem man den Tweet im Browser öffnet und die darin enthaltenen Einzelbilder expandiert.

Stefan Homburg
@SHomburg

Etwas verschämt zitiert @derspiegel meinen älteren Tweet zur Datenfälschung des RKI. Natürlich ohne meinen Namen zu nennen.

Dafür mit viel Erwachsenenpädagogik: Letztlich spielen Daten und Fakten keine Rolle, liebe Leser, lasst Euch gefälligst impfen, es ist sicher und wirksam.

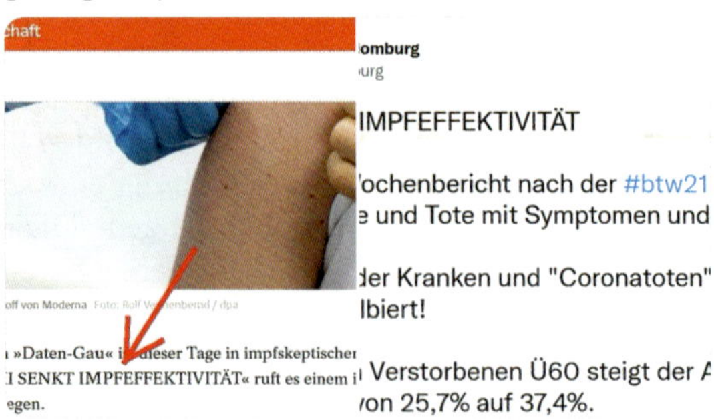

8:05 vorm. · 7. Okt. 2021 · Twitter Web App

https://twitter.com/SHomburg/status/1445993788456030211

Pandemie oder Laborpandemie?

Seit März 2020 war streitig, ob wir uns in einer Pandemie befänden. Nach klassischem Verständnis war das klar zu verneinen, doch hatte die WHO während der Pleite mit dem Pharmacoup „Schweinegrippe“ die Sprachregelung gerändert. Nach neuerer Lesart befanden wir uns buchstäblich immer einer Pandemie, nämlich von 2009 bis 2019 mit Influenza und seither mit Corona, da die Schwere der Erkrankung keine Rolle mehr spielte. Zur Verdeutlichung dieses semantischen Punktes diente ein neues Poster nebst Literaturquellen.

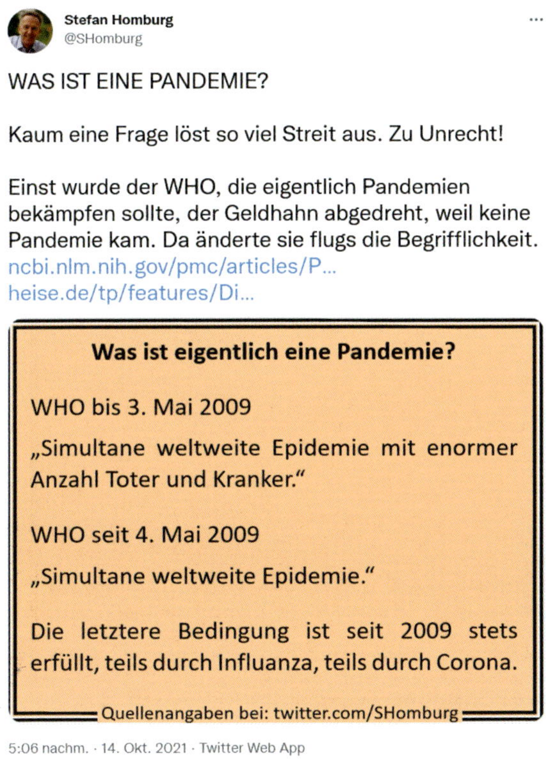

Stefan Homburg
@SHomburg

WAS IST EINE PANDEMIE?

Kaum eine Frage löst so viel Streit aus. Zu Unrecht!

Einst wurde der WHO, die eigentlich Pandemien bekämpfen sollte, der Geldhahn abgedreht, weil keine Pandemie kam. Da änderte sie flugs die Begrifflichkeit.
ncbi.nlm.nih.gov/pmc/articles/P...
heise.de/tp/features/Di...

Was ist eigentlich eine Pandemie?

WHO bis 3. Mai 2009

„Simultane weltweite Epidemie mit enormer Anzahl Toter und Kranker.“

WHO seit 4. Mai 2009

„Simultane weltweite Epidemie.“

Die letztere Bedingung ist seit 2009 stets erfüllt, teils durch Influanza, teils durch Corona.

Quellenangaben bei: twitter.com/SHomburg

5:06 nachm. · 14. Okt. 2021 · Twitter Web App

https://twitter.com/SHomburg/status/1448666473581318155

Eine weitere Klärung war im Hinblick auf „Herdenimmunität“ notwendig, ein Begriff, der es mittlerweile bis in die Sport- und Boulevardteile der Zeitungen geschafft hatte, obwohl er mathematisch durchaus tief war. Mein Poster umschiffte alle Feinheiten, für die auf einen Artikel verwiesen wurde, und versuchte die Sache möglichst einfach darzustellen.

Stefan Homburg
@SHomburg

WISSENSCHAFT FÜR DIE PRAXIS (IX)

Herdenimmunität ist eine verzwickte mathematische Eigenschaft. Über diesen Begriff wird sehr viel Unsinn geschrieben, deshalb habe ich den Kern einmal lesbar zusammengefasst.

Weiterführend: en.wikipedia.org/wiki/Compartme...

Herdenimmunität
Prof. Homburg – 19. Oktober 2021

1. Sterile Immunität ist die Eigenschaft eines Individuums, sich nicht mit einer bestimmten Krankheit zu infizieren.

2. Herdenimmunität ist die Eigenschaft einer Gruppe, sich nicht zu infizieren, obwohl (!) es infizierbare Individuen gibt.

3. Intuitive Erklärung: Infizierbare Individuen (S) stecken sich an und werden selbst infektiös (I). Danach genesen sie und werden steril immun (R). Schematisch S → I → R. Der Zustrom von S nach I verlangsamt sich, je weniger Infizierbare es gibt. Dadurch läuft der Pool I allmählich leer, und die Infektionswelle stoppt, im folgenden Beispiel bei 72% der Population:

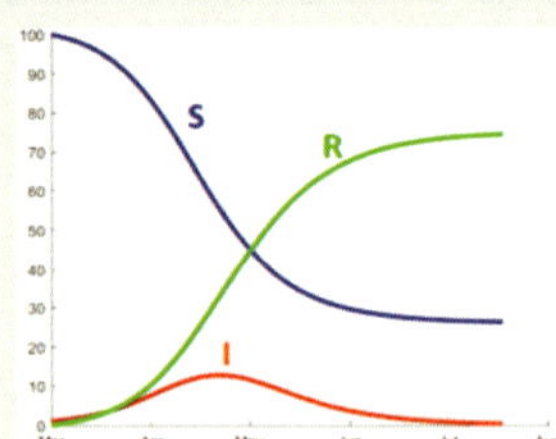

4. Herdenimmunität vergeht durch Geburten, Zuwanderung oder Verlust steriler Immunität; es ist ein dynamischer Prozess.

5. Impfungen können nur Herdenimmunität bewirken, soweit sie Individuen steril immun machen.

7:49 nachm. · 19. Okt. 2021 · Twitter Web App

https://twitter.com/SHomburg/status/1450519511678005248

Nur gelegentlich und mehr zufällig flogen die mannigfaltigen Interessenkonflikte der Lockdowner auf. Die Virologin Sandra Ciesek war dadurch interessant geworden, dass sie im NDR abwechselnd mit Drosten Lockdown- und Impfpropaganda verbreitete. Neuerdings erhielt sie auch Honorare von Pfizer/Biontech, die sie in einem Artikel offenlegen musste. Leider blockte mich Ciesek kurz danach, so dass ihr Tweet nicht mehr angezeigt wird. Man müsste sich mit einem ungeblockten Profil auf Twitter begeben, um das Zitat nachprüfen zu können.

Stefan Homburg
@SHomburg

Sandra Cisek, die mit @c_drosten im ÖRR die Laborpandemie befeuert, zum Thema Impfversagen.

Im Artikel dokumentiert: Sie erhält "Beratungshonorare" von Pfizer und Biontech. Top Geschäftsmodell! twitter.com/CiesekSandra/s...

Du kannst diesen Tweet nicht anzeigen, weil dieser Account-Inhaber beschränkt, wer seine Tweets sehen kann. Mehr erfahren

9:50 nachm. · 19. Okt. 2021 · Twitter for Android

https://twitter.com/SHomburg/status/1450550037340098562

Twitterer sind anspruchsvoll. Sie wollen Neues erfahren und honorieren das mit Likes. Umgekehrt stoßen Wiederholungen im Allgemeinen nur auf wenig Interesse und Zuspruch. Die Resonanz auf den folgenden Tweet, der nichts Neues brachte, war insofern bemerkenswert:

Stefan Homburg
@SHomburg

Stimmt, @Karl_Lauterbach, ohne die Fakebilder aus Bergamo, wo z. B. alte Fotos aus Lampedusa recycelt wurden, hätte es nie eine "Pandemie" gegeben.

Aber jetzt müssen wir die verängstigten Maskenträger zurückholen in die Realität. Und endlich die tägliche Panikmache einstellen!

6:59 nachm. · 20. Okt. 2021 · Twitter Web App

https://twitter.com/SHomburg/status/1450869307752259584

Freilich zeigte ich hier erstmals eine konkrete Fälschung, nämlich die für Bergamo recycelte Version der Opfer eines früheren Schiffsunglücks in Lampedusa. Beim Coronaausbruch in Bergamo hatte es tatsächlich nur wenige Särge gegeben, da viele Bestatter dem Lockdown unterlagen und die Toten verbrannt werden sollten, eine Bestattungsform, für die das katholische Italien nicht genügend Kapazitäten hatte. Nur aufgrund dieses administrativen Versagens kam es zu filmreifen Engpässen.

Hinsichtlich Wirksamkeit und Sicherheit der Impfungen standen mittlerweile alle Warnsignale auf Rot. In- und ausländische Quellen bestätigten die Voraussagen Sucharit Bhakdis, der schon 2020 inständig vor den mRNA-Mixturen gewarnt hatte. Immer mehr offizielle Stellen wussten keinen anderen Ausweg als die Unterdrückung der Angaben über den Impfstatus. Ungeschickt war es natürlich, ein solches Manöver mit „Transparenz" in Verbindung zu bringen, wie es der Weimarer Oberbürgermeister Peter Kleine tat. Er kündigte auf der Internetseite seiner Stadt an, den Impfstatus der Krankenhauspatienten künftig nicht mehr aufzulisten, da diese Daten von sogenannten Corona-Leugnern und Impfgegnern missbraucht würden.

Stefan Homburg
@SHomburg

STADT WEIMAR UNTERDRÜCKT ANGABEN ZU GEIMPFTEN KLINIKPATIENTEN

Wegen "Transparenz". Werden andere Kommunen folgen? Was sind die RKI-Berichte, die auf Angaben der Kommunen beruhen, dann noch wert?

stadt.weimar.de/aktuell/corona...

22:04 59%

weimar DE

Darüber hinaus wird die Zahl der Personen, die mit vollständigem Impfschutz in Kliniken behandelt werden, künftig **nicht** mehr angegeben. Oberbürgermeister Peter Kleine stellt dazu klar: „Wir wollen in unserer Zahlenmeldung so transparent wie irgendwie möglich sein. Die Angabe der Personen, die mit Impfung im Klinikum behandelt werden, verzerrt die Realität jedoch deutlich und spielt damit Corona-Leugnern und Impfgegnern in die Hände. Ich möchte betonen, dass es aktuell

10:12 nachm. · 22. Okt. 2021 · Twitter for Android

https://twitter.com/SHomburg/status/1451642573651693572

Herbstzeit, Lockdownzeit

Im Herbst hatte die Politik wieder das volle Maßnahmenprogramm aktiviert, diesmal mit leichten Modifikationen. Etliche Etablissements wurden nicht per Anordnung geschlossen, sondern machten freiwillig dicht, da sie angesichts der Masken-, Test-, Abstand- und Impfschikanen nicht wirtschaftlich zu betreiben waren. Auf diese Weise sparten die Regierungen Entschädigungsgelder, eine verfeinerte Lockdowntechnik. Die „Arbeitsgemeinschaft Influenza" publizierte wöchentlich interessante Schaubilder zu den aktuell umlaufenden Viren, und es mutete gespenstisch an, dass das gesellschaftliche Leben nur von einer einzigen Virenart abhing, obwohl alle töten oder Langzeitfolgen haben konnten.

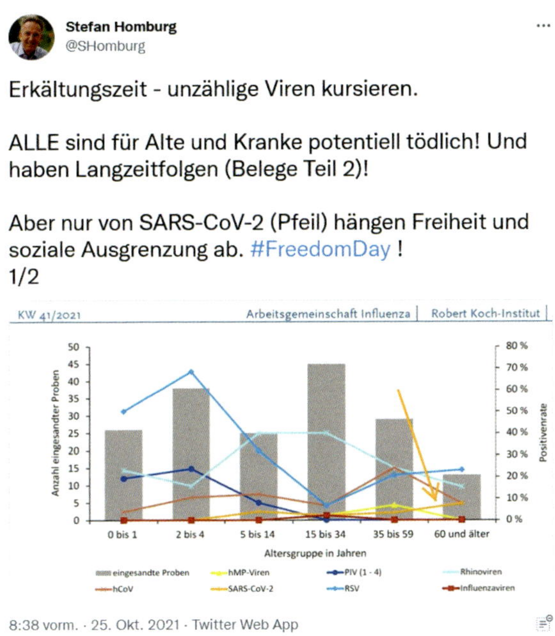

https://twitter.com/SHomburg/status/1452524841056325632

Nach einem großen Medienrummel um seine Person tat mir der Fußballnationalspieler Josua Kimmich leid. Die Presse hatte enthüllt, er sei ungeimpft, und sofort begann ein bundesweites Kesseltreiben gegen den jungen Mann, das jeder Beschreibung spottete. Nur wenige, wie Oskar Lafontaine, sprangen Kimmich bei. Im folgenden Tweet bezieht sich der Begriff „Langzeitfolgen" auf die Impfung, nicht auf die Virusinfektion. Kurios war, das die Möglichkeit derartiger Langzeitfolgen von den Herstellern, die sich juristisch absichern wollten, gar nicht geleugnet wurde; allein die Propagandisten stritten sie rundweg ab, als seien sie Hellseher.

Stefan Homburg
@SHomburg

Klar, zu Langzeitfolgen liest man bei den Herstellern, die sich juristisch absichern wollen.

Und nicht bei Impfluenzern wie @CarstenWatzl oder gar beim #Ethikrat, dem Moral-Nullpunkt Deutschlands.

Lafontaine und #Kimmich haben recht!

8:00 nachm. · 25. Okt. 2021 · Twitter Web App

https://twitter.com/SHomburg/status/1452696595754098693

Gleich zu ihrem Start und gegen erbitterten Widerstand der Union ließ die neue Ampelkoalition den im Infektionsschutzgesetz als „epidemische Lage nationaler Tragweite" apostrophierten Notstand auslaufen, der seit dem Frühjahr 2020 unterbrochen bestanden hatte und Grundlage der einschneidenden Maßnahmen gewesen war.

Wer aber gehofft hatte, Deutschland werde nun Schweden, England und anderen ins Lager der Vernunft folgen, sah sich getäuscht, da die neue Koalition als erstes Gesetz überhaupt den sogenannten Ampel-Lockdown verfügte. Inhaltlich unterschied er sich von der „epidemischen Lage nationaler Tragweite" kaum, wie eine treffende Karikatur klarmachte. Es handelte sich vielmehr um einen für die Ampel typischen Kompromiss: Die FDP wollte, dass der rechtsstaatswidrige Notstand nach knapp zwei Jahren verschwand; die rot-grünen Koalitionspartner wollten, dass die Maßnahmen blieben. Da eine Verhältnismäßigkeitsprüfung durch das Bundesverfassungsgericht nicht zu befürchten war, konnten beide Seiten zufrieden sein.

Stefan Homburg
@SHomburg

Die Ampel verschärft das Infektionsschutzgesetz erneut: "Maßnahmen" bleiben trotz medizinischer Normallage.

Juristisch war das alternativlos, da es laut Ampel keine ernste Gefahr für die öffentliche Gesundheit mehr gibt. - Karlsruhe wird's durchwinken.
aerztezeitung.de/Politik/Ampel-...

6:13 nachm. · 28. Okt. 2021 · Twitter Web App

https://twitter.com/SHomburg/status/1453756891570614272

Als zuständiger Fachminister wusste Jens Spahn früher als andere sehr wohl, dass die neuartigen Impfungen keinen Schutz vor Infektion und Infektiosität boten. Einen solchen hatten nicht einmal die Hersteller in ihren Zulassungsstudien beansprucht. Der Fremdschutz war eine Marketingerfindung, die als Fundament für das absurde Motto „Solidarität" diente und den faktischen Impfzwang durch 2G/3G legitimieren sollte. In einer Talkshow rutschte Spahn sein Wissensstand in einem Blackout heraus. Dies fiel nun allen auf die Füße, die die Fallzahlen durch anlasslose Massentests der Geimpften weiter hochtrieben.

Stefan Homburg
@SHomburg

BREAKING NEWS

Und zwar ganz schlechte: Koblenz macht den Anfang mit Gratistests für Geimpfte!

Was das bedeutet, hatte @jensspahn festgestellt.

Quelle: swr.de/swraktuell/rhe...

10:44 vorm. · 29. Okt. 2021 · Twitter Web App

https://twitter.com/SHomburg/status/1454006088983056385

Mittlerweile wurde das PEI bei seinen Informationen über Impfschäden immer zugeknöpfter. Schon zuvor hatte es die tabellarische Angabe von Impftoten aufgegeben und unauffällig im Text versteckt; nunmehr wechselte es von monatlicher zu zweimonatiger Berichterstattung. Mein Kooperationspartner „Transparenztest" blieb hartnäckig und goss die kaum lesbaren PEI-Berichte in ansprechende Grafiken. Das war sehr nützlich, weil etwa die MSM zu diesem Zeitpunkt keine Wort über die dem Institut gemeldeten 1.802 Todesverdachtsfälle berichteten. Erst im Frühjahr des kommenden Jahres erschienen Zeitungs- und Fernsehberichte für das breite Publikum, das sich vorerst in Sicherheit wiegte.

Stefan Homburg
@SHomburg

NEUER BERICHT DES PAUL-EHRLICH-INSTITUTS

Während das RKI täglich PCR-Zahlen verteilt, berichtet das PEI nur einmal im Monat über Impfschäden - künftig sogar nur noch alle zwei Monate!

Hier eine gute Zusammenfassung des aktuellen Berichts.

transparenztest.de
PEI Sicherheitsberichte nur noch alle 2 Monate - trotz 1.802 Todesfällen, darun...
PEI Sicherheitsbericht 26.10.: Kein Hinweis auf Todesfälle - auch nicht für Kinder - in Zusammenfassung, Gliederung oder Überschrift.

9:38 vorm. · 30. Okt. 2021 · Twitter Web App

https://twitter.com/SHomburg/status/1454352035537735685

Gelegentlich sortierten sich die Lager neu. Während der Tübinger Oberbürgermeister Boris Palmer vom humanen ins inhumane Lager gewechselt war, ging Fernsehphilosoph Richard David Precht den umgekehrten Weg, nachdem ihn seine mRNA-Impfung „umgehauen“ hatte.

Precht hatte bis dahin zu den vehementesten Hetzern gegen Lockdown- und Impfskeptiker gehört, und die Gemeinschaft begrüßte Wendehälse nur sehr kühl. Ich hieß jeden, der ins Rebellenlager wechselte, willkommen; es konnten nicht genug sein. In meinen Tweet eingebettet ist ein Video, das ursprünglich vom kritischen Journalisten Manaf Hassan stammte. Man erkennt das am Schriftzug links unterhalb des Bildes. Durch eine spezielle Einbettungstechnik wurde nicht der Ausgangstweet gezeigt, sondern nur das darin enthaltene Video, was die Botschaft kompakter machte.

Stefan Homburg
@SHomburg

Schon mitbekommen?

Richard David #Precht ist ins Lager der Kritiker gewechselt, nachdem ihn seine zweite mRNA-Spritze "komplett umgehauen" hatte.

Er fordert das Ende der Corona-Maßnahmen und hält sie für verfassungswidrig. Wird nicht der letzte sein!

Von **Manaf Hassan**

7:54 vorm. · 31. Okt. 2021 · Twitter Web App

https://twitter.com/SHomburg/status/1454703346309271554

Der oben bereits erwähnte Journalist Ole Skambraks war nach seiner Kritik der Berichterstattung des SWR sofort entlassen worden, ebenso Julian Reichelt, der wortgewaltige Chefredakteur der BILD, den ich als deutschlandweit einflussreichsten Lockdownkritiker betrachtete. Während sexuelle Belästigung am Arbeitsplatz selbstverständlich inakzeptabel ist, wurden Reichelt bloß einvernehmliche Techtelmechtel vorgeworfen. Ich hielt seine Entlassung für einen Vorwand, denn parallel zum ausgreifenden Widerstand gegen ein weiteres verlorenes Weihnachts- und Silvesterfest nahm auch die Härte der Schläge gegen jede Art Lockdownkritik massiv zu.

Stefan Homburg
@SHomburg

Nach seiner Kritik an einseitiger Berichterstattung wurde SWR-Mitarbeiter Ole Skambraks entlassen!

Dasselbe widerfuhr zuvor Lockdownkritiker @jreichelt - Vorwand waren einvernehmliche Techtelmechtel.

Vorsicht, Richard David #Precht, vor Hausdurchsuchung!

multipolar-magazin.de
Skambraks-Kündigung: Farbe bekennen!
Ein gemeinsamer Kommentar der Multipolar-Herausgeber

6:23 nachm. · 31. Okt. 2021 · Twitter Web App

https://twitter.com/SHomburg/status/1454861569213485062

Geächtete

Die Marketingstrategen hatten sehr wirksame Rezepte gefunden, um die linksgerichteten Bevölkerungsteile einzuwickeln, vor allem den absurden Appell an „Solidarität". Inhaltlich ergab er nur unter der Voraussetzung Sinn, dass die Impfung Fremdschutz bot. Dass sie das nicht tat und nicht einmal die Hersteller einen Fremdschutz behauptet hatten, war nur wenigen bekannt. Sarah Wagenknecht bekam wiederholt Gelegenheit, diesen wichtigen Punkt in Talkshows zu erklären. Warum eigentlich sie und nicht Fachleute wie Bhakdi oder Wodarg?

Ich kann es mir nur so erklären: Als Paria und Staatsfeinde galten vor allem Kritiker der ersten Stunde, die sich schon im März oder April 2020 gegen die Coronapolitik wandten und auf ein unvorbereitetes Publikum trafen, das sie zunächst nicht ernst nahm. Skeptiker, die erst später die Bühne betraten, wurden zwar wie üblich im SPIEGEL durch den Dreck gezogen, fanden bei den gemäßigten Medien aber Gehör, sei es, dass man sie im Sinne einer ausgewogenen Berichterstattung brauchte, sei es, dass man inzwischen selbst nicht mehr so ganz von Lockdowns und Impfungen überzeugt war.

Auch Richard David Precht erging es zunächst wie jedem, der sich plötzlich gegen Lockdown und Zwangsimpfungen stellte: Der SPIEGEL geißelte einen vermeintlichen „intellektuellen Absturz" sowie „Schwadronieren auf Querdenkerniveau", und er nahm Precht besonders übel, dass er vom Gottseibeiuns Stefan Homburg auf Twitter willkommen geheißen wurde; ein unvorteilhaftes Foto von Precht fand sich natürlich auch im Archiv. Den Tweet zu machen war nicht einfach, weil das Zitat mit meinem Namen innerhalb des Artikeltextes stand, der nur für zahlende Kundschaft zugänglich war. Ich umschiffte dieses Problem durch zwei Screenshots, die man nach Öffnung des Tweets per Mausklick vergrößern kann.

Stefan Homburg
@SHomburg

Jedem prominenten "Maßnahmen"-Skeptiker spendiert die "Relotius Revue" einen Diffamierungsartikel!

Unworte wie "Daten", "Humanität" oder gar "Verhältnismäßigkeit" triggern die Truppe geradezu.

Hinter der Paywall begrüße ich #Precht im Kritikerlager. Aber sicher, willkommen!

Impfthesen von Richard David Precht
Wer ist Dr. Wirrkopf und wenn ja, wie viele wirklich?
Eine Abrechnung von Marco Evers
Der Talkshow-Dauergast und Bestsellerautor Precht ist intellektuell abgestürzt und schwadroniert nun beim Coronathema auf »Querdenker«-Niveau. Weil viele

3:37 nachm. · 2. Nov. 2021 · Twitter Web App

https://twitter.com/SHomburg/status/1455544615990353931

Damit, dass die Zulassungsstudien der neuartigen Impfstoffe kaum überzeugten und die in der Praxis gesammelten Erfahrungen noch viel weniger, war es nicht getan, denn zusätzlich waren die Studien wohl gefälscht, wie ein Whistleblower im renommierten „British Medical Journal" offenbarte. Das setzte dem irregulären Zulassungsverfahren die Krone auf und musste eigentlich auch den Gutgläubigsten misstrauisch machen.

Stefan Homburg
@SHomburg

BREAKING NEWS II

🇬🇧A whistleblower leaks that Pfizer faked covid19 vaccine studies:
bmj.com/content/375/bm...
🇩🇪 Ein Whistleblower lässt durchsickern, dass Pfizer Covid19 Impfstudien fälschte. Leider (noch) nicht in der deutschen Presse, @Tim_Roehn , @luebberding .

bmj.com
Covid-19: Researcher blows the whistle on data integrity iss...
Revelations of poor practices at a contract research company helping to carry out Pfizer's pivotal covid-19 vaccine trial ...

7:43 nachm. · 2. Nov. 2021 · Twitter Web App

https://twitter.com/SHomburg/status/1455606530632568840

Durch seine *cancel culture* begünstigte Twitter die Entstehung des Konkurrenzprodukts GETTR, das ähnlich funktionierte und sich von Twitter im wesentlichen durch die Farbe (rot statt blau) unterschied. In der Annahme, dass Twitter auch mein Profil sperren könne, eröffnete ich ein weiteres auf GETTR und schrieb dort parallel, wenngleich in geringerer Intensität, weil die Teilnehmerzahlen auf Twitter noch höher waren und sich dort mit den Rotpunkten meine eigentliche Zielgruppe tummelte: Die Tweets sollten keine Anhängerschaft bilden, sondern Mehrheiten verändern.

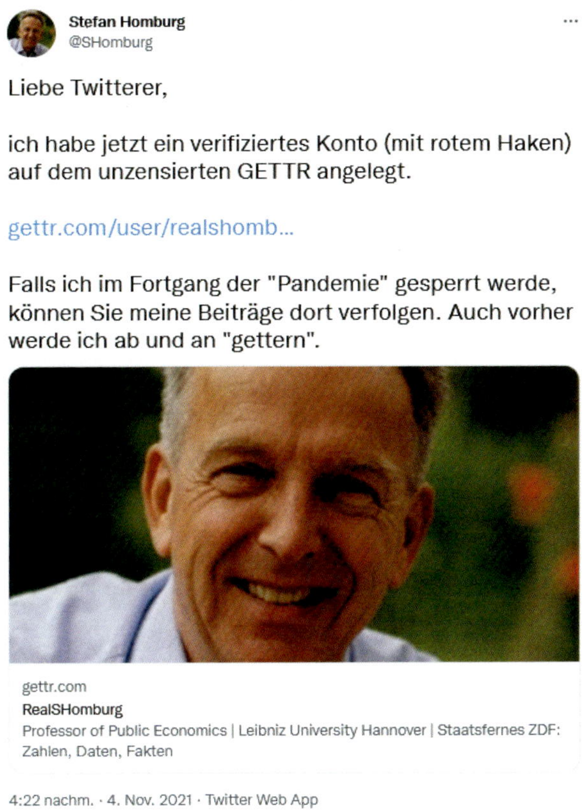

https://twitter.com/SHomburg/status/1456280784780812291

Es war atemberaubend, in welchem Ausmaß die Medien Falschnachrichten von Politik und Behörden weiterverbreiteten. Um dagegen anzukommen, gab es kein anderes Mittel als wiederholte Hinweise auf die inneren Widersprüche der Meldungen. Während im allgemeinen Diskurs fast universelles Einvernehmen bestand, die Impfungen würden guten Fremdschutz gewähren, nahm das RKI diese entscheidende Behauptung nach wiederholter Kritik zurück, was ich am selben Tag mittels einer Synopse dokumentierte.

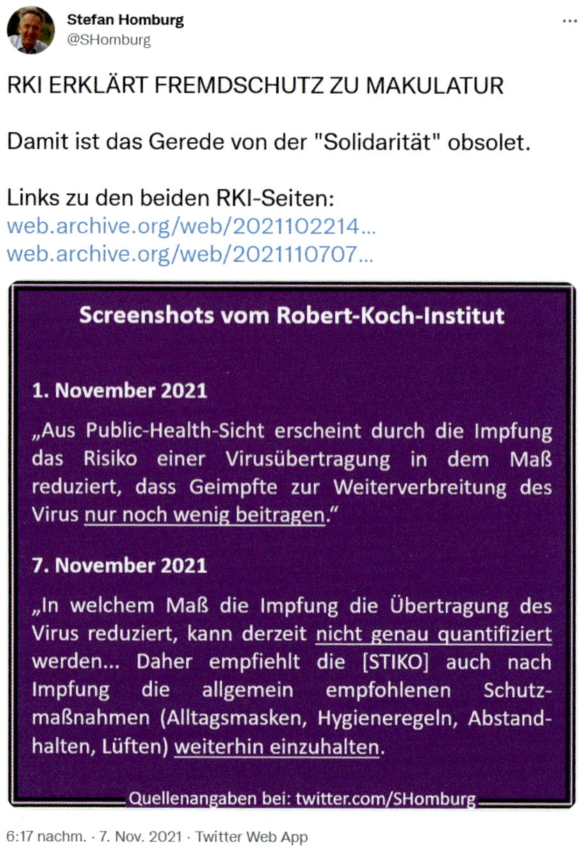

https://twitter.com/SHomburg/status/1457396797970780161

Laut ursprünglicher Behauptung des RKI trugen Geimpfte nur noch wenig zur Verbreitung des Coronavirus bei. Die nackten Zahlen zeigten aber das Gegenteil. Somit schwenkte das RKI auf die Behauptung um, ein etwaiger Fremdschutz könne nicht quantifiziert werden, weshalb jetzt auch Geimpfte dem Maskenzwang und den übrigen Maßnahmen zu unterwerfen seien. Das einstmalige Freiheitsversprechen an die Geimpften wurde durch Änderung des Eintrags auf der einschlägigen Internetseite zurückgenommen.

Im Internet gibt es Dokumentationstools wie web.archive.org. Mit diesem Werkzeug kann jedermann aktuelle Versionen einer Internetseite archivieren, wodurch es möglich wird, im Anschluss an eine Veränderung der Seite die Vorgängerversion aufzurufen. Der Tweet enthält oberhalb des Posters zwei Links auf das Webarchiv, die meine beiden Zitate belegen.

Zwischen Realität und Berichterstattung bestand eine enorme Spannung. Angeblich füllten sich die Intensivstationen wieder, laut dpa-Meldung sogar mit „beängstigender Geschwindigkeit". Das offizielle DIVI-Intensivregister zeigte, dass diese Behauptung nicht stimmte, doch wurden dessen Zahlen den MSM-Konsumenten vorenthalten. Letztere sollten erneut auf den bewährten rhetorischen Kniff hereinfallen, der „steigende Gesamtbelegung" und „mehr PCR-Positive" verwechselte.

https://twitter.com/SHomburg/status/1457647922548465665

Wie viele Impfschäden gab es eigentlich? Nach herrschender, vom PEI gestützter Meinung so gut wie keine. Diese Meinung widersprach indes dem, was viele aus eigener Anschauung wussten. Die Erklärung war einfach: Bereits 2013 hatte die WHO neue Kriterien zur Bewertung potenzieller Impfschäden eingeführt, die es insbesondere bei schweren Nebenwirkungen und Todesfällen so gut wie unmöglich machten, einen Kausalitätsnachweis zu führen. Um auf diesen enorm wichtigen Punkt aufmerksam zu machen, zitierte ich eine Passage aus dem neuen Buch von Peter Gøtsche.

Der Text im Screenshot lautet vollständig wie folgt: „Im Jahr 2013 führte die WHO neue Kriterien für die Bewertung der Kausalität einzelner unerwünschter Ereignisse nach einer Impfung ein. Diese Kriterien machten es fast unmöglich, Hinweise auf schwere Gesundheitsschäden – einschließlich Todesfälle – nach Impfungen zu erkennen. Ich habe noch nie so viele kritische Kommentare auf PubMed gesehen wie diejenigen zu dem Abstract über die neuen WHO-Kriterien."

Schon lange vor Corona hatte die von der Pharmaindustrie gesteuerte WHO darauf hingewirkt, dass Impfungen mit ungünstigem Risiko-Nutzen-Profil zugelassen wurden. Wenn man sich näher mit der Sache beschäftigte, erkannte man, dass der Vormarsch der Impfungen ein schleichender Prozess war, der schon um die Jahrtausendwende eingesetzt hatte. Das im Tweet gebrauchte Wort „Volksverhetzung" spielt übrigens darauf an, dass die Politik eine intensive Kampagne gegen Ungeimpfte gestartet hatte.

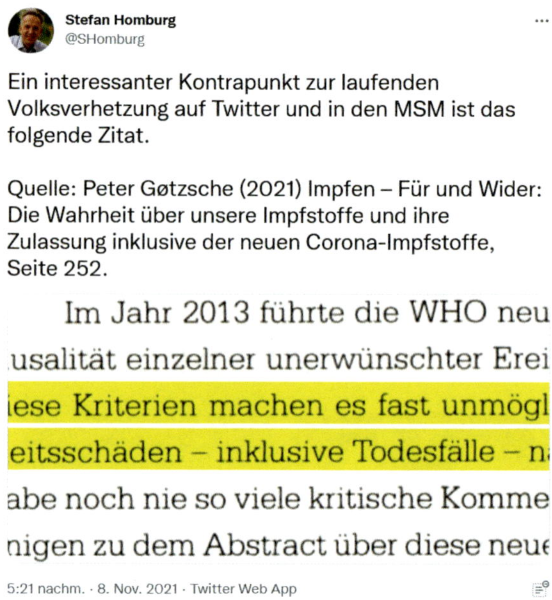
Stefan Homburg
@SHomburg

Ein interessanter Kontrapunkt zur laufenden Volksverhetzung auf Twitter und in den MSM ist das folgende Zitat.

Quelle: Peter Gøtzsche (2021) Impfen – Für und Wider: Die Wahrheit über unsere Impfstoffe und ihre Zulassung inklusive der neuen Corona-Impfstoffe, Seite 252.

Im Jahr 2013 führte die WHO neu
usalität einzelner unerwünschter Erei
iese Kriterien machen es fast unmögl
eitsschäden – inklusive Todesfälle – n
abe noch nie so viele kritische Komme
nigen zu dem Abstract über diese neu

5:21 nachm. · 8. Nov. 2021 · Twitter Web App

https://twitter.com/SHomburg/status/1457745215960326144

Anfang November war ein erneuter Lockdown absehbar, der später in Form der sogenannten Weihnachtsruhe auch tatsächlich kam, wenngleich die Politik diesen ungeliebten Begriff nicht mehr verwendete, sondern versuchte, durch extreme Maßnahmen wie 2GPlus (Impfung plus Test) und punktuelle Eingriffe ähnliche Ergebnisse zu erzielen: Messen und viele Veranstaltungen entfielen, Clubs und Diskotheken blieben geschlossen. Damit brach die Politik ihre früheren Zusagen, künftig von einschneidenden Maßnahmen abzusehen. Die angeblich wirksame Impfung spielte plötzlich keine Rolle mehr.

Stefan Homburg
@SHomburg

Versprechen:
1. Maßnahmenende nach Impfangebot.
2. Orientierung an Klinikbelastung.
3. Kein Lockdown mehr.

Realität:
1. Impfung funktioniert nicht.
2. Orientierung allein an PCR-Zahlen.
3. Nächster Lockdown steht bevor.

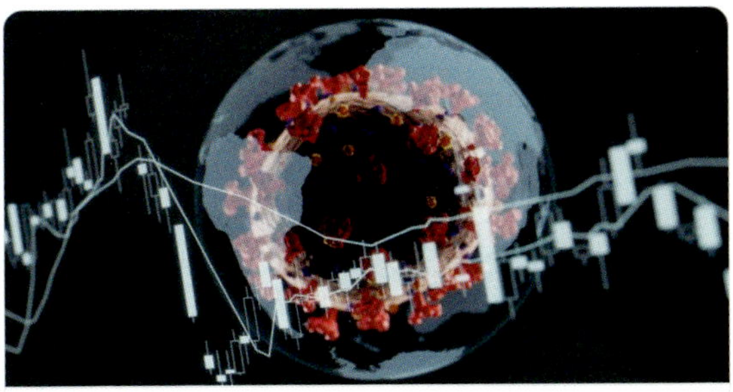

focus.de
Sitzen wir Weihnachten doch wieder im Lockdown? Experten geben Prognose f...
Die Corona-Fallzahlen klettern rasant. Die Krankenhäuser füllen sich, die Intensivmedizin warnt erneut vor einer Überlastung. Was heißt das für den ...

7:53 nachm. · 8. Nov. 2021 · Twitter Web App

https://twitter.com/SHomburg/status/1457783342905004035

Inhaltlich war es riskant, die folgende Grafik zu bringen. Sie zeigte, dass die Sterbefälle im Oktober 2020 verglichen mit 2019 kaum zugenommen hatten, von 2020 auf 2021 aber deutlich. Im Hinblick darauf, dass 2020 ein neues Virus aufgetaucht war, für das im Gegensatz zu 2021 kein Impfstoff zur Verfügung stand, mussten diese Daten jedem zu denken geben, der über eine Spur von Intelligenz verfügte, zumal die „Coronatoten“ eine ganz untergeordnete Rolle spielten.

Wie konnte man diese Information teilen, ohne auf Twitter gesperrt zu werden? Da Impfwillige 2021 teilweise mit kostenlosen Bratwürsten angelockt worden waren und das allseits bekannt war, verwendete ich das Bratwurstsymbol als Chiffre für „Impfung“ und vermied den letzteren Begriff auch im Text. Auch in den späteren Tweets hieß es oft „Stoff“ statt „Impfstoff“ oder „Schaden“ statt „Impfschaden“, was sprachlich unpräzise war, aber Löschroboter und Löschpersonal mattsetzte. Beiden fehlte das Kontextverständnis.

Stefan Homburg
@SHomburg

BREAKING NEWS

Heute vom Statistischen Bundesamt veröffentlichte Daten für Oktober zeigen:

1. Die Sterbezahlen sind gegenüber 2020 erheblich gestiegen.

2. Selbst wenn man alle "Coronatoten" (Positivtests) für bare Münze nimmt, haben sie keinen merklichen Einfluss. 1/2

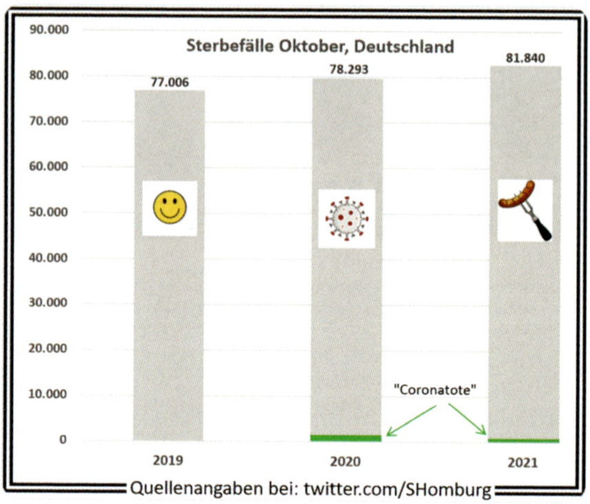

5:25 nachm. · 9. Nov. 2021 · Twitter Web App

https://twitter.com/SHomburg/status/1458108608806260741

Die neue rot-grüne Bundesregierung, pardon, fast hätte ich die Teilnahme der recht passiven FDP vergessen, vervollkommnete die Lockdown-Gesetzgebung durch Eliminierung aller medizinischen Tatbestände. Maßnahmen konnten einfach so verhängt werden, auf Kranke, Tote oder die Klinikbelegung kam es nicht an.

Ursprünglich hatte es geheißen, die neuartigen Impfstoffe seien „wirksam und sicher". Beide Behauptungen beruhten nicht auf Erkenntnissen staatlicher Stellen, sondern ausschließlich auf den von den Herstellern finanzierten und beauftragten Zulassungsstudien. Unabhängig davon, ob deren Ergebnisse unvollkommen oder bewusst gefälscht waren, wurden sie von der Praxis widerlegt. Die STIKO kam nicht umhin, für Jüngere die Zulassung von drei der vier Impfstoffe zu widerrufen – nachdem Hunderttausende im Vertrauen auf die STIKO-Empfehlung damit behandelt worden waren.

Stefan Homburg
@SHomburg

Für U30 werden jetzt drei von vier zugelassenen Impfstoffen nicht mehr von der STIKO empfohlen.

Nachdem Hunderttausende damit gespritzt wurden!

Kluger #Kimmich - das Großexperiment geht weiter.

zdf.de
Stiko empfiehlt für unter 30-Jährige nur noch Biontech
Die Stiko hat ihre Impfempfehlung für Menschen unter 30 Jahren angepasst. Diese sollen künftig nur noch das Mittel von Biontech bekommen.

8:03 nachm. · 10. Nov. 2021 · Twitter Web App

https://twitter.com/SHomburg/status/1458510721780789262

Im Gegensatz zum RKI, das brauchbare Angaben zurückhielt, stellte die UK Health Security Agency fein nach Altersklassen gegliederte Impfdaten zur Verfügung, die sich für Forschungszwecke eigneten. Die von „Transparenztest" geschaffenen Grafiken zeigten auf den ersten Blick eine negative Impfeffektivität in fast allen Altersklassen: Geimpfte waren häufiger PCR-positiv als Ungeimpfte, und dasselbe galt später auch für die Geboosterten. Der in den Drukos vorgebrachte Einwand, dieses schockierende Ergebnis beruhe darauf, dass Ungeimpfte wegen 2G/3G weitgehend vom sozialen Leben ausgeschlossen seien, ging fehl, da es sich um UK-Daten handelte und das 2G/3G-Regime dort nicht galt.

Stefan Homburg
@SHomburg

IMPFUNG TREIBT FALLZAHLEN

Daten von UK Health zeigen: Ab 30 Jahren haben Geimpfte ein höheres Risiko, teils doppelt so hoch!

Höhere Fallzahlen führen zu schärferen Maßnahmen und faktischem Impfzwang --> der perfekte Kreislauf.

Hier der ganze Artikel:
transparenztest.de/post/zunehmend...

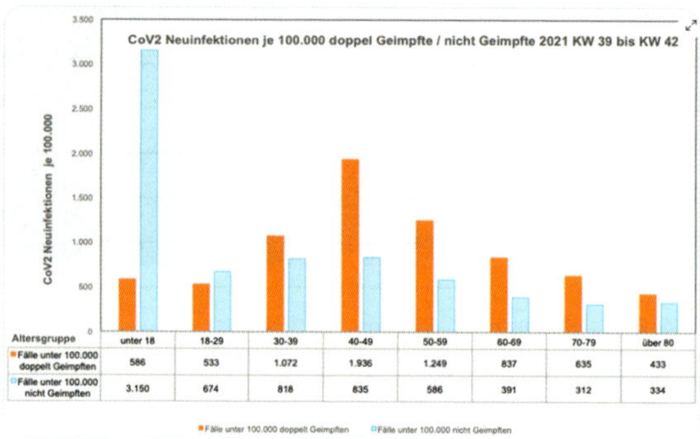

Altersgruppe	unter 18	18-29	30-39	40-49	50-59	60-69	70-79	über 80
Fälle unter 100.000 doppelt Geimpften	586	533	1.072	1.936	1.249	837	635	433
Fälle unter 100.000 nicht Geimpften	3.150	674	818	835	586	391	312	334

10:43 vorm. · 11. Nov. 2021 · Twitter Web App

https://twitter.com/SHomburg/status/1458732103567392769

Am „Elften im Elften“ zeigte sich wieder die Doppelmoral der Politik: In Köln und anderswo durften Tausende ohne Abstand und Maske dem rheinischen Frohsinn freien Lauf lassen. Hätten sie gegen Impfzwang protestiert, wäre die Veranstaltung blutig ausgegangen, selbstredend aus „Infektionsschutzgründen“. Der Umstand, dass nur Geimpfte auf den Straßen feiern durften, änderte nichts an dieser Widersprüchlichkeit, da die These der sterilen Immunität längst widerlegt war.

Stefan Homburg
@SHomburg

Wenn das heute eine Grundrechte-Demo wäre, sähen wir viel Tränengras und Wasserwerfer.

Es ist eben ein rein politisches Virus.

Aber, keine Frage, man muss "jönne könne" - #Alaaf !

Von **Kölner Stadt-Anzeiger**

5:45 nachm. · 11. Nov. 2021 · Twitter Web App

https://twitter.com/SHomburg/status/1458838266183045130

Sachsens Michael Kretschmer, ursprünglich der aufgeschlossenste der Ministerpräsidenten, der Sucharit Bhakdi, Martin Haditsch, mich und weitere Rebellen im Juni 2020 zu einem vertraulichen Gespräch empfangen hatte, um unsere Ansichten kennenzulernen, kündigte nunmehr Masken- und Testpflichten auch für Geimpfte an und drohte offen mit einem erneuten Lockdown. Medizinische Gründe dafür gab es nicht.

Während alle Politiker auf die PCR-Phantasiezahlen starrten wie das sprichwörtliche Kaninchen auf die Schlange, zeigte die folgende Grafik in Umkehrung der offiziellen Angaben, dass so gut wie niemand einen positiven Test hatte. Statt Angaben binnen sieben Tagen pro 100.000 Personen zeigte die Grafik vertraute Prozentzahlen, die psychologisch natürlich viel beruhigender wirkten.

Stefan Homburg
@SHomburg

Nächster #Lockdown - auch für maskierte und getestete Geimpfte!

Aber die konstante Klinikbelegung?

Egal - es kommt in der "Pandemie" nur auf "Neuinfektionen" an.

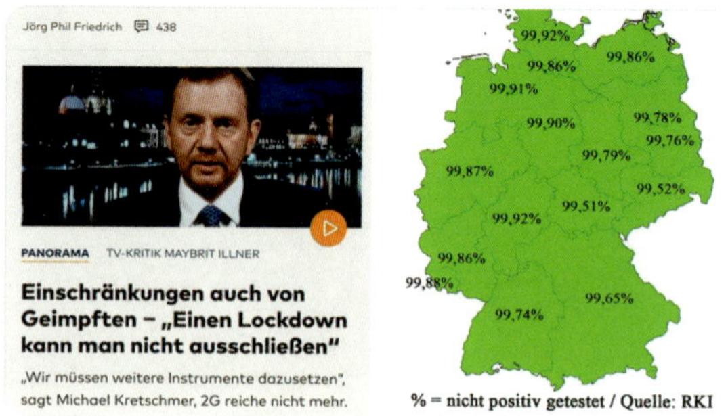

8:24 vorm. · 12. Nov. 2021 · Twitter for Android

https://twitter.com/SHomburg/status/1459059489731231756

Weil die Impfung keine sterile Immunität erzeugte, konnte durch sie auch keine Herdenimmunität entstehen. Diese Binse gab RKI-Chef Wieler endlich zu, womit sich eine weitere Verschwörungstheorie bewahrheitete.

Stefan Homburg
@SHomburg

Mmm ... früher dauerte es Monate, bis meine Verschwörungstheorien offizielle Position wurden.

Es ist ganz einfach: Eine Impfung, die keine sterile Immunität erbringt, kann auch keine Herdenimmunität erbringen.

Heute wird es endlich zugegeben!

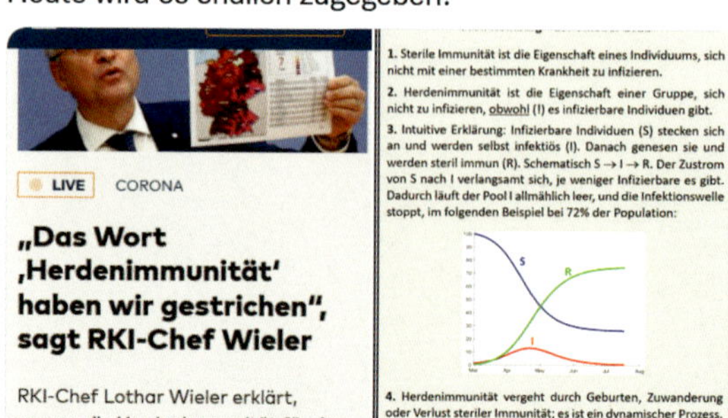

1:43 nachm. · 12. Nov. 2021 · Twitter Web App

https://twitter.com/SHomburg/status/1459139775177408517

Um verschärfte Maßnahmen durchzusetzen, behauptete der kommende Bundesgesundheitsminister Karl Lauterbach, es werde schon Anfang Dezember eine flächendeckende Überlastung der Kliniken geben. Damit wiederholte er nur eine seiner unzähligen Fehlprognosen, doch wurde das Statement ohne Weiteres gedruckt und geglaubt.

Stefan Homburg
@SHomburg

Klinikülberlastung "in zwei bis drei Wochen"?

Dieses Meme wurde im März 2020 erfunden und grüßt wie das Murmeltier immer wieder, heute früh durch @Karl_Lauterbach .

Real kam es nie dazu, wie auch? Stellenweise Engpässe gibt es in jeder Erkältungssaison. 1/2

8:16 vorm. · 15. Nov. 2021 · Twitter Web App

https://twitter.com/SHomburg/status/1460144762699370499

Eine unerwartet negative Rolle spielte die FDP-Abgeordnete Agnes Strack-Zimmermann, die öffentlich behauptete, Ungeimpfte würden die Mehrheit „terrorisieren". Die Sprache wurde immer martialischer und begann an Volksverhetzung zu grenzen. Sachliche Gründe konnte Strack-Zimmermann nicht nennen. Angeblich waren die Geimpften doch vollständig geschützt, wie es damals offiziell noch hieß. Was hatten sie von den Ungeimpften denn zu befürchten?

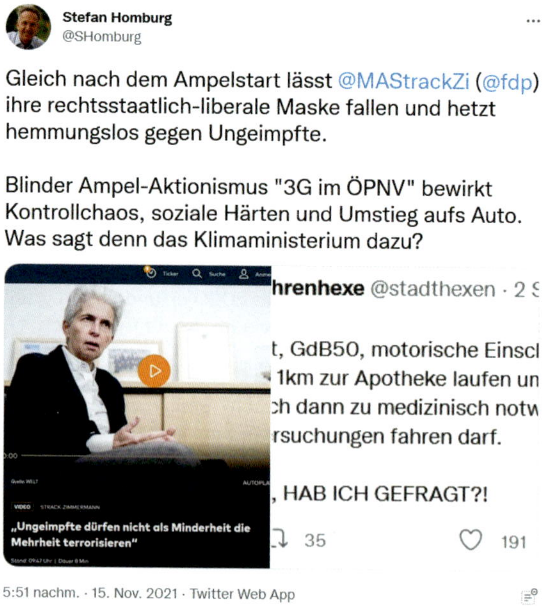

Stefan Homburg
@SHomburg

Gleich nach dem Ampelstart lässt @MAStrackZi (@fdp) ihre rechtsstaatlich-liberale Maske fallen und hetzt hemmungslos gegen Ungeimpfte.

Blinder Ampel-Aktionismus "3G im ÖPNV" bewirkt Kontrollchaos, soziale Härten und Umstieg aufs Auto. Was sagt denn das Klimaministerium dazu?

5:51 nachm. · 15. Nov. 2021 · Twitter Web App

https://twitter.com/SHomburg/status/1460289289036705801

Die formale Anhörung im Bundestag zum geplanten Ampel-Lockdowngesetz war denkwürdig. Handverlesene Sachverständige bestätigten das politisch schon Beschlossene, doch ereignete sich dabei ein Unfall, indem die Deutsche Krankenhausgesellschaft auf einen Rückgang der Regelversorgung sowie Erlöseinbrüche hinwies[42]. Niemandem schien aufzufallen, dass dergleichen in einer wirklichen Pandemie wohl nicht vorkommen konnte.

Was dachten die Bürger zu jener Zeit? Als Ökonom vertraue ich nicht Umfragen, deren Ergebnisse durch die Art der Fragestellung beeinflussbar sind, sondern setze auf „bekundete Präferenzen", also beobachtbares tatsächliches Verhalten. Damals schaute ich oft auf den von Bundesgesundheitsministerium und RKI finanzierten Mobilitätsindex, der anhand anonymisierter Telefondaten Reisen und Bewegungen innerhalb Deutschlands erfasste. Die zugehörige Karte war im März 2020, als viele Menschen noch verängstigt waren, tiefblau gefärbt, die Mobilität weit geringer als im Bezugsjahr 2019. Im November 2021 war die Mobilität aber höher als in der Zeit vor Corona, obwohl weiterhin viele einschränkende Maßnahmen bestanden. Dies indizierte, dass die Angst verflogen war und der Lockdown nicht aus innerer Einsicht, sondern nur aufgrund der massiven Strafandrohungen beachtet wurde.

Stefan Homburg
@SHomburg

Mittels anonymisierter Telefondaten kann man unsere Mobilität messen. Im März 2020 lag sie 40% unter dem Wert aus 2019, im letzten Januar 30%.

Jetzt, da zum 3. Mal die Mär der Kliniküberlastung "in 2-3 Wochen" erzählt wird, ist die Mobilität höher, die Angst also weg! 1/2

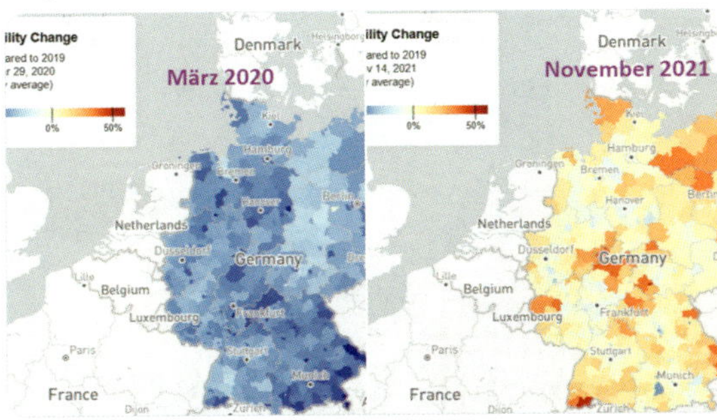

9:08 vorm. · 16. Nov. 2021 · Twitter Web App

https://twitter.com/SHomburg/status/1460520135500910595

Schwarze Rhetorik

Um der schwindenden Besorgnis der Bevölkerung entgegenzuwirken, bemühte die Propaganda nun in verstärktem Maß schwarze Rhetorik, also angsteinflößende Begriffe. Hierzu gehörte an erster Stelle die *Triage*. Ein erfahrener Leiter des Katastrophenschutzes, der kurz zuvor beim Ahrhochwasser im Einsatz gewesen war, klärte mich per Email auf, dass der eigentliche Fachterminus *Verlegesituation* lautet: Nach einer Hochwasserkatastrophe, aber auch nach Bränden oder größeren Autounfällen können örtliche Intensivstationen oft nicht mehr alle Schwerverletzten versorgen. In diesem Fall werden die Patienten dorthin verlegt, wo es freie Kapazitäten gibt, und die gibt es immer.

Politik und Medien ersetzten die „Verlegesituation" durch den militärischen Begriff der „Triage", der etwas ganz anderes bedeutet, nämlich die grausame Notwendigkeit, einzelne Patienten infolge schlechter Überlebensprognose nicht weiter behandeln zu können, weil es nirgends freie Kapazitäten gibt. Einmal mehr wurden „Überlastung einer Einzelklinik" und „Überlastung des Gesundheitssystems" miteinander verwechselt. Über eine vollzogene Triage hat es in der Coronakrise meines Wissens nur einen einzigen Bericht gegeben, und zwar im Hinblick auf Schweden, und dieser musste als Fake News zurückgezogen werden[43].

Stefan Homburg
@SHomburg

Überall auf der Welt werden Kranke bei drohenden lokalen Engpässen, die es in der Erkältungszeit oft gibt, in den Nachbarort gebracht.

Nur in Österreich lässt man sie einfach sterben - sagt die Propagandamaschine und bereitet damit weitere Eskalationsschritte der Regierung vor.

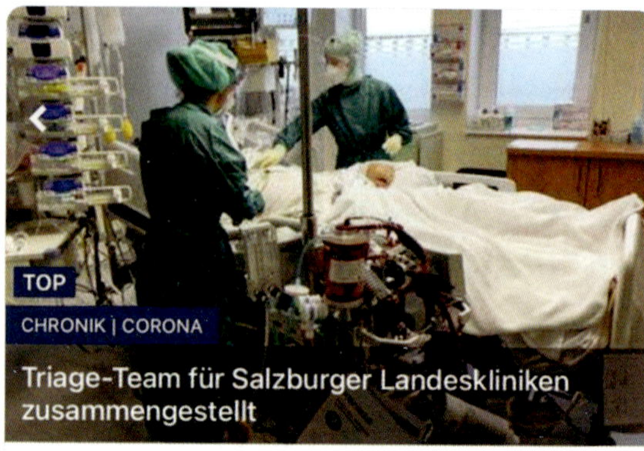

- Aufgrund der Überlastung in den Salzburger Landeskliniken wird ein Team zusammengestellt, das entscheidet, welche Patienten noch intensivmedizinisch behandelt werden können.
- Das Team besteht aus fünf Medizinern verschiedener Fachbereiche - darunter ein Internist, ein Intensivmediziner und ein Palliativarzt - und einer Juristin.
- Dieses Team müsse dann entscheiden, welche Patienten noch intensivmedizinisch behandelt werden können.

1:22 nachm. · 16. Nov. 2021 · Twitter Web App

https://twitter.com/SHomburg/status/1460584035386859527

Das Beispiel Salzburgs zeigte exemplarisch und zugleich erschreckend, wie derartige Propaganda funktionierte. Die dortige Klinik stellte ein Triage-Team zusammen, da sie eine Überlastung „in zwei bis drei Wochen" befürchtete. Objektiv geschah sonst nichts, auf Twitter und in den Medien verbreitete sich die Nachricht aber in Windeseile, und zwar mit dem Subtext, die Triage werde bereits vollzogen. Dabei war das Ganze reine Showveranstaltung, wie die Daten in den folgenden Wochen bewiesen.

Wie schon erwähnt gab die DIVI-Statistik alle positiv getesteten Patienten irreführend als „COVID-19-Kranke" aus. Für die Kliniken war das reizvoll, denn für jeden positiv getesteten Patienten, der mindestens zwei Tage im Krankenhaus verblieb, zahlte der Staat einen astronomischen Zuschuss von bis zu 9.500 Euro. Dieser Zuschuss wurde wohlgemerkt unabhängig vom Krankheitsbild gezahlt – also auch bei einem Blinddarmoperierten mit positivem Test nach Einlieferung.

Stefan Homburg
@SHomburg

Gestern hat die Ampel, wie im Vorjahr die GroKo, üppige Zuschläge für positiv getestete Patienten beschlossen.

Die Zuschläge betragen bis zu 9.500 Euro pro Patient.
1/2

bibliomedmanager.de
Versorgungsaufschlag - Kliniken kriegen bis zu 9.500 Euro ...
Der Bundestag hat mit den Änderungen am Infektionsschutzgesetz den sogenannten ...

7:15 nachm. · 19. Nov. 2021 · Twitter Web App

https://twitter.com/SHomburg/status/1461760043230154762

Das gesellschaftliche Leben hing weitgehend von der „Inzidenz“ ab, die in Köln nach der Feier vom 11.11. bei 278 lag. In München, wo Markus Söder jedwede Faschingsaktivität untersagt hatte, war sie rund dreimal so hoch. Gleichwohl behauptete Karl Lauterbach, die Kölner Feier habe verheerende Folgen gehabt.

Inzwischen legten britische Daten den Verdacht nahe, dass die Impfung die Gesamtsterblichkeit erhöhte statt minderte. Konkret erschien es nicht ausgeschlossen, dass beispielsweise die Erstimpfung zu Todesfällen führte, die aufgrund der raffinierten Konvention, Personen bis zum 21. Tag nach Impfung als Ungeimpfte zu führen, das Bild verzerrten: Alle, die innerhalb von drei Wochen nach Erstimpfung verstarben, gingen in die Statistik als Ungeimpfte ein und suggerierten ein hohes Risiko dieses Personenkreises.

Die ARD unterzog meine Twittergrafik, die dieses Problem verdeutlichen sollte, einem „Faktencheck“ durch den gelernten Pferdesportreporter Wulf Rohwedder. Da Freiberufler Rohwedder auf Diffamierungsartikel spezialisiert war, mit denen sich ARD-Redakteure die Hände selbst nicht selbst schmutzig machen wollten – immerhin hatte er schon unsere Wissenschaftlervereinigung MWGFD mit Reichsbürgern verglichen – fiel der Faktencheck negativ aus. Die höhere Aufmerksamkeit bedeutete gleichwohl einen groß Erfolg, da das Thema „Impfschäden“ in den MSM nach wie vor kaum auftauchte und nun ARD-Zuschauer erreichte. Zudem konnte jeder halbwegs Intelligente Rohwedders Artikel als das erkennen, was er war: Schund.

Stefan Homburg
@SHomburg

ARD KLAUT MEINE GRAFIK!

Nicht schlimm. Ich habe den Tweet vom 22.11.21 verbessert und ein Poster zur Verteilung in den sozialen Medien gemacht.

Lesen Sie links unten meine Erklärung der hohen Sterblichkeit nach Impfung und alternativ die Tagesschau: tagesschau.de/faktenfinder/i... 1/2

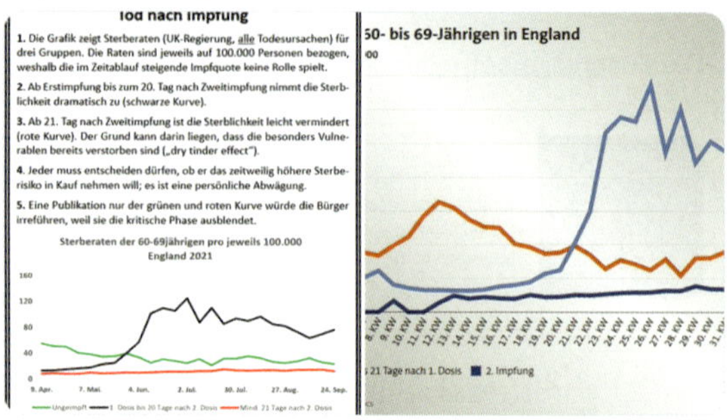

7:09 nachm. · 26. Nov. 2021 · Twitter Web App

https://twitter.com/SHomburg/status/1464295159743619078

Um auf Twitter Diskussionen anzuregen, ist es oft besser, eine Frage zu stellen, statt die eigene Ansicht kundzutun. Hierzu bot sich nach der neuesten und medial breit gestreuten Behauptung von RKI-Chef Wieler, die „Belastung der Intensivstationen habe einen Höchststand in der gesamten Pandemie" erreicht, eine gute Gelegenheit.

Wielers Aussage war frei erfunden und widersprach seinen eigenen Daten eklatant, da die Belegung der Intensivstationen insgesamt niedrig und für den Spätherbst sogar auffällig niedrig war. Um einem dagegen gerichteten Tweet zum Erfolg zu verhelfen, musste ich mir freilich etwas Mühe geben: In die offizielle DIVI-Grafik zeichnete ich die aus der Datenbank abgerufenen Belegungszahlen ein, weil der niedrige Krankenstand, der Wielers Aussage, widerlegte, mit bloßem Auge nicht leicht erkennbar war.

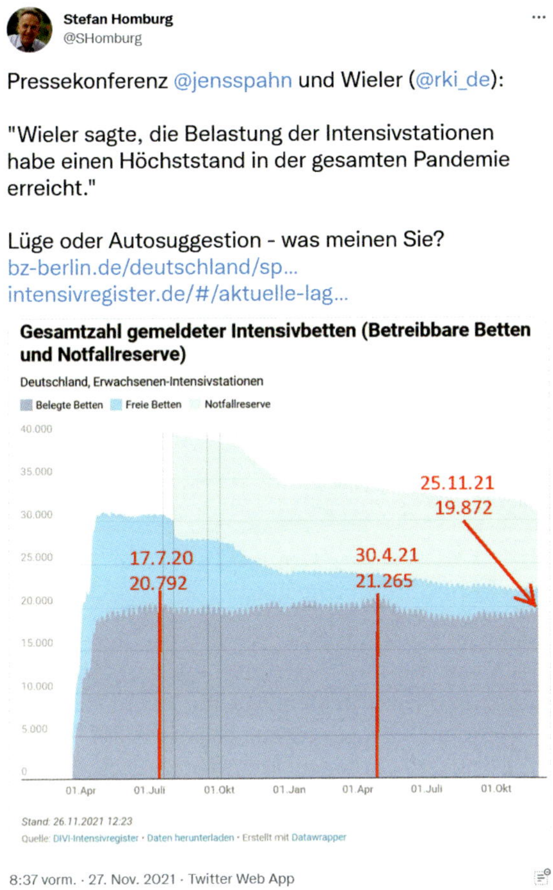

https://twitter.com/SHomburg/status/1464498702735888388

Der Tiefpunkt

Das Novemberende 2021 markierte zweifellos den Tiefpunkt der Coronakrise. Plötzlich motivierten Politiker einen erneuten Lockdown nicht mehr mit medizinischen (Schein-) Argumenten, sondern setzten diese Option offen zur Impferpressung ein, nach dem Motto: Entweder stimmt ihr einer Impfung zu, oder wir machen euch den Laden dicht. Dieselben Personen, die noch im September während des Bundestagswahlkampfs unisono verkündet hatten, sie seien entschieden gegen eine allgemeine Impfpflicht, bezeichneten diese nun als unabdingbar:

https://twitter.com/SHomburg/status/1465264529089208323

Als neuer Bundeskanzler hatte Olaf Scholz kraft seiner Richtlinienkompetenz die Chance, sich von der Lockdownpolitik seiner Vorgängerin abzusetzen, die einen durchaus unrühmlichen Abgang erlebt hatte. Scholz nutzte die Chance nicht. Vielmehr setzte er einen „Expertenrat“ aus NoCovid-Fundamentalisten ein, mit dem Virologen Hendrik Streeck als Feigenblatt, der in Einzelinterviews weiterhin gemäßigt auftrat, aber lange Zeit die einstimmig verabschiedeten Lockdownpapiere des „Expertenrats“ mittrug.

Darüber hinaus militarisierte Scholz die Lage in zweifacher Hinsicht, indem er einen Bundeswehrgeneral an die Spitze der Krisenbekämpfung setzte und insinuierte, die angeblich unzähligen Schwerkranken seien nur noch mit Hilfe des ITS-Airbus der Bundeswehr transportierbar.

Dass sich ein solches Flugzeug kaum eignet, Intensivpatienten in einer Verlegesituation von A nach B zu transportieren, da es nicht auf jedem Provinzflughafen landen kann, fiel den Kommentatoren nicht auf. Vor allem aber gaben die offiziellen Zahlen nichts her, was einen Bundeswehreinsatz gerechtfertigt hätte, denn sowohl die Gesamtbelegung der Intensivstationen als auch die Zahl der dort liegenden Coronapatienten war geringer als im vorangegangenen Winter. Es ging allein um Psychologie, und das sollte eine Melange aus DIVI-Grafik und einem Flugzeugbild zeigen, die ich am Computer herstellte.

Stefan Homburg
@SHomburg

Nanu, plötzlich kommt die Bundeswehr! In den früheren, höheren Wellen wurde sie nicht gebraucht.

Mit Militär-Symbolik und #Omicron wird die Angst erneut geschürt. 1/3

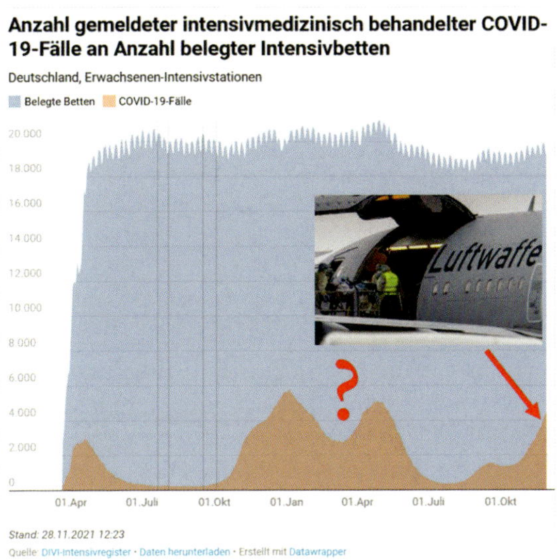

2:46 nachm. · 29. Nov. 2021 · Twitter Web App

https://twitter.com/SHomburg/status/1465316158064795662

Die propagandistische Absicht, die hinter dem vermeintlich notwendigen Flugzeugeinsatz steckte, wird auch dadurch belegt, dass sich der ITS-Airbus der Bundeswehr nur in genau einer Woche in die Lüfte erhob. Es war die Woche der Entscheidungen, mit neuen Maßnahmen und dem lang erwarteten Beschluss des Bundesverfassungsgerichts zu Ausgangssperren und Schulschließungen. Dazu gleich mehr.

Zunächst aber ein Schwenk von Deutschland, das in einem wahren Propagandasumpf versank, nach Großbritannien, das seinen #FreedomDay längst hinter sich hatte und mit der Aufarbeitung der Coronakrise begann. Auf der Insel hatte ein spezielles Gremium dafür gesorgt, die Bevölkerung in Angst und Schrecken zu halten. In bemerkenswerter Selbstkritik bezeichneten die Mitglieder des Gremiums ihre früheren Empfehlungen nunmehr als „unethisch" und „totalitär" und entschuldigten sich dafür. In Deutschland ist bisher nichts vergleichbares geschehen.

Stefan Homburg
@SHomburg

Britische Wissenschaftler zur Coronakrise:

Es war "unethisch" und "totalitär", dass wir Menschen durch Angsteinflößung gesteuert haben.

Von unserem "Ethikrat" und der #Leopoldina habe ich noch keine vergleichbar klaren Worte gehört; die machen vielmehr munter weiter.

> **Tim Röhn** @Tim_Roehn · 29. Nov. 2021
> I am not surprised.
>
> "Scientists on a committee that encouraged the use of fear to control people's behaviour during the Covid pandemic have admitted its work was "unethical" and "totalitarian"."
>
> telegraph.co.uk/news/2021/05/1...

8:01 nachm. · 29. Nov. 2021 · Twitter Web App

https://twitter.com/SHomburg/status/1465395613609172999

Die Militarisierung der Coronapolitik durch Ernennung eines Generalmajors zum Chef des Krisenstabs und den scheinbaren Einsatz des ITS-Airbus kam durchaus nicht zufällig, sondern war wohlarrangierte Begleitmusik zum lange erwarteten Urteil des Bundesverfassungsgerichts, das in derselben Woche alle Einwendungen abschmetterte.

Stefan Homburg
@SHomburg

BREAKING NEWS

#Bundesverfassungsgericht hält bundesweite Ausgangssperre bei "Inzidenz" 100 für gerechtfertigt, und zwar einstimmig.

Da kann man sich leicht vorstellen, was bei "Inzidenz" 400 alles so gehen mag. Grundgesetz ade!
bundesverfassungsgericht.de/SharedDocs/Ent...

9:36 vorm. · 30. Nov. 2021 · Twitter Web App

https://twitter.com/SHomburg/status/1465600722066673665

Bei gerichtlichen Entscheidungen, zumal des Bundesverfassungsgerichts, ist die Begründung oft wichtiger als der Tenor, da sie erahnen lässt, in welche Richtung die Rechtsprechung fortentwickelt wird. Die vorliegende Begründung war unterirdisch. Im Rechtsstaat dürfen Grundrechte zwar durch Gesetz beschränkt werden, doch muss die Beschränkung einen legitimen Zweck verfolgen und geeignet, erforderlich sowie verhältnismäßig im engeren Sinn sein. Die Prüfung, ob diese Bedingungen erfüllt sind, ist Kernstück vieler Entscheidungen des Bundesverfassungsgerichts, wurde im konkreten Fall aber faktisch umgangen: Maßnahmen wie die Ausgangssperren sollten nach Ansicht des Gerichts keineswegs eine konkrete gesundheitliche Gefährdung voraussetzen, die fraglos ein legitimes Ziel dargestellt hätte. Nein, als Rechtfertigung reichten Prognosen des RKI, und zwar ohne Rücksicht darauf, dass diese Prognosen bislang regelmäßig grotesk übertrieben gewesen waren.

Da es sich beim RKI um eine weisungsgebundene Bundesoberbehörde handelt, die dem Bundesgesundheitsminister direkt unterstellt ist und dessen Befehlen gehorchen muss, verschaffte das Verfassungsgericht der Regierung die Möglichkeit zur Selbstlegitimation. Diese ganz und gar befremdliche Entscheidung, die den Rechtsstaat in einem zentralen Punkt aushebelte, indem sie subjektive Einschätzungen einer unabhängigen Nachprüfung entzog, hatte ich in ein bewusst schwarz gehaltenes Poster gekleidet.

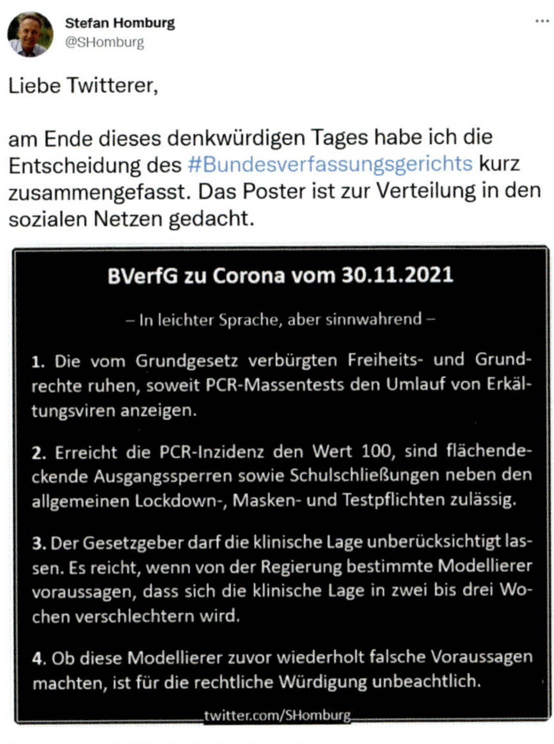

Stefan Homburg
@SHomburg

Liebe Twitterer,

am Ende dieses denkwürdigen Tages habe ich die Entscheidung des #Bundesverfassungsgerichts kurz zusammengefasst. Das Poster ist zur Verteilung in den sozialen Netzen gedacht.

BVerfG zu Corona vom 30.11.2021

– In leichter Sprache, aber sinnwahrend –

1. Die vom Grundgesetz verbürgten Freiheits- und Grundrechte ruhen, soweit PCR-Massentests den Umlauf von Erkältungsviren anzeigen.

2. Erreicht die PCR-Inzidenz den Wert 100, sind flächendeckende Ausgangssperren sowie Schulschließungen neben den allgemeinen Lockdown-, Masken- und Testpflichten zulässig.

3. Der Gesetzgeber darf die klinische Lage unberücksichtigt lassen. Es reicht, wenn von der Regierung bestimmte Modellierer voraussagen, dass sich die klinische Lage in zwei bis drei Wochen verschlechtern wird.

4. Ob diese Modellierer zuvor wiederholt falsche Voraussagen machten, ist für die rechtliche Würdigung unbeachtlich.

twitter.com/SHomburg

8:03 nachm. · 30. Nov. 2021 · Twitter Web App

https://twitter.com/SHomburg/status/1465758418111799310

Im In- und Ausland hatte man inzwischen erkannt, dass die Coronaimpfstoffe, wenn überhaupt, nur vorübergehend Schutz boten. Entsprechend verkürzte Großbritannien das Impfintervall auf drei Monate, wobei man aber beachten muss, dass dort weder ein expliziter Impfzwang geplant war noch ein impliziter durch 2G/3G praktiziert wurde. Die Meldung war gleichwohl wichtig, weil sie das Versprechen der deutschen Politik, es sei mit drei Impfungen getan, entlarvte. Im Weiteren sprach ich daher, etwas lax zwar, doch vor allem aus Vorsichtsgründen, von einem Zwangsabo und charakterisierte damit die geplante Pflicht zur turnusmäßigen Nachimpfung auf unbestimmte Zeit.

Stefan Homburg
@SHomburg

UK VERKÜRZT BOOSTER-TAKT AUF 3 MONATE!

Allerdings gibt es auf der Insel wenige "Maßnahmen", und man setzt dort auf Freiwilligkeit statt Zwang.

Scholz fängt jetzt erst einmal mit 6 Monaten an, aber die 3 Monate werden wahrscheinlich bald folgen.
nzz.ch/international/...

7:37 nachm. · 1. Dez. 2021 · Twitter Web App

https://twitter.com/SHomburg/status/1466114315648393219

In seiner berühmt-berüchtigten Rede zur Lockdown- und Impfpolitik der neuen Ampelregierung hatte Bundeskanzler Olaf Scholz neben Spanien vor allem Portugal als Vorbild gepriesen, das seine sagenhafte Impfquote von 98 Prozent der Erwachsenen unter dem Oberbefehl eines Generals erreicht hatte. Hierauf bezugnehmend hatte Scholz vollmundig angekündigt, es gebe für seine Regierung bei der Durchsetzung von Maßnahmen „keine roten Linien". Kurz nach seiner Rede ging Portugal erneut in den Lockdown. Hierüber gab es Berichte in den MSM, aber keine Leitartikel, die den Finger in die Wunde legten und aufzeigten, dass Massenimpfungen keineswegs aus der „Pandemie" herausführten.

Stefan Homburg
@SHomburg

Portugal geht wieder in den Lockdown, natürlich wegen "steigender Fallzahlen". An den Ungeimpften kann es nicht liegen, die gibt es kaum.

Wann wird der Mehrheit endlich ein Licht aufgehen?

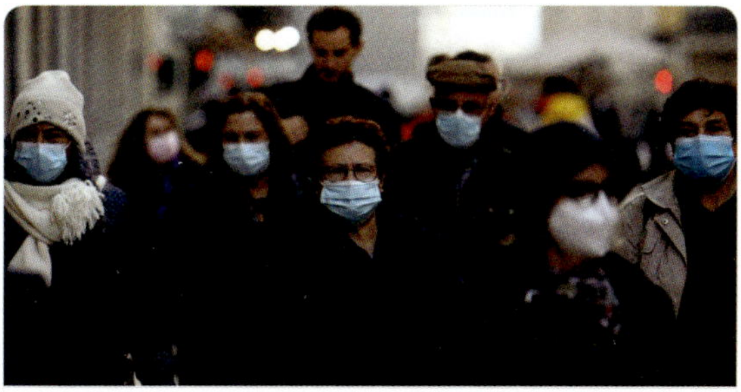

rnd.de
Notfallzustand in Portugal sorgt für schärfere Corona-Maßnahmen
In Portugal gilt wegen steigender Corona-Zahlen wieder der Notfallzustand mit neuen Beschränkungen und Testregeln. Dazu wurde am Mittwoch zum zweiten ...

10:14 nachm. · 1. Dez. 2021 · Twitter for Android

https://twitter.com/SHomburg/status/1466153821244203026

Ein so schwerer Eingriff in die körperliche Unversehrtheit wie die Impfpflicht ist im Rahmen unserer freiheitlich-demokratischen Grundordnung eigentlich nur bei sehr hoher Pathogenität und nachgewiesenem Fremdschutz legitim.

Beide Bedingungen waren vorliegend nicht erfüllt. Fast alle Fachleute erkannten inzwischen an, dass Corona und Influenza vergleichbar gefährlich waren. Und ein Fremdschutz war weder von den Pharmakonzernen behauptet worden, noch zeigte er sich in den Daten. Die qualitativ hochwertigen UK-Daten legten sogar eher eine Fremdgefährdung nahe, weil doppelt Geimpfte und später auch Geboosterte höhere Ansteckungsraten aufwiesen als Ungeimpfte. Ein weiteres juristisches Poster sollte darauf hinweisen, dass die Coronaimpfpflicht in früheren Jahren, mit einem rechtsstaatlich gesonnenen Bundesverfassungsgericht, eine bloße Gespensterdiskussion gewesen wäre, ohne jede Chance auf Verwirklichung.

Stefan Homburg
@SHomburg

#Impfpflicht und #Impfzwang trenden weiter. Ich habe hierzu ein Poster zwecks Verteilung in den sozialen Netzen gemacht, das für allem für Jüngere interessant und neuartig sein könnte. 1/2

Impfpflicht und Grundgesetz

1. Die Mütter und Väter des Grundgesetzes stellten Individualrechte über Kollektivinteressen. Dies geschah in bewusster Abgrenzung von Faschismus und Kommunismus.

2. Im Faschismus und Kommunismus haben Interessen des Kollektivs („Volk" bzw. „Arbeiterklasse") Vorrang, und für die Verletzung individueller Rechte gibt es keine roten Linien.

3. Die Impfentscheidung ist eine Gewissensentscheidung. Dabei kommt es aber nicht auf das Gewissen von Politikern an, die auf aktuelle Umfragen schielen.

4. Sondern es ist allein Sache des Individuums, über Eingriffe in seinen Körper zu entscheiden – eine Impfpflicht ist mit dem Grundgesetz unvereinbar!

twitter.com/SHomburg

11:26 vorm. · 3. Dez. 2021 · Twitter Web App

https://twitter.com/SHomburg/status/1466715579457458176

Kraft und Gegenkraft

Allmählich machte sich Unmut auch und gerade unter den sogenannten vollständig Geschützten breit, nachdem sie merkten, wie sie verschaukelt worden waren. Überall war von Impfversagen zu lesen, Israels und Portugals Fallzahlen sprachen Bände, und die versprochenen Privilegien und Freiheiten wurden seitens der Politik schrittweise einkassiert.

Das neue System mit der Bezeichnung 2GPlus bedeutete, dass auch Geimpfte einen aktuellen Test vorweisen mussten, wenn sie bestimmte Veranstaltungen wie etwa Theater- und Opernaufführungen oder Fußballspiele besuchen wollten. Maskenpflichtig waren sie ohnehin von Anfang an. Das hatten sich die meisten sicher anders vorgestellt. Zu allem Überfluss kündigte Gesundheitsminister Lauterbach an, dass Impfstoff knapp zu werden drohe, da Nachschub fehle.

Stefan Homburg
@SHomburg

Ich kann die Wut der "vollständig Geschützten" verstehen. Sie wurden als Versuchskaninchen missbraucht und mit Fakezahlen und Freiheitsversprechen betrogen.

Nun werden sie gegenüber den Geboosterten diskriminiert und stehen im Regen. Das bleibt vorerst, denn Nachschub fehlt ja.

4:31 nachm. · 4. Dez. 2021 · Twitter Web App

https://twitter.com/SHomburg/status/1467154694502035458

Der SPIEGEL titelte „Triage. Das grausame Dilemma der Ärzte" und suggerierte damit eine objektiv nicht bestehende Überlastungssituation. Innerhalb der ausführlichen Titelgeschichte las man nicht ein Wort von aktuell Sterbenden, die nicht versorgt werden konnten. Der Text handelte vielmehr ausschließlich von rein hypothetischen Möglichkeiten. Damit war auch journalistisch ein Tiefpunkt erreicht.

Es versteht sich zwar von selbst, dass Medien bei der Darstellung von Gefahren oft übertreiben, da dies den Absatz fördert (*bad news make good copy*). Die zweijährige Panikschürung im SPIEGEL ging jedoch so weit über das übliche Maß hinaus, dass man nur einen Zusammenhang mit den vielen Millionen Euro vermuten konnte, den das Blatt wiederholt von Gates erhalten hat[44]. Denn es war schwer vorstellbar, dass die Redakteure niemals einen Blick auf das DIVI-Intensivregister warfen, das eine leicht sinkende Belegung der Intensivstationen dokumentierte.

Stefan Homburg
@SHomburg

Laut @derspiegel drohen auf den Intensivstationen Probleme, natürlich erst "in zwei bis drei Wochen". Wie seit knapp zwei Jahren!

Tatsächlich zeigen die offiziellen DIVI-Daten eine normale ITS-Situation. Wie seit knapp zwei Jahren! 1/2

https://twitter.com/SHomburg/status/1467195347881672714

Neben manchem Unsinn und viel Musik entdeckt man auf YouTube immer wieder Kleinode:

Stefan Homburg
@SHomburg

Viele kennen "Schöne neue Welt" aus der Schule. Der großartige Autor Aldoux Huxley hat die heutige Lage exakt beschrieben:

Eine manipulative Wissenschafts-Diktatur, in der die Sklaven glücklich sind!

Bestes Kurzvideo im Netz, hier:

Von ❌ **bernie** ❌

9:18 nachm. · 4. Dez. 2021 · Twitter Web App

https://twitter.com/SHomburg/status/1467226940834783240

Im Interview beschreibt Aldous Huxley, der allseits bekannte Autor der Dystopie „Schöne neue Welt“, mit analytischer Präzision das Heraufziehen einer Wissenschaftsdiktatur, in der die Sklaven glücklich sind. Am meisten beeindruckte mich der Zeitpunkt der Aufnahme: 1958!

Ende 2021 stieg die „Inzidenz“ auf den vorläufigen Rekordwert 440. Zur Erinnerung: Im Frühjahr hatte die Bundesnotbremse nebst Schulschließungen und Ausgangssperre ab einem Wert von 100 gegriffen. Ein wichtiger Grund für den neuen Rekord bestand darin, dass man Schulkinder fast täglich mit anlasslosen Massentests behelligte, obwohl sie kaum gefährdet waren. Die zwangsläufig höheren Fallzahlen wurden allabendlich in den Nachrichten präsentiert. Mein Tweet sollte verdeutlichen, dass die extrem hohen „Inzidenzen“ in den Schulen den Durchschnitt nach oben zogen.

https://twitter.com/SHomburg/status/1467398002692272132

Aber nicht nur in der Physik erzeugt Kraft Gegenkraft, sondern auch in der Politik. Besonders in Deutschland hatte die Regierung mit dem Militarisierungskurs des Bundeskanzlers überzogen und lag das Impfdesaster auf der Hand. Das Unbehagen über die Coronapolitik betraf auch Nachbarstaaten, nicht aber Länder wie Schweden oder England. In Brüssel herrschten kriegsähnliche Zustände, und in Wien demonstrierten sage und schreibe 40.000 Menschen gegen die dort geplante allgemeine Impfpflicht.

Stefan Homburg
@SHomburg

Früher trendete Corona, jetzt #coronaprotest , weil die Regierungen mit Dauer-Lockdown und #Impfpflicht überziehen.

Kriegsähnliche Bilder aus der EU-Hauptstadt: 1/2

Von **Wisti-ti**

5:28 nachm. · 5. Dez. 2021 · Twitter Web App

https://twitter.com/SHomburg/status/1467531424601452547

Abgekapselt von der Faktenlage insinuierte Niedersachsens Ministerpräsident Stephan Weil, ohne Impfung werde es immer wieder zu Infektionswellen kommen. Von Portugal oder Gibraltar hatte er nichts mitbekommen.

Stefan Homburg
@SHomburg

Erst hieß es "Angebot für alle". Dann 70%, jetzt 90%. Diese Salamitaktik ist zu durchschaubar; auch nach dem fünften Booster wird nicht Schluss sein.

Eine Laborpandemie kann man nur politisch beenden, nämlich durch #coronaprotest der Bevölkerung!

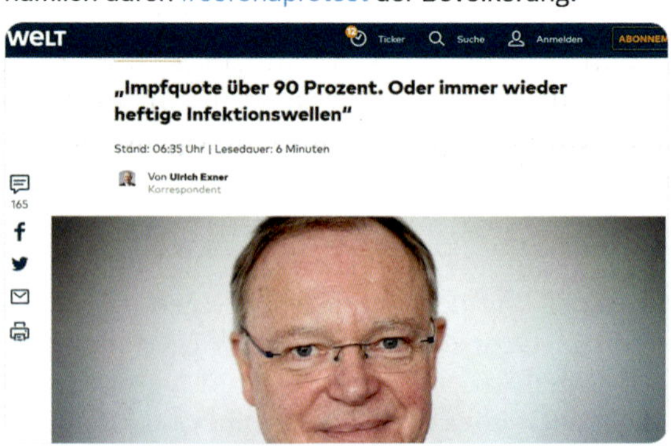
WELT Ticker Suche Anmelden ABONNEM

„Impfquote über 90 Prozent. Oder immer wieder heftige Infektionswellen"

Stand: 06:35 Uhr | Lesedauer: 6 Minuten

Von **Ulrich Exner**
Korrespondent

165

7:12 vorm. · 6. Dez. 2021 · Twitter Web App

https://twitter.com/SHomburg/status/1467738580978130944

Die internationalen Datenbanken waren seit Anfang 2020 ständig ausgebaut worden. Während sie ursprünglich nur Fallzahlen und „Coronatote" auswiesen, konnte man jetzt auch relevantere Angaben wie etwa Impfquoten oder Hospitalisierungsraten abrufen und damit so gut wie jede These der Lockdowner widerlegen.

https://twitter.com/SHomburg/status/1468128939029712897

Wegen der unzähligen Widersprüche, in die sich Politik, Behörden und Medien verstrickt hatten, nahm der Widerstand im Dezember 2021 bedeutend zu. Inzwischen blickte niemand mehr recht durch, wann und wo Demonstrationen stattfanden, dafür gab es nun eine eigene Datenbank. Das Wort „Demonstration" traf den Sachverhalt aber nicht genau, weil Demonstrationen generell verboten waren oder unmittelbar nach Beginn zerschlagen wurden, ein rechtsstaatliches Unding, das kaum jemanden kümmerte. Vielmehr handelte es sich bei den Versammlungen meist um die weiter unten beschriebenen „Spaziergänge", einen Begriff, der sich zu diesem Zeitpunkt noch nicht durchgesetzt hatte.

Stefan Homburg
@SHomburg

Wo findet die nächste Demo statt? Bisher war das angesichts der Vielzahl der Initiativen unübersichtlich, und viele ahnten nichts von einer Demo in der Nähe.

Dafür gibt es jetzt ein neues Tool! Sie können dort nachschauen oder Ihre eigene Demo eintragen: demo.terminkalender.top/pc.php

3:11 nachm. · 7. Dez. 2021 · Twitter Web App

https://twitter.com/SHomburg/status/1468221679801360390

Monatelang hatte das RKI behauptet, die Effektivität der Coronaimpfstoffe zeige sich an der Belegung der Intensivbetten. Im Deutschen Bundestag befragt, musste DIVI -Chef Gernot Marx jedoch spektakulär eingestehen, dass der Impfstatus der Patienten nur unvollständig erfasst werde. Folglich waren alle veröffentlichten Behauptungen zur Impfeffektivität Makulatur. Im Sommer hatte das RKI sogar, bis dies aufflog, Personen mit ungeklärtem Impfstatus den Ungeimpften zugeschlagen, um die Statistik zu schönen. Mehrere Bundesländer fälschten die Zahlen aber weiterhin, dazu unten mehr.

Stefan Homburg
@SHomburg

Dieses Video wird in die Geschichte eingehen: Der Chef des DIVI gesteht, dass Angaben zum Impfstatus von ITS-Patienten nicht erfasst werden.

Zugleich trommeln Politik und MSM, dort lägen fast nur Ungeimpfte. Eine unbegreifliche Propaganda!

youtube.com
Experten gestehen: Corona-Politik ohne Sinn und Verstand
Anhörung des Deutschen Bundestages zur geplanten Änderung des Infektionsschutzgesetzes IfSG.Für die AfD-...

10:07 vorm. · 8. Dez. 2021 · Twitter Web App

https://twitter.com/SHomburg/status/1468507544813510656

Seit Beginn der Coronakrise gehörte die Frage, ob das neue Virus mit einer Influenza vergleichbar oder sehr viel gefährlicher sei, zu den umstrittensten überhaupt. Daher startete ich erneut ein Quiz und fragte, wer die besagte Vergleichbarkeit von Corona und Influenza denn konkret behaupte. Die richtige Lösung lautete: Wissenschaftliche Mitarbeiter des RKI. Ohne Quellenangabe wäre das nur eine Behauptung gewesen, aber der Literaturverweis war dabei, ergänzt um Konter gegen zwei absehbare Einwände, nämlich erstens einen Hinweis auf Langzeitwirkungen der bekannten Grippe, zweitens die immer und immer wiederholte Erinnerung, dass die Daten von masken- und lockdownfreien Ländern wie Schweden den deutschen ähnelten.

Stefan Homburg
@SHomburg

LÖSUNG MEINES QUIZ

RKI-Mitarbeiter war richtig! "Corona wie Grippe"
aerzteblatt.de/medizin/origin...

Gassenhauer 1 "Long Covid": Lesen Sie mal über "Long Influenza": medica.de/de/News/Archiv...

Gassenhauer 2 "Aber die Maßnahmen": Es war in Schweden ohne Maske und Lockdown so wie hier. 1/2

medica.de
Grippe mit Langzeitfolgen
Wer schon einmal eine Grippe hatte, weiß, wie sehr das Denkvermögen im akuten Stadium leidet. Doch das Gehirn ...

7:54 nachm. · 9. Dez. 2021 · Twitter Web App

https://twitter.com/SHomburg/status/1469017515011543047

Der Umgang mit den Kindern gehörte aus meiner Sicht weiterhin zu den schrecklichsten Facetten der Coronakrise:

Stefan Homburg
@SHomburg

Nach dem Tod eines 12jährigen impft Cuxhaven nur noch gesunde Kinder.

STIKO empfiehlt heute Impfung nur für vorerkrankte Kinder.

Da fehlen mir einfach die Worte ...
Credit: @fight4f_5

NDR, hallo Niedersachsen, 05.11.2021

Nach Todesfall: Kreis Cuxhaven impft nur noch gesunde Schüler

Stand: 05.11.2021 14:01 Uhr

Nach dem Tod eines Zwölfjährigen nach seiner zweiten Corona-Impfdosis steht das endgültige Obduktionsergebnis weiter aus. Der Landkreis Cuxhaven zieht unterdessen erste Konsequenzen.

In den Schulen im Kreisgebiet sollen ab sofort nur noch Kinder ohne bekannte Vorerkrankungen geimpft werden. Alle anderen

WELT, 09.12.2021

WISSENSCHAFT FÜR FÜNF- BIS ELFJÄHRIGE

Stiko empfiehlt Corona-Impfung für Kinder mit Vorerkrankungen

Die Ständige Impfkommission (Stiko) will die Corona-Impfung Kindern von fünf bis elf Jahren mit Vorerkrankungen und Kontakt zu Risikopatienten empfehlen.

10:19 nachm. · 9. Dez. 2021 · Twitter for Android

https://twitter.com/SHomburg/status/1469054002839105549

Während archaische Gesellschaften bisweilen Alte opfern, um Junge zu retten, brachte Deutschland gleichsam Kinderopfer dar, und zwar mangels

Fremdschutzes ohne Sinn und Zweck. Es wurde einfach drauflos geimpft, und das Behördenverhalten ließ jede Konsistenz vermissen.

Infolge des verbreiteten Impfversagens und der näher rückenden Impfpflicht änderte sich die Einstellung der Bevölkerung zur Impfung, die ursprünglich als Chance wahrgenommen worden war und nun eher als Drohung wirkte. Impfbusse mussten unter Polizeischutz gestellt werden, und Impfärzte, insbesondere Kinderimpfärzte, behaupteten, um ihr Leben zu fürchten.

Stefan Homburg
@SHomburg

Als die Leute im Sommer noch den Slogan "wirksam und sicher" glaubten, gab es La Ola Wellen am Bus.

Inzwischen braucht der Bus laut FOCUS Polizeischutz. Hintergrund in Teil 2 und Teil 3. -->

Politik Finanzen Perspektiven Wissen Gesundheit Kultur Panorama Sport Dig

Nachrichten > Gesundheit > News > Frust am Impfbus: „Es wurde gepöbelt, gebrüllt – dann ist das Ganze eskaliert"

Aggressionen in der Warteschlange

Frust am Impfbus: „Es wurde gepöbelt, gebrüllt – und dann ist das Ganze eskaliert"

Teilen Pocket

Der Impfbus der Malteser im Kreis Esslingen Malteser

Freitag, 10.12.2021, 16:30

Im Sommer gab es Laola-Wellen, wenn der Impfbus vorfuhr. Jetzt gibt es vermehrt Polizeischutz. Marc Lippe, Geschäftsführer der Malteser

5:17 nachm. · 11. Dez. 2021 · Twitter Web App

https://twitter.com/SHomburg/status/1469702844504850435

Schon im April 2020 hatte eine junge Physikergruppe um Viola Priesemann einen Artikel bei der Zeitschrift „Science" eingereicht und untergebracht, der die Richtigkeit des deutschen Lockdowns beweisen sollte. Der Erstautor Jonas Dehning hatte erst wenige Monate zuvor sein Masterexamen bestanden, das Team war nicht in Epidemiologie ausgewiesen. Unter normalen Umständen wäre ein derartiger Artikel von der Topzeitschrift „Science" nie in Betracht gezogen worden, doch waren die Umstände eben alles andere als normal, und die wissenschaftliche Gemeinschaft begrüßte jeden Beitrag zur Legitimation von Maßnahmen, die sie selbst bis März 2020 niemals gutgeheißen oder gar empfohlen hatte. Nach Ansicht von Christof Kuhbandner, Stefan Hockertz, Harald Walach und mir handelte es sich bei dem als Dehning et al. (2020) zitierten Aufsatz um ausgesprochene Fake Science, und viele andere Wissenschaftler, die sich auf den Internetseiten der Fachzeitschrift äußerten, sahen das ebenso. „Science" fertigte indes alle Einwände per *desk reject* ab, also ohne Gutachterverfahren, und auch andere Zeitschriften zeigten sich höchst reserviert; eine von ihnen wies unseren Beitrag nach Eingang ausschließlich positiver Gutachten ohne nachvollziehbare Begründung zurück. Schließlich gelang es, die Kritik nach erfolgreicher anonymer Begutachtung in der Zeitschrift „Futures" aus dem Verlag Elsevier unterzubringen. Zur Widerlegung der Falschbehauptungen von Dehning et al. (2020) verwendeten wir übrigens deren eigene Daten.

https://twitter.com/SHomburg/status/1469732043361820681

Wissenschaftliche Ergebnisse teilte ich eigentlich nur, wenn sie nach erfolgreicher Begutachtung (*peer-review*) in anerkannten Fachzeitschriften erschienen waren. Eine Ausnahme war bei diesem bahnbrechenden Preprint aus der Feder von Mitgliedern des amerikanischen CDC geboten. Deren Studie an Gefängnisinsassen bewies, dass Geimpfte genauso ansteckend waren wie Ungeimpfte. Jeder funktionierende Rechtsstaat hätte die gleichheitswidrigen 2G-/3G-Regeln spätestens jetzt aufgehoben.

Die Fähigkeit oder Bereitschaft, englischsprachige Texte zu lesen, ist auf Twitter übrigens erstaunlich gering; das hatte ich anders erwartet. Aufgrund dessen twitterte ich im Zeitablauf immer seltener in englischer Sprache und übersetzte englische Passagen, wenn das dem Verständnis förderlich war. Die vollständigen Texte solcher Tweets sind nach Öffnung des Links und Vergrößerung der Grafik sichtbar.

Stefan Homburg
@SHomburg

BREAKING

Eine US-Studie von CDC-Beamten an Gefängnisinsassen findet heraus: Geimpfte sind nicht weniger ansteckend als Ungeimpfte.

Ein durchschlagendes Argument #GegenImpfpflicht , das auch dem Kanzler der Ungeimpften @OlafScholz einleuchten sollte.
medrxiv.org/content/10.110...

clusions: As this field continues to develop, clinic
public health practitioners should consider vaccin
ons who become infected with SARS-CoV-2 to b
infectious than unvaccinated persons.

ussfolgerungen: Kliniker und Sozialmediziner so
npfte, die sich mit SARS-CoV-2 infizieren, nicht als
r ansteckend im Vergleich zu Ungeimpften ansehe

10:23 vorm. · 13. Dez. 2021 · Twitter Web App

https://twitter.com/SHomburg/status/1470323444948643840

Spaziergänge

In Reaktion auf die endlosen Demonstrationsverbote entstanden – zunächst übrigens im innovativen Osten Deutschlands – die „Spaziergänge". Anders als Demonstrationen meldete man einen Spaziergang nicht an, sondern verabredete sich über Telegram- oder Emailgruppen und ähnliche Kommunikationsmittel. Am Treffpunkt ging man gemeinsam los, und zwar ohne die üblichen Demo-Insignien wie Plakate und Flaggen und meist auch ohne formelle Redner. In der Vorweihnachtszeit stellten die Teilnehmer rote und weiße Kerzen auf, die Geimpfte und Ungeimpfte symbolisieren und deren Verbundenheit betonen sollten. Den meisten war ohnehin klar: Rechtlich waren die Geimpften von heute die Ungeimpften von morgen; die Politik wollte das Dauerabo.

Stefan Homburg
@SHomburg

Gestern versammelten sich in Hannover 400 Menschen friedlich mit Kerzen in der Hand, rote für Geimpfte und weiße für Ungeimpfte, um sich solidarisch zu erklären und gemeinsam gegen Impfpflicht, Lockdown und Unfreiheit zu protestieren.

Eine tolle Aktion!

Hannoversche Allgemeine

21:20 Uhr / 12.12.2021

Ruhig, ohne Transparente – und mit Kerzen in der Hand: Rund 400 Personen haben sich am Sonntagabend auf dem NDR-Parkplatz in Hannover versammelt und gegen eine mögliche Impfpflicht demonstriert.

Impfgegner fühlen sich diffamiert

„Wir stehen hier, um unsere Gemeinsamkeit auszudrücken", sagte eine Teilnehmerin. Sie sei gegen eine Impfpflicht. „Hass und Ausgrenzung sind gerade ein großes Thema in der Gesellschaft", findet sie. Wer sich nicht gegen das Coronavirus impfen lasse, werde von der Mehrheit ausgegrenzt. Andere Teilnehmer behaupten, dass die Immunisierung gegen das Coronavirus nicht wirken würde. Und wer sich traue, dies öffentlich zu sagen, werde als rechtsradikal diffamiert.

Auch ein mittelaltes Paar steht auf dem NDR-Parkplatz. „Ich habe dieses Land geliebt, weil man hier seine Meinung sagen durfte", klagt der Mann. Das sei nun vorbei. Seinen Namen will der Mann nicht nennen, weil er Angst vor Konsequenzen habe.

5:02 nachm. · 13. Dez. 2021 · Twitter Web App

https://twitter.com/SHomburg/status/1470423865314660366

Überall erschienen wie aus dem Nichts neue Protestbewegungen, in meiner Gegend die zu Unrecht als rechtsradikal diffamierten „Freien Niedersachsen", die Spaziergänge ankündigten und Videos davon ins Netz stellten. Eine Besonderheit lag darin, dass sich diese Versammlungen nicht auf Städte beschränkten wie zuvor die großen Demonstrationen, sondern praktisch überall stattfanden. Das stellte die Polizei, die auch die Spaziergänge verhindern sollte und darüber nicht immer glücklich war, vor große Herausforderungen; die Mannschaften wurden in der Provinz gebunden. Aber auch die Berichterstattung, früher in Form von Zeitungsartikeln über Großereignisse, musste sich dem neuen Modus anpassen. In den sozialen Medien erschienen nun Videos aus jedem noch so kleinen Ort.

Stefan Homburg
@SHomburg

Das hätte ich nie für möglich gehalten!

Hier finden Sie Demodokus von gestern aus -zig niedersächsischen Groß- und Kleinstädten. In anderen Bundesländern war es ähnlich - machen Sie mit, statt sich zu ärgern!

Kompakt auf Telegram: t.me/frei_sein_nied...

Freie Niedersachsen @Frei_sein_NI · 14. Dez. 2021
📍 Braunschweig, 13.12.2021:

Hier noch einmal Bilder vom kompletten Zug aus #Braunschweig.

„Denn ihr Menschen aus #Niedersachsen, vergesst es nicht!
Ihr seid "#FreieNiedersachsen" und diese #Freiheit holen wir uns alle zusammen friedlich zurück!"

9:11 vorm. · 14. Dez. 2021 · Twitter Web App

https://twitter.com/SHomburg/status/1470667675873517569

Die neue Graswurzelbewegung, die immer mehr Zulauf von Neulingen erhielt, war so interessant, dass ich ein Poster mit Tipps ins Netz stellte. Die meisten Hinweise hatte ich irgendwo abgeguckt, da meine einzige Demonstrationserfahrung vor Corona schon vierzig Jahre zurücklag. Und ich lernte fortlaufend hinzu: Durch Mitnehmen einer Einkaufstasche, einen Kleineinkauf sowie die Aufbewahrung der Quittung konnte man gegenüber der Polizei beweisen, dass man nicht zu den bösen Spaziergängern gehörte, sondern zu den guten Passanten, von denen keine Infektionsgefahr ausging und die deshalb auf der Straße auch nicht dem Maskenzwang unterlagen. Letzterer galt nur im Fall einer Versammlung und diente als Hebel, diese aufzulösen.

Stefan Homburg
@SHomburg

Weil ich immer wieder gefragt werde: Hier finden Sie Orte und Zeiten der nächsten Demotermine. Speichern Sie den Link!

demo.terminkalender.top/pc.php

Und hier noch ein Leitfaden für alle, die neu dabei sind oder sich noch gar nicht getraut haben:

Kleiner Demoleitfaden

1. Auf den Grundrechtedemos sind Sie von vielen netten und normalen Menschen aus allen Bevölkerungsschichten umgeben. Das empfinden viele wie einen Jungbrunnen.

2. Daneben gibt es vier Gruppen staatlicher Akteure, die man nicht alle auf den ersten Blick erkennt.

2.1 Polizisten.

2.2 Staatsfernsehen sowie Fascho-Fotografen, die Sie durch illegale Aufnahmen aus nächster Nähe einschüchtern wollen.

2.3 Antifanten.

2.4 Pseudo-Demonstranten mit komischen Flaggen und inakzeptablen Äußerungen („agents provocateurs"). Sie können sich leicht von ihnen fernhalten, da die agents ihre Standorte mit dem Staatsfernsehen abgesprechen. So entstehen Aufnahmen für die Tagesschau, die das Geschehen vollkommen verzerren.

3. Die Alternative zur Demo besteht darin, auf der Couch sitzen zu bleiben und über die schlechte Welt zu klagen.

twitter.com/SHomburg

7:02 nachm. · 14. Dez. 2021 · Twitter Web App

https://twitter.com/SHomburg/status/1470816496129609730

Nachdem sich alle amtlichen Schreckensprognosen zur Vorweihnachtszeit erneut als Fehlschlag erwiesen hatten, erinnerte ich mittels der bekannten DIVI-Grafik daran, dass keine einzige der vier Coronawellen überhaupt klinische Spuren hinterlassen hatte. Das zeigten die in den folgenden Tweet eingebauten roten Pfeile ganz klar. Massenhafte Verschiebungen von Operationen konnten die gleichmäßige Belegung keineswegs erklären, da Intensivstationen sehr profitabel sind und die Kliniken nicht Kapazitäten abgebaut hätten, wenn sie regelmäßig überlastet gewesen wären. Ein schleichender Kapazitätsabbau ist in der Grafik aber gut sichtbar.

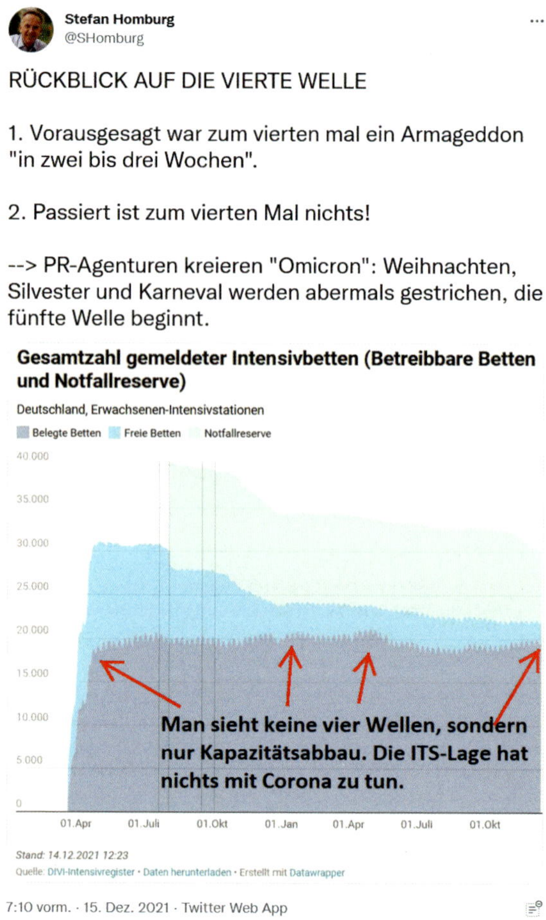

https://twitter.com/SHomburg/status/1470999792008548352

Gleich nach dem ersten Lockdown im Frühjahr 2020 hatte sich bundesweit ein schwer überblickbares und sehr dynamisches Geflecht von Protestinitiativen gebildet. Neben MWGFD, „Ärzte für Aufklärung", „Anwälte für Aufklärung", „Lehrer stehen auf", „Eltern stehen auf" sowie unzähligen weiteren Initiativen war das „Netzwerk Kritische Richter und Staatsanwälte" entstanden, das mich um Unterstützung bat. Diese Juristen präsentierten zehn überzeugende Gründe gegen eine Impfpflicht, darunter den fehlenden Fremdschutz und die seit zwei Jahren rückläufige Krankenhausbelegung.

Stefan Homburg
@SHomburg

Das "Netzwerk Kritische Richter und Staatsanwälte" präsentiert 10 Gründe gegen die #Impfpflicht :

Kein Schutz vor Ansteckung und Weitergabe, rückläufige Klinikbelegung in 2020, viele "vollständig Geschützte" auf ITS, letztere niemals überlastet...

Bravo!

netzwerkkrista.de
10 Gründe gegen die Impfpflicht
1. Die COVID-19-Impfung schützt ausweislich der offiziellen Angaben der Zulassungsbehörde EMA nicht vor Infektion un...

4:36 nachm. · 15. Dez. 2021 · Twitter Web App

https://twitter.com/SHomburg/status/1471142219990056965

Auf den Seiten der WHO dokumentierte die Datenbank VigiAccess mittlerweile 2,7 Millionen registrierte Impfnebenwirkungen.

Stefan Homburg
@SHomburg

Die Datenbank VigiAccess der WHO erfasst Verdachtsmeldungen zu Nebenwirkungen wie Tod oder schwerer Erkrankung.

Rotpunkte mögen offizielle Daten nicht. Lesen Sie trotzdem, weil es um Ihre Gesundheit geht: 1/2

transparenztest.de
WHO VigiAccess Datenbank: 2.727.041 Reports mit 6.552.626 einzelnen Impf ...
VigiAccess 12.12.: 27x mehr Nervensystem Störungen nach Covid Impfung als n. Polio, 640x mehr als n. TBC Impfung anteilsbereinigt gemeldet.

8:31 nachm. · 15. Dez. 2021 · Twitter Web App

https://twitter.com/SHomburg/status/1471201346925776904

Derartig erschreckende Nachrichten über Impfnebenwirkungen erschienen vorerst weder in den Zeitungen noch gar im Fernsehen, sondern nur auf

Twitter und in den alternativen Medien. Es schien, als ob die meisten Medien erst Mut fassten, als die Nebenwirkungen nicht mehr zu übersehen waren.

Entgegen der aparten Ansicht von Bundeskanzler Olaf Scholz, bei den Maßnahmengegnern handele es sich um eine winzige extremistische Minderheit, nahm der Widerstand vor Weihnachten richtig Fahrt auf. In Kleinstädten und Dörfern gingen Hunderte spazieren, in Großstädten wie München waren es Tausende.

https://twitter.com/SHomburg/status/1471364002852782083

Falls die Gerichte ausnahmsweise eine Maßnahme als unverhältnismäßig verwarfen, war die Begeisterung groß. Das OVG Lüneburg untersagte in Niedersachsen die Anwendung der bundesweit geltenden 2G-Regel für den Einzelhandel, die alle Ungeimpften vom Besuch der meisten Geschäfte ausschloss; sie durften nur Supermärkte, Apotheken und wenige weitere Läden betreten. Mehrere Obergerichte folgten dieser Rechtsprechung, aber keineswegs alle. Es muss wohl nicht ausdrücklich betont werden, dass sich empirisch später keine Unterschiede in den Fallzahlen zwischen Bundesländern mit und ohne 2G zeigten. Die niedersächsische Landesregierung hatte vor

Gericht keine Begründung nennen können, warum der Ausschluss Ungeimpfter vom Einkauf die Virusverbreitung mindern solle, und es gab auch tatsächlich weder eine theoretische Begründung noch empirische Anhaltspunkte dafür; die Maßnahme war blanke Willkür.

Stefan Homburg
@SHomburg

Liebe Twitterer,

dies ist neben den Demos ein Etappensieg: Die Regierung konnte nicht zeigen, wozu 2G gut sein soll.

Helfen Sie mit: Retweeten Sie oder antworten Sie #2Gmussweg : Bundesweit - auch bei Gaststätten, Sport, Kultur, Clubs - einfach überall: #2Gmussweg !

6:55 nachm. · 16. Dez. 2021 · Twitter Web App

https://twitter.com/SHomburg/status/1471539464803692546

Die internationale Nachrichtenagentur Reuters berichtete überraschend, dass weltweit Millionen Migranten ungeimpft waren, weil ihre Herkunftsländer von Pfizer & Co. nicht beliefert wurden. Interessant war die Begründung: Die Lieferungen scheiterten nicht am Geld, das aus internationalen Töpfen zur Verfügung gestellt wurde, sondern am Widerwillen von Staaten wie Afghanistan, den Herstellern eine Haftungsbefreiung zu erteilen.

Offenbar schätzten die Hersteller die Haftungsgefahren für Impfschäden als so gewaltig ein, dass sie lieber auf Milliardenumsätze verzichteten. Sie gaben damit indirekt zu, dass der Werbespruch eines wirksamen und sicheren Impfstoffs irreführte. Aber obwohl dies eine vertrauenswürdige und wichtige Meldung von Reuters war, fand sie wenig öffentliche Beachtung. Anders auf Twitter, wo mein Beitrag 200.000 Impressions erhielt und darüber hinaus natürlich auf Telegram, Facebook und weiteren Kanälen verbreitet wurde.

Stefan Homburg
@SHomburg

BREAKING NEWS

Laut Reuters werden Millionen Migranten, Flüchtlinge und Asylsuchende nicht geimpft.

Grund: Pfizer & Co. erhalten von den Herkunftsländern keinen Haftungsausschluss. Wegen des Risikos weigern sie sich, dorthin zu liefern.

Reuters @Reuters · 16. Dez. 2021
Tens of millions of migrants may be denied COVID-19 vaccines from a global program because some major manufacturers are worried about legal risks from harmful side effects, @Reuters finds reut.rs/3yKOHlv 1/7
Diesen Thread anzeigen

7:57 vorm. · 17. Dez. 2021 · Twitter Web App

https://twitter.com/SHomburg/status/1471736403457421315

Fälscher

Die Pharmakonzerne hatte allen Grund zu Selbstzweifeln und wehrten sich gemeinsam mit den Behörden entschieden, die Zulassungsdaten der Impfstoffe herauszugeben. Nachdem diese Geheimniskrämerei vor einem US-Gericht gescheitert war, sickerte durch, dass Pfizer seine Zulassungsstudie vorzeitig und gegen alle wissenschaftlichen Regeln entblindet hatte, nachdem sich die Zahlen ungünstig entwickelten. Diese Nachricht war einfach unglaublich, doch schaffte sie es nicht in die Zeitungen. Um Wirkungen und Gefahren eines neuen Impfstoffs einzuschätzen, werden Doppelblindstudien durchgeführt, bei denen zufällig ausgewählte Teilnehmer den Wirkstoff erhalten und die übrigen, die sogenannte Kontrollgruppe, ein Placebo; weder die Probanden noch die Impfärzte wissen, wer Placebos erhält. Eigentlich sollten die Impfgruppe und die Kontrollgruppe mehrere Jahre beobachtet werden, um auch später auftretende Impfschäden erkennen zu können. Pfizer verunmöglichte das, indem das Unternehmen den Mitgliedern der Kontrollgruppe ihren Status mitteilte und ihnen ein Impfangebot machte.

Stefan Homburg
@SHomburg

Pfizer und die Aufsichtsbehörde FDA wollten die Zulassungsstudie 55 Jahre lang wegschließen, doch ordnete ein Gericht stückweise Herausgabe an.

500 kanadische Mediziner haben das näher angeschaut. Aus der zentralen Seite habe ich ein Poster gemacht.
Link: skirsch.com/covid/MoreHarm...

Die Pfizer-Studie

1. Im Juli 2020 startete Pfizer eine große Studie mit über 40.000 zufällig ausgewählten Teilnehmern zu Wirkungen und Schäden des Pfizer/Biontech-Wirkstoffs. Eine Zufallsauswahl ist der Goldstandard empirischer Forschung.

2. Nachdem sich nach einigen Monaten zeigte, dass mehr Geimpfte als Ungeimpfte starben, wurde die Kontrollgruppe der Ungeimpften durch ein Impfangebot zerstört.

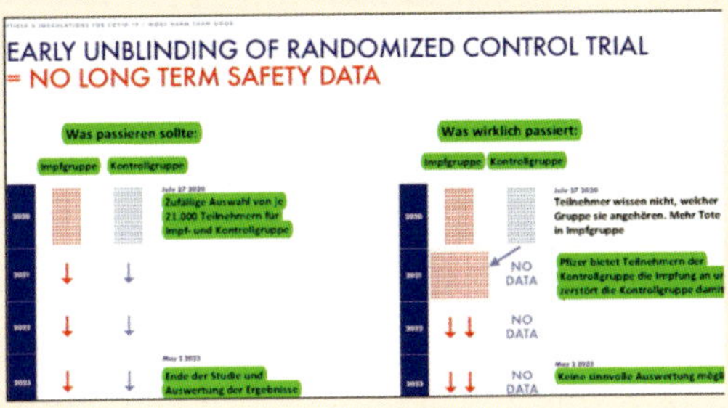

3. Ähnlich läuft es jetzt im Großmaßstab: 2G/3G und Impfpflicht zielen auf die Eliminierung der Kontrollgruppe.

4. Gesundheitsschäden und Todesfälle, die nach Wegfall der Kontrollgruppe auftauchen, lassen sich dann beliebigen Faktoren zuschreiben.

Quellennachweis bei twitter.com/SHomburg

3:30 nachm. · 17. Dez. 2021 · Twitter Web App

https://twitter.com/SHomburg/status/1471850359945584644

Gegen Ende des Jahres konnte man mit bloßem Auge erkennen, dass die Gesamtsterblichkeit im Zuge der Impfkampagne nicht gesunken, sondern gestiegen war. Dabei fiel die Zahl der „Coronatoten" nach wie vor nicht ins Gewicht; sie hatte sich von 2020 auf 2021 auch kaum verändert. Durch die inzwischen vertraute Kombination von Sterbezahlen des Statistischen Bundesamts und Angaben über die „Coronatoten" des RKI konnte man beides in einer einzigen Grafik zeigen.

Stefan Homburg
@SHomburg

HABEN BIONTECH & CO. WIRKUNGEN?

Ich meine, ja:

1. Deutlich höhere Gesamtsterblichkeit im 2. Halbjahr 2021 gegenüber dem Vorjahreszeitraum, nicht rein demografisch erklärbar.

2. Minimal mehr "Coronatote", die aber ohnehin kaum ins Gewicht fallen.

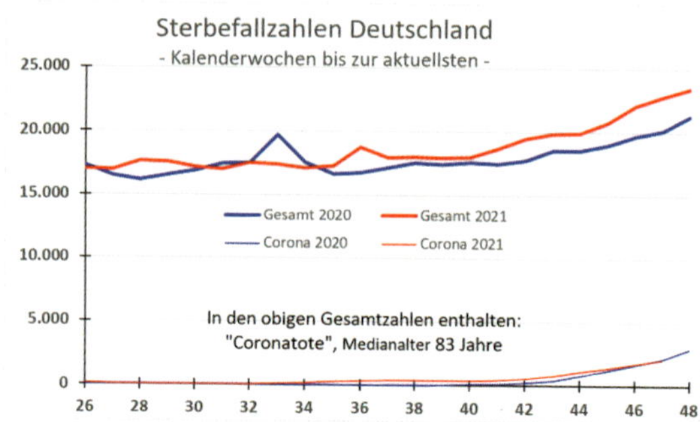

7:50 nachm. · 18. Dez. 2021 · Twitter Web App

https://twitter.com/SHomburg/status/1472277987957616641

Vor vielen Jahren hatte mir ein Spitzenpolitiker die Bedeutung des Weihnachtsfests erklärt: Dort treffen sich die Familien im großen Kreis, werden Ansichten ausgetauscht und politische Einstellungen für das kommende Jahr geprägt. Politiker setzen daher kurz vor Weihnachten Botschaften ab, die in ihrem Sinne sind, um die Meinungsbildung zu beeinflussen. Das konnte ich auch und fertigte ein Weihnachtsposter, um die Twitterer argumentativ für das Fest zu munitionieren.

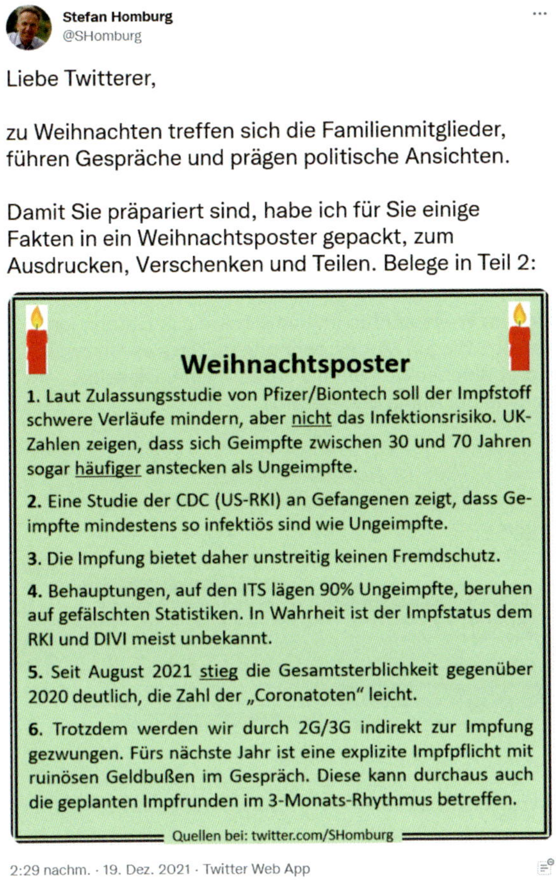
Stefan Homburg
@SHomburg

Liebe Twitterer,

zu Weihnachten treffen sich die Familienmitglieder, führen Gespräche und prägen politische Ansichten.

Damit Sie präpariert sind, habe ich für Sie einige Fakten in ein Weihnachtsposter gepackt, zum Ausdrucken, Verschenken und Teilen. Belege in Teil 2:

Weihnachtsposter

1. Laut Zulassungsstudie von Pfizer/Biontech soll der Impfstoff schwere Verläufe mindern, aber nicht das Infektionsrisiko. UK-Zahlen zeigen, dass sich Geimpfte zwischen 30 und 70 Jahren sogar häufiger anstecken als Ungeimpfte.

2. Eine Studie der CDC (US-RKI) an Gefangenen zeigt, dass Geimpfte mindestens so infektiös sind wie Ungeimpfte.

3. Die Impfung bietet daher unstreitig keinen Fremdschutz.

4. Behauptungen, auf den ITS lägen 90% Ungeimpfte, beruhen auf gefälschten Statistiken. In Wahrheit ist der Impfstatus dem RKI und DIVI meist unbekannt.

5. Seit August 2021 stieg die Gesamtsterblichkeit gegenüber 2020 deutlich, die Zahl der „Coronatoten" leicht.

6. Trotzdem werden wir durch 2G/3G indirekt zur Impfung gezwungen. Fürs nächste Jahr ist eine explizite Impfpflicht mit ruinösen Geldbußen im Gespräch. Diese kann durchaus auch die geplanten Impfrunden im 3-Monats-Rhythmus betreffen.

Quellen bei: twitter.com/SHomburg

2:29 nachm. · 19. Dez. 2021 · Twitter Web App

https://twitter.com/SHomburg/status/1472559634435264514

Unmittelbar nach Amtsantritt hatte die Ampelregierung einen „Expertenrat" eingesetzt, der fast ausschließlich aus Hardlinern bestand. Wer die Personen bestimmt, bestimmt indirekt auch die Empfehlungen. Der Rat spielte die ihm zugedachte Rolle, verfolgte einen radikalen NoCovid-Kurs und verstieg sich kurz vor dem Weihnachtsfest sogar zu der Anregung, Familienfeiern durch Kontaktbeschränkungen zu erschweren bzw. zu verunmöglichen. Angesichts der Tatsache, dass man von Corona weder bei den Sterbefällen noch bei der Krankenhausbelegung irgendetwas Besonderes erkennen konnte, waren solche Ratschläge ein bedauernswerter Ausdruck von Wissenschaftskorruption. Mangels klinischer Auffälligkeiten stützte sich der „Expertenrat" in bewährter Manier auf hypothetische Modellrechnungen, deren Offenlegung er ablehnte, und sagte diesmal sogar eine Gefährdung der kritischen Infrastruktur voraus, um seinen Forderungen Nachdruck zu verschaffen. Die im folgenden Tweet benutzten Begriffe „Alpha" und „Beta" spielten auf zwei frühere Virusmutationen an. Aktuell wurde die Panik durch „Delta" und „Omikron" hochgehalten, mithin jede Änderung einiger weniger Proteine als völlig neue Bedrohungslage verkauft.

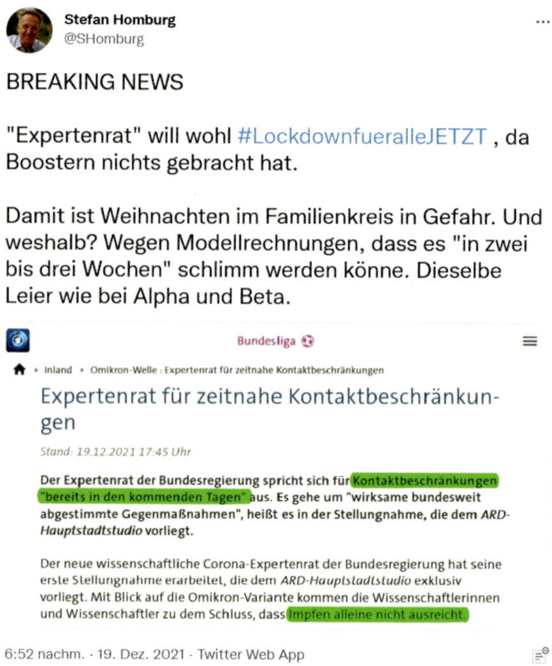
Stefan Homburg
@SHomburg

BREAKING NEWS

"Expertenrat" will wohl #LockdownfueralleJETZT , da Boostern nichts gebracht hat.

Damit ist Weihnachten im Familienkreis in Gefahr. Und weshalb? Wegen Modellrechnungen, dass es "in zwei bis drei Wochen" schlimm werden könne. Dieselbe Leier wie bei Alpha und Beta.

Bundesliga

Inland › Omikron-Welle : Expertenrat für zeitnahe Kontaktbeschränkungen

Expertenrat für zeitnahe Kontaktbeschränkungen

Stand: 19.12.2021 17:45 Uhr

Der Expertenrat der Bundesregierung spricht sich für Kontaktbeschränkungen "bereits in den kommenden Tagen" aus. Es gehe um "wirksame bundesweit abgestimmte Gegenmaßnahmen", heißt es in der Stellungnahme, die dem *ARD-Hauptstadtstudio* vorliegt.

Der neue wissenschaftliche Corona-Expertenrat der Bundesregierung hat seine erste Stellungnahme erarbeitet, die dem *ARD-Hauptstadtstudio* exklusiv vorliegt. Mit Blick auf die Omikron-Variante kommen die Wissenschaftlerinnen und Wissenschaftler zu dem Schluss, dass Impfen alleine nicht ausreicht.

6:52 nachm. · 19. Dez. 2021 · Twitter Web App

https://twitter.com/SHomburg/status/1472625841297371145

Umseitig folgt eines der besten Poster im Netz. Es zeigt, wie das PEI seine vollmundigen Versprechen zur Impfwirksamkeit schrittweise zurücknahm, um sich gegenüber Kritik und Haftungsgefahren abzusichern: Ursprünglich sollte die Impfung angeblich gegen eine Infektion schützen, dann nur noch gegen einen schweren Verlauf, und am Schluss hieß es nichtssagend, die Impfung sei „indiziert", was immer das heißen mochte. Ähnlich wie das RKI fühlte sich das PEI meiner Ansicht nach nicht der Volksgesundheit verpflichtet, sondern der Politik.

Dieser Mangel beinhaltet rechtspolitisch übrigens ein großes Problem: Wie mir ein Jurist schrieb, führt bei Klagen und Verfassungsbeschwerden kaum ein Weg am RKI vorbei, da sich die Gerichte auf dessen Stellungnahmen beziehen. Indem das RKI aber seinerseits eine weisungsgebundene Bundesoberbehörde ist, nimmt die Regierung nicht nur als Partei, sondern indirekt auch als Gutachter Einfluss auf die Gerichtsverfahren, was Montesquieus Idee der Gewaltenteilung ad absurdum führt: Letztlich werden die Urteile der Judikative auf diese Weise von der Exekutive bestimmt.

https://twitter.com/SHomburg/status/1473213661305090053

Weitere Säuberungen

Prof. Dr. Alexander Kekulé, Virologe an der Universität Halle, hatte 2009 bei der Schweinegrippe für Schulschließungen geworben[45], die damals von der Politik noch abgelehnt wurden, und die Lockdown- und Impfpolitik in seinem MDR-Podcast verteidigt. Im November 2021 schrieb er jedoch in einem Gastbeitrag für die WELT, Geimpfte seien „falsch informiert" worden[46]. Damit stellte Kekulé nur fest, was viele längst wussten, nachdem insbesondere das RKI und PEI von ihren falschen Versprechungen abgerückt waren. Geimpften, die für Restaurantbesuche einen Test brauchten, dem Maskenzwang unterlagen und unter geschlossenen Clubs und Diskos litten, konnte man kaum verdenken, dass sie sich verschaukelt fühlten. Vor diesem Hintergrund schlug die folgende Nachricht wie eine Bombe ein.

Stefan Homburg
@SHomburg

Prof. Kekulé wurde soeben dienstenthoben, Boris @reitschuster aus der BPK ausgeschlossen.

Wenn im kreuzbraven Deutschland nicht nur #schnauzevoll trendet, sondern sogar Generalstreik, sollte die Politik mal nachdenken.

Das meine ich ganz ernst.

m.bild.de
Alexander Kekulé raus: Universität Halle schmeißt Top-Virologen raus
Die Universität Halle hat den Virologen Alexander Kekulé aus dem Dienst enthoben.

10:09 nachm. · 21. Dez. 2021 · Twitter for Android

https://twitter.com/SHomburg/status/1473400369451606019

Als Universitätsprofessor auf Lebenszeit war Kekulé eigentlich durch das Beamtenrecht geschützt. Dieses sieht sofortige Suspendierungen nur in extremen Fällen vor, etwa bei Straftaten, nicht aber wie im Fall Kekulés bei angeblichen Verstößen gegen die Lehrverpflichtung, einer Lappalie, die man in aller Ruhe hätte untersuchen können, ohne ihn aus dem Verkehr zu ziehen. Zudem zielen sofortige Suspendierungen in der Regel auf eine Entfernung aus dem öffentlichen Dienst, also die schärfste Disziplinarstrafe, die den Verlust der Pensionsansprüche zur Folge hat.

Der ganze Vorgang war schlicht unbegreiflich, und mir kam nur eine mögliche Deutung in den Sinn: Anders als gedacht hatte der im November geführte Psychokrieg nicht die Bevölkerung beeindruckt, wie man an den Spaziergängen erkannte, sondern eine Selbstradikalisierung der Politik bewirkt, selbst in Sachsen-Anhalt, dessen Ministerpräsident Reiner Haseloff zuvor noch zu den Gemäßigten zählte. Mich machte der Fall betroffen, da ich nach der Wende als Gründungsprofessor der Universität Magdeburg am Aufbau Ost mitgewirkt hatte und von der damals vorherrschenden freiheitlich-rechtsstaatlichen Radikalität Sachsen-Anhalts fasziniert war. Jetzt kamen in der Bürokratie leider die alten DDR-Reflexe zum Vorschein. Bei der Mehrheit der Bevölkerung aber nicht.

Immer wieder hatte der 13. Senat des OVG Lüneburg überzogene Maßnahmen der niedersächsischen Landesregierung aufgehoben. Die Regierung war hiergegen zunächst machtlos, da es sich bei den Coronaverordnungen um nicht revisibles Landesrecht handelte, das Bundesverwaltungsgericht mithin nicht zuständig war. Niedersachsen nahm sich indes Bayern zum Vorbild, gründete einen neuen Senat und entzog dem bisherigen die Zuständigkeit in Sachen Corona. Die offizielle Begründung mit „Arbeitsüberlastung" war fadenscheinig, da sich der Senat in diese Thematik gut eingearbeitet hatte; es ging vielmehr darum, einen Störfaktor auszuschalten.

Stefan Homburg
@SHomburg

NÄCHSTE SÄUBERUNG

Seit 2020 hat der 13. Senat des OVG Lüneburg überzogene Maßnahmen aufgehoben, zuletzt 2G für den Einzelhandel.

Jetzt hat man ihm die Zuständigkeit für Corona entzogen und flugs einen neuen 14. Senat gegründet. Klar, dass das schon seit Monaten geplant war!

100 Omikron-Fälle im Land

Laut niedersächsischem Gesundheitsministerium sind bisher 100 Fälle der Omikron-Variante in Niedersachsen nachgewiesen worden. In den vergangenen Tagen hat die ... zwischen bereits nach mindestens drei statt nach sechs Monaten. Die Empfehlung zum verkürzten Impfabstand gelte ab sofort für Erwachsene, teilte das Gremium am Dienstag mit.

OVG: Neuer Senat übernimmt Corona-Themen

Das niedersächsische Oberverwaltungsgericht (OVG) in Lüneburg will heute über drei weitere Eilanträge gegen die „Weihnachtsruhe" entscheiden. Nach Angaben von Sprecherin Gunhild Becker muss das Gericht zudem noch über acht Verfahren in der Hauptsache urteilen, die etwa Zugangsbeschränkungen für Ungeimpfte betreffen. Zuständig ist dafür dann allerdings nicht mehr wie bisher der 13. Senat des OVG, sondern der neu geschaffene 14. Senat, der Gesundheitsthemen und damit auch Verfahren zur Corona-Verordnung übernimmt. Die Entscheidungen des 13. Senats – etwa zu 2G im Einzelhandel – waren zuletzt auf Kritik gestoßen. Becker betonte, dass der Senatswechsel in keinem Zusammenhang damit stehe. „Das war schon seit Monaten geplant", sagte die Sprecherin der HAZ. *sen*

11:15 vorm. · 22. Dez. 2021 · Twitter Web App

https://twitter.com/SHomburg/status/1473598131921199108

Nach knapp zwei Jahren zeigten harte Zahlen, dass sich die kumulierte Übersterblichkeit in Deutschland, Österreich und Schweden umgekehrt proportional zur Härte der Coronapolitik verhielt. Schweden stand am besten da, Österreich am schlechtesten. Diese Botschaft war eminent wichtig, da es immer geheißen hatte, Schweden zahle für seinen Kurs einen hohen Preis. Anhand der Daten konnte nun jedermann erkennen, dass es keine Alternative Freiheit versus Gesundheit gab.

Stefan Homburg
@SHomburg

Übersterblichkeit in den Lockdown- und Maskenstaaten Deutschland und Österreich seit 2020. Und Schweden.

Kranke und alte (über 80 Jahre) Menschen sterben.

Der "Expertenrat" will dieses Naturgesetz durch Opferung einer ganzen Generation von Kindern und Jugendlichen aushebeln.

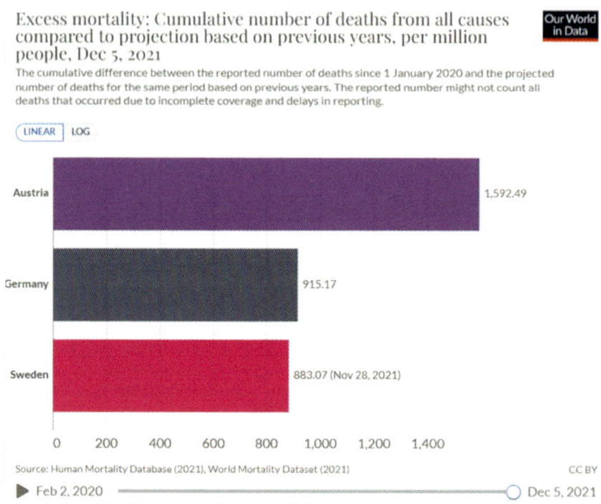

8:35 vorm. · 23. Dez. 2021 · Twitter Web App

https://twitter.com/SHomburg/status/1473920128135970816

Die Spaziergänger wurden unterdes mit ähnlicher Härte drangsaliert wie die Demonstranten im Sommer. Der grünen Endzwanzigerin Saskia Weishaupt, die ihr bisheriges Leben hauptsächlich mit Studienabbrüchen verbracht hatte und nun als Bundestagsabgeordnete zu den Großverdienern gehörte, war das aber nicht genug. Weishaupt forderte den Einsatz von Schlagstöcken und Pfefferspray gegen friedliche Bürger und kassierte dafür auf Twitter den Hashtag #Schlagstocksaskia. Ihr politisch korrekt gegenderter Gewaltaufruf, dessen Doppelpunkt wohl bedeuten sollte, dass auch Frauen und dritte Geschlechter zu malträtieren seien, erhielt beunruhigend große Zustimmung, weshalb ich mit einem Druko antwortete, den ebenfalls viele goutierten.

Saskia Weishaupt @SaskiaLeaRaquel · 16 Std. ···
Die Taktik von den Querdenker:innen ist es, sich Stück für Stück die Straße zu erkämpfen. Polizei muss handeln und im Zweifelsfall Pfefferspray und Schlagstöcke einsetzen. Wir dürfen ihnen kein Millimeter überlassen!
#Muc2212

4.276 1.533 3.573

Stefan Homburg @SHomburg · 16 Std. ···
Interessant, welche Wertschätzung ein MdB der im Grundgesetz verbürgten Demonstrationsfreiheit entgegenbringt.

77 325 3.182

https://twitter.com/SHomburg/status/1473977907525656580

Ursprünglich waren die Grundrechtedemos durch zahlreiche Antifanten behindert worden, die nur allzu gern maskiert herumliefen und den Demonstranten aggressive Losungen wie „Wir impfen Euch alle!" entgegenschleuderten. Rechtsanwalt Steinhöfel zeigte, wie stark sich die Lage inzwischen geändert hatte; dafür spendierte ich ihm einen Retweet.

Stefan Homburg ···
@SHomburg

Kurz vor Weihnachten der schönste Tweet des Jahres

Auf 11.500 Maßnahmenkritiker (lt. Polizei), die letzten Sonntag friedlich in Hamburg demonstrierten, traf dieser peinliche Haufen der SPD-Jusos als "Gegendemo".

Steinhoefel @Steinhoefel · 18. Dez. 2021
Ich war heute in der Hamburger Innenstadt um mir selber einen Eindruck von der Demonstration zu verschaffen. Anbei ein Foto von der im ZDF erwähnten „Gegendemo"der Jusos.

5:05 nachm. · 23. Dez. 2021 · Twitter Web App

https://twitter.com/SHomburg/status/1474048444335538176

Weihnacht 2021

Gegen jede Erwartung schliefen die Spaziergänge über die Feiertage nicht ein, sondern erhielten mehr Zulauf denn je. Da sie zeitgleich in über tausend Städten und Dörfern stattfanden, gab es keine offiziellen Teilnehmerzahlen, doch reichten Schätzungen an die 300.000. Vor allem aber fanden die Spaziergänge, anders als die früheren Demonstrationen, nicht in größeren zeitlichen Abständen statt, sondern fast täglich.

Stefan Homburg
@SHomburg

Das hat es in der Nachkriegszeit noch nicht gegeben: Am 1. Weihnachtstag demonstrieren Tausende z. B. in Düsseldorf gegen Lockdownwahn und Impfzwang.

@HendrikWuest kapiert das nicht und ist bei der LT-Wahl 2022 dann wohl weg vom Fenster.

Runa @RunaMind · 25. Dez. 2021
Der #Protest gegen das #CovidRegime und die #Impfpflicht geht weiter!

#D2512 #dus2512 #dd2512 #Duesseldorf #Corona #coronaprotest #Impfpflicht

10:06 nachm. · 25. Dez. 2021 · Twitter for Android

https://twitter.com/SHomburg/status/1474849021713858560

Nach rund acht Wochen Wartepause hatte das PEI just am Tag vor Heiligabend seinen aktuellen Sicherheitsbericht über die neuartigen Impfstoffe veröffentlicht. Dem Institut waren im Zusammenhang mit den Coronaimpfungen 1.919 Todesfälle gemeldet worden. In einer früheren Ausgabe hatte das PEI internationale Befunde wiedergegeben, wonach nur 5-10 % der Impfschäden überhaupt gemeldet wurden. Durch Hochrechnung ergaben sich folglich 20.000-40.000 mögliche Todesfälle infolge der Impfung; eine Zahl, die zur gestiegenen Gesamtsterblichkeit passte. Unter sorgfältiger Meidung des Wortes „Impfung", das stets die Gefahr einer Sperrung beinhaltete, verwies der folgende Tweet auf die Originaldokumente des PEI, die diese Aussagen belegten.

Stefan Homburg
@SHomburg

Im neuesten Sicherheitsbericht listet das Paul-Ehrlich-Institut 1.919 Todesfälle (pdf, Seite 10):
pei.de/DE/newsroom/do...

Laut Institut werden aber nur 5-10% der Fälle gemeldet (pdf Ausgabe 1/2017, Seite 30):
pei.de/DE/newsroom/ve...

Das ergibt rund 20.000-40.000 Totesfälle! 1/2

9:17 vorm. · 26. Dez. 2021 · Twitter Web App

https://twitter.com/SHomburg/status/1475017871331835906

Das Jahr 2021 verzeichnete aber nicht nur eine höhere Gesamtsterblichkeit als 2020, sondern es nahmen insbesondere in der zweiten Jahreshälfte auch jene Sterbefälle zu, die infolge eines positiven PCR-Tests als „Coronatote" verbucht wurden. Da damals die Risikogruppen praktisch durchgeimpft waren, legten die nackten Zahlen mindestens eine Unwirksamkeit der neuartigen Impfstoffe nahe, wenn nicht gar eine negative Wirkung.

Stefan Homburg
@SHomburg

Im 2. Halbjahr 2021 ist die Zahl der PCR-Toten gegenüber dem Vorjahr sehr deutlich gestiegen.

Sehen Sie in den Daten eine "95%ige Wirksamkeit"?

Quelle (dort heißt es fälschlich COVID-Tote): rki.de/DE/Content/Inf...

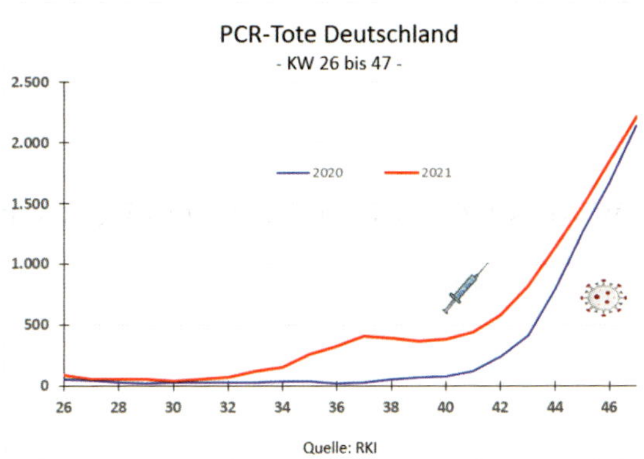

11:39 vorm. · 26. Dez. 2021 · Twitter Web App

https://twitter.com/SHomburg/status/1475053665836843012

Zu den besonders eifrigen Spaziergängern gehörten eine meiner Schwestern und ihr Mann. Sie berichteten mir eines Tages von zur Schau gestellten leeren Mannschaftswagen in ihrer Gegend, die massive Polizeipräsenz vortäuschen sollten. In Wahrheit hatte die Polizei Schwierigkeiten, überall gleichzeitig zu sein, zumal die Spaziergänger eine neue Taktik anwendeten: Sie kündigten im öffentlichen Netz vermeintliche Treffpunkte an, verabredeten sich aber in geschlossenen Gruppen andernorts. Das ergab lustige Videos von großen Polizeiaufgeboten an sonst menschenleeren Plätzen.

Stefan Homburg
@SHomburg

Neue Polizeitaktik: Leere Mannschaftswagen!

Sie werden bei Spaziergängen beigestellt, um nicht existierende Einsatzkräfte vorzuspiegeln.

Klar: Bei großen #Demos kann man Unterstützung aus der Provinz holen. Wenn aber in der Provinz selbst überall demonstriert wird … tja.

11:29 nachm. · 27. Dez. 2021 · Twitter Web App

https://twitter.com/SHomburg/status/1475594711410819075

Ein weiteres Wissensquiz sollte jedermann verdeutlichen, dass der angebliche Fremdschutz der Coronaimpfung eine PR-Masche war; denn einen solchen hatten nicht einmal die Hersteller in ihren Zulassungsstudien behauptet. Die Auswertung zeigte, dass nicht einmal die Hälfte der Twitterer das wusste; meine Zielgruppe waren die übrigen.

Stefan Homburg
@SHomburg

WISSENSQUIZ DES JAHRES

Die Auflösung mit amtlichen Belegen kommt heute am späten Nachmittag. Denken Sie über diese zentrale Frage genau nach:

"Wer behauptet, dass der Biontech/Pfizer-Wirkstoff die Übertragung des Coronavirus reduziert?"

Biontech / Pfizer / EMA	6,8 %
RKI und PEI	19,3 %
Alle oben genannten	29,3 %
Keiner der oben genannten	**44,5 %**

4.104 Stimmen · Endergebnisse

8:13 vorm. · 28. Dez. 2021 · Twitter Web App

https://twitter.com/SHomburg/status/1475726462460305413

Selbstmitleid aller Art (im Jargon: Mimimi) kommt auf Twitter nicht gut an, und jeder erfahrene Benutzer vermeidet es. Insofern war es erstaunlich, dass Journalisten zum Jahresende den Hashtag #Ausgebranntepresse trenden ließen und sich über ihre Behandlung durch Spaziergänger beklagten.

Stefan Homburg
@SHomburg

Liebe Medienleute,

statt Euch unter #AusgebranntePresse gegenseitig zu bemitleiden, könntet Ihr sachlich berichten:

Ohne ständige Diffamierung ("Rechtsradikale") und Panikmache ("Triage").

Dann kommen auch Leser und Zuschauer zurück.

10:53 vorm. · 29. Dez. 2021 · Twitter Web App

https://twitter.com/SHomburg/status/1476129217377181696

Da die Politik bereits im Januar ein Gesetz zur Impfpflicht erlassen wollte, teilte ich ein wirkungsvolles Poster der Grafikerin *@spasskultur* („spasskultur, systemrelevant"), das die FDP zur Besinnung bringen sollte.

Stefan Homburg
@SHomburg

Die @fdp muss ihr zentrales Wahlversprechen, Verzicht auf die #Impfpflicht, jetzt einlösen und darf nicht per angeblicher Gewissensentscheidung kneifen. Etwas anderes würden ihre Wähler übelnehmen. @c_lindner @DjirSarai @MarcoBuschmann @christianduerr Credit: @spasskultur 1/2

7:19 nachm. · 29. Dez. 2021 · Twitter Web App

https://twitter.com/SHomburg/status/1476256673249607683

Der Vorwurf eines gebrochenen Wahlversprechens traf indes auf alle im Bundestag vertretenen Parteien mit Ausnahme der AfD zu. Selbst die Grünen, inzwischen die fanatischsten Verfechter der Impfpflicht, hatten vor der

Bundestagswahl fest versprochen, das Selbstbestimmungsrecht des Einzelnen zu respektieren.

Kurz vor Silvester traf der Twitterbann ausgerechnet den mRNA-Pionier Dr. Robert W. Malone, der rund eine halbe Million Follower hinterließ und auf GETTR wechseln musste. Malone hatte sich kritisch zum Kosten-Nutzen-Profil der mRNA-Impfstoffe geäußert, das wollte Twitter nicht tolerieren. Von Malone stammte die Impfkritik „Dies ist das erste Medikament, dessen Versagen jenen angelastet wird, die es nicht genommen haben", ein Zitat, das den ganzen Irrsinn der Jagd auf Ungeimpfte auf den Punkt brachte.

https://twitter.com/SHomburg/status/1476294930935037953

Ein hässlicher Aspekt bei Demonstrationen und Spaziergängen waren Pseudo-Journalisten, zu denen etwa Julius Geiler, David Speier, Marko Kemp oder Michael Mayr gehörten. Ihr Geschäftsmodell, dessen Finanzierungsquelle mir bis heute nicht klar ist, bestand darin, einzelne Demonstrationsteilnehmer per Nahaufnahme zu fotografieren und die Fotos illegal auf Instagram usw. zu veröffentlichen. Damit sollten Bürger, die berufliche oder soziale Nachteile befürchteten, von Demonstrationen ferngehalten werden. Oft riefen die Pseudo-Journalisten sogar explizit dazu auf, Teilnehmer bei Arbeitgebern und Behörden zu denunzieren.

Stefan Homburg
@SHomburg

In der DDR hätten @glr_berlin , @David_Speier , @marco_kemp oder @Nightmare_Keks Menschen an die Stasi verraten.

Heute denunzieren Sie im Interesse der Pharmaindustrie Normalbürger, um die #Impfpflicht durchzudrücken. Abartig.

Trendet unter #michigame und #MichaelMayr .

Michael Mayr
@Nightmare_Keks

Falls wer die Teilnehmer wieder erkennt, darf das gern dem Arbeitgeber oder der Polizei melden. #Muc2212

19:06 · 22.12.21 · Twitter Web App

9:49 nachm. · 30. Dez. 2021 · Twitter for Android

https://twitter.com/SHomburg/status/1476656831598637059

In meinem Tweet zum Ende des Jahres 2021 fasste ich die zentralen Tiefpunkte zusammen und wünschte ansonsten nur einen guten Rutsch. Offen gesagt war ich für das kommende Jahr pessimistisch gestimmt, was die Coronakrise anging, denn erfolgreiche ausländische Vorbilder wie Schweden oder England schienen in Deutschland wenig Eindruck zu hinterlassen.

Stefan Homburg
@SHomburg

Hausdurchsuchungen bei Wissenschaftlern, abservierte OVG-Senate, gefeuerte Journalisten, Chefärzte und Professoren, endlose Fehlprognosen und Fakes - das Jahr 2021 war nicht ohne.

Hoffen wir, dass 2022 besser wird - ich wünsche Ihnen allen einen guten Rutsch!

Ihr Prof. Homburg

11:49 vorm. · 31. Dez. 2021 · Twitter Web App

https://twitter.com/SHomburg/status/1476868052042063915

Ein verlorenes Jahr

Wer gedacht hatte, der Jahreswechsel verschaffe eine Atempause, sah sich alsbald getäuscht. Vielmehr überschlugen sich die Ereignisse. Auf YouTube erschien ein Interview mit Dr. Anthony Fauci, dem zwielichtigen US-Grandseigneur der Virologie, der nun klipp und klar feststellte, ein PCR-Test könne keine Infektion bzw. Infektiosität nachweisen.

Stefan Homburg
@SHomburg

Wer auf YouTube sagt, der PCR-Test könne keine Infektion nachweisen, wird gesperrt.

Aber nicht, wenn er Dr. Anthony Fauci heißt und Chef des CDC ist, des amerikanischen RKI. 1/2
youtube.com/watch?v=FxoCP2...

end ist, hängt davon ab, ob sich e
rmehrt. Und die PCR-Tests messe
Anwesenheit eines Virus. Dieses
ein, das sich nicht überträgt. Ve
ritiert sind. - Dr. Anthony Fauci, 3

8:43 vorm. · 1. Jan. 2022 · Twitter Web App

https://twitter.com/SHomburg/status/1477183718980788226

Im Text, den man nur nach Öffnung des Tweets und Expansion der Grafik vollständig lesen kann, wird Dr. Anthony Fauci mit folgenden Worten zitiert: „Ob man ansteckend ist, hängt davon ab, ob sich ein lebendes Virus im Körper vermehrt. Und die PCR-Tests messen das nicht. Sie messen nur die Anwesenheit eines Virus. Dieses kann ein totes, inaktives Virus sein, das sich nicht überträgt. Verständlich, dass manche Leute irritiert sind.“ Inhaltlich war das nicht neu, aber in Anbetracht der jahrelangen Irreführung eine bodenlose Frechheit. Man sah indes, wie die Intelligenteren der Lockdowner sich abzusichern begannen, um später nach dem Motto „Habe ich immer schon gesagt“ die Seiten wechseln zu können.

Und noch ein Kleinod aus dem Archiv: Der frühere Chef des PEI gestand freimütig gravierende Fehler und schiere Hysterie im Zusammenhang mit der Schweinegrippe ein.

Stefan Homburg
@SHomburg

Chef des Paul-Ehrlich-Instituts 2009:

"Wir waren in Erwartung einer richtigen Pandemie, wir dachten, die muss jetzt kommen. Da war keiner, der sagte, denkt noch mal nach."

Keine Sorge, jetzt sind viele da. Etwa Bhakdi, Wodarg oder ich: Denkt mal nach!

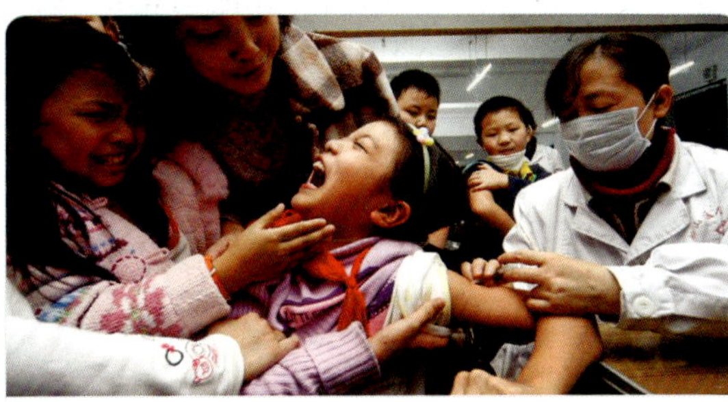

spiegel.de
Seuchen: Chronik einer Hysterie
Fast ein Jahr lang hielt die Schweinegrippe die Welt in Atem. Eine gigantische Impfkampagne sollte ihr Einhalt gebieten. Dabei handelte es sich nur um einen ...

7:12 nachm. · 1. Jan. 2022 · Twitter Web App

https://twitter.com/SHomburg/status/1477341911103033346

Die Spaziergänge hatten schon im Dezember derartige Dimensionen erreicht, dass man annehmen musste, sie würden jeden für die Lockdownpolitik Verantwortlichen beeindrucken. Um die Resonanz auf den folgenden Tweet zu verstehen, sollte man ihn in den Browser eingeben und die Videoaufnahme betrachten. Tausende solcher Aufnahmen aus Großstädten, Kleinstädten und Dörfern riefen in der Zusammenschau bei jedermann eine Gänsehaut hervor, weil es Vergleichbares noch nie in Deutschland gegeben hatte.

Stefan Homburg
@SHomburg

Ob Weihnachten oder Neujahr: Tausende demonstrieren gegen #Impfpflicht und Lockdownwahn. Hier etwa Düsseldorf. #dus0101

So geht es - friedlich und effektiv!

Liberalo @liberalsein · 1. Jan.
#Duesseldorf eskaliert, im positiven Sinne ❗ ❤️💚🤍 #dus0101
Diesen Thread anzeigen

0:12 49.423 Mal angezeigt

9:06 nachm. · 1. Jan. 2022 · Twitter Web App

https://twitter.com/SHomburg/status/1477370777720795145

Das wegen seiner hohen Impf- und Boosterquoten gelobte Bremen hatte nun die höchste „Inzidenz“ Deutschlands. Damit wiederholte sich ein aus dem Ausland bekanntes Muster, das zunächst am Beispiel Israels aufgefallen war: Die Impfungen erhöhten anscheinend die Anfälligkeit für eine Infektion. Medial wurde dieser Sachverhalt als „besonders ansteckende Omikronvariante“ vermarktet, nachdem schon die vorigen Varianten Alpha und Delta angeblich besonders ansteckend gewesen waren. Der auffällige Zusammenhang zwischen Impfquoten und Fallzahlen blieb unerwähnt.

Laut einem historischen Fachaufsatz, der frühere Pandemien beleuchtete, war nicht zu erwarten, dass die Coronakrise medizinisch beendet werde. Die Erlösung, so das Argument, könne nur daher rühren, dass die Fallzahlen aus der öffentlichen Aufmerksamkeit verschwänden. Denn respiratorische Infektionskrankheiten haben die Tendenz zu einem wellenförmigen Auf und Ab, das niemals endet. Der Aufsatz beeindruckte mich derart, dass ich seinen Kern in einem kleinen Poster zusammenfasste.

Stefan Homburg
@SHomburg

Vor kurzem erschien im angesehenen "British Medical Journal" ein medizin-historischer Aufsatz, wie man aus der Endlosschleife herausfindet.

Ich fand den Aufsatz so beeindruckend, dass ich ihn für Sie zusammengefasst und übersetzt habe.

Wenn der Inhalt gefällt: Teilen! 1/2

Wann endet eine Pandemie?

Nach: Robertson/Doshi, BMJ 2021; 375

1. Die Coronapandemie unterscheidet sich in einem zentralen Punkt von allen vorigen: Sie wird dominiert durch Dashboards mit Zahlen und Graphiken, die ständig im Fernsehen und auf den Smartphones erscheinen.

2. Es gibt keine allgemeine Definition eines Pandemieendes, da ein Atemwegsvirus, nachdem es endemisch geworden ist, immer wieder in Wellen zurückkehrt. Die Fallzahlen werden niemals dauerhaft auf Null sinken.

3. Starke Influenzapandemien, etwa die Spanische (1918), Asiatische (1957) oder Hongkong (1968), lösten keine mit Corona annähernd vergleichbaren Maßnahmen aus.

4. Pandemien enden dadurch, dass Medien und Politiker sie für nicht mehr erwähnenswert halten.

5. Bei Corona mag der beste Ausweg das Abschalten der Dashboards sein, die die Aufmerksamkeit anheizen.

6. Anders als der Start wird das Ende der Coronapandemie nicht auf dem Fernsehbildschirm erscheinen.

twitter.com/SHomburg

6:12 nachm. · 2. Jan. 2022 · Twitter Web App

https://twitter.com/SHomburg/status/1477689292227022849

Aufgrund eines früheren Tweets schickte mir ein Arzt einen alten Fachaufsatz zu. Er handelte vom Ausbruch einer Infektionskrankheit nach sage und schreibe siebzehn Wochen strengster Isolation auf einer Antarktisstation. Dieser Befund widersprach der NoCovid-Idee, wonach man die Bevölkerung nur hart genug einsperren musste, um das Virus komplett auszurotten. Eher schien es, dass Viren eine ganze Weile auf eine Immunschwäche ihrer Wirte lauern konnten. Im der Transit-, Tourismus- und Flüchtlingshochburg Deutschland, die auf ihre offenen Grenzen so stolz war, erschien NoCovid als unerreichbares Ziel, da keines unserer Nachbarländer die Ideologie der Virusausrottung teilte.

Stefan Homburg
@SHomburg

Experten 2020: Viren kann man per #Lockdown ausradieren, wenn er lang und tief genug ist.

Wissenschaft 1973: Siebzehn Wochen (!) nach Abflug des letzten Versorgungsflugzeugs kommt es auf einer isolierten Antarktisstation zu einem Ausbruch.

Aufsatz: jstor.org/stable/3862013... 1/2

J. Hyg., Camb. (1973), **71**, 657 **657**
Printed in Great Britain

An outbreak of common colds at an Antarctic base after seventeen weeks of complete isolation

By T. R. ALLEN
Medical Officer, British Antarctic Survey
and A. F. BRADBURNE, E. J. STOTT, C. S. GOODWIN
and D. A. J. TYRRELL
Clinical Research Centre, Harrow, England

(*Received* 28 *February* 1973)

SUMMARY

Six of 12 men wintering at an isolated Antarctic base sequentially developed symptoms and signs of a common cold after 17 weeks of complete isolation. Examination of specimens taken from the men in relation to the outbreak has not revealed a causative agent.

INTRODUCTION

It has commonly been believed that on small Antarctic bases, isolated for many months, upper respiratory infections die out during the first few weeks of isolation and that the men are virtually symptom-free for the rest of the isolation period. With the arrival of the relief ship cr aircraft, outbreaks of respiratory disease have been noted to occur (Taylor, 1960; Siple, 1960; Hedblom, 1961; Cameron & Moore, 1968; Holmes, Allen, Bradburne & Stott, 1971). This has tended to follow the pattern seen in other isolated communities (Paul & Freese, 1933; Shibli, Gooch, Lewis & Tyrrell, 1971).

6:40 vorm. · 3. Jan. 2022 · Twitter Web App

https://twitter.com/SHomburg/status/1477877482745384960

Gottlob zeigten nun erstmals Umfragen in der Bevölkerung, dass deren Vertrauen in die Coronapolitik rapide gesunken war und eine Mehrheit am Sinn der Maßnahmen und der Kompetenz der Politik zweifelte. Korrespondierend hierzu kletterte das Interesse an meinen Beiträgen auf einen Rekordstand, wie ich durch Montage der aktuellen Hitliste von „Trending Deutschland“ unter den Tweet dokumentierte.

https://twitter.com/SHomburg/status/1477922959926960128

Festgenommen!

Aus der damit verbundenen Hochstimmung riss mich eine unerwartete Festnahme, die erste in meinem Leben. Der Vorgang war so kurios und seitenfüllend, dass ich hierzu einen Bericht nebst Videoaufnahmen bei Reitschuster veröffentlichte und per Twitter auf ihn verwies. Hier die Kurzfassung: Zunächst einsam und allein auf Hannovers zentralem Platz „Kröpcke" stehend, unterhielt ich mich kurz mit einer Dame über die Weihnachtsdekoration der Stadt. Plötzlich wurden wir und einige weitere Unbeteiligte von einer Polizeikette eingekesselt, zu einer Versammlung deklariert und aufgefordert, Masken zu tragen, was nur den Demonstranten vorgeschrieben war, nicht den gewöhnlichen Passanten. Obwohl ich sofort eine FFP2-Maske aufsetzte, um Konflikte zu vermeiden, wurde ich anschließend zur Feststellung der Personalien festgenommen, und zwar mit dem Argument, ich hätte schon vor der Deklaration zur Versammlung eine Maske tragen müssen. Passanten, die nur einkauften und mit den Spaziergängern eigentlich nichts zu tun hatten, wurden gelegentlich mitgekesselt und wechselten nach diesem schockierenden Erlebnis oft ins Lager der Skeptiker.

Stefan Homburg
@SHomburg

Mein Bericht über die gestrige Festnahme. Im Netz findet man viele Videos, in denen zufällige Passanten mitten in ihrer Stadt von der Polizei gejagt werden.

Nie haben die Lockdown- und Impfkritiker so viel Zulauf und Zuspruch erhalten wie gestern.

reitschuster.de
Einkesselung, Verfahren und Platzverweis wegen eines Spa...
Zwei Bürger treffen sich in der Innenstadt und werden sofort von der Polizei zu einer Versammlung erklärt und ...

1:57 nachm. · 4. Jan. 2022 · Twitter Web App

https://twitter.com/SHomburg/status/1478349989386637319

Als neuer Bundesgesundheitsminister befeuerte Karl Lauterbach die Panik, impfte Kinder persönlich und forderte eine allgemeine Impfpflicht nebst Viertimpfung für alle. Er ließ alles vermissen, was einen Wissenschaftler ausmacht, insbesondere jede vernünftige Abwägung von Chancen und Risiken, und genoss dabei die Rückendeckung von Bundeskanzler Olaf Scholz, der drohend verkündet hatte, für seine Regierung gäbe es „keine roten Linien" mehr. Beide hatten jeden Kontakt zur Realität verloren.

Stefan Homburg
@SHomburg

Interview mit @Karl_Lauterbach beim @RND_de :

1. #Impfpflicht muss schnell kommen!
2. Vierte Impfung sehr wahrscheinlich!

Krasse Ansagen, während #Impfschaden trendet. Aber laut @OlafScholz gibt es ja keine roten Linien.

8:22 vorm. · 5. Jan. 2022 · Twitter Web App

https://twitter.com/SHomburg/status/1478627989659303939

Stalins propagandistische Vorgabe, sämtliche Gegner als „Nazis" zu verunglimpfen, ist uns über SED und SPD bis in die Gegenwart erhalten geblieben und wurde von Politik und MSM auch gegen die Spaziergänger eingesetzt. Ein Foto aus dem Jahre 1989 erinnerte daran, dass diese Diffamierungstechnik auch bei der deutschen Wiedervereinigung zum Einsatz gekommen war. In begrenztem Maße funktionierte sie weiterhin. Viele mussten sich vor dem ersten Spaziergang überwinden, um dann erstaunt auf ganz normale Leute zu treffen.

Stefan Homburg
@SHomburg

Die unsägliche Diffamierung der Spaziergänger wurde nicht vom Staatsfernsehen oder den verdeckten Staatsmedien (@Volksverpetzer , @correctiv_org , @rnde , @tonline) erfunden.

Sondern vom SED-Regime: Alle Regierungskritiker, wie damals die Montagsdemonstranten, sind Nazis!

8:05 nachm. · 5. Jan. 2022 · Twitter Web App

https://twitter.com/SHomburg/status/1478804761088786432

Der folgende Vergleich der Sterbezahlen 2020 und 2021 beruhte auf dem Kniff, das Wort „Impfung“ durch Verwendung des bekannten Bratwurstsymbols zu vermeiden, da ansonsten eine Sperre drohte. Erst spätere wissenschaftliche Analysen werden zeigen, was da im einzelnen vorging. Die Legende, 2020 sei ein schlimmes Pandemiejahr gewesen, dem ein kraft Impfung segensreiches Jahr 2021 folgte, wurde aber schon durch die Rohzahlen klar widerlegt. Hierzu passend erschienen die mittels Dunkelziffer hochgerechneten Todesfälle nach Impfung, die dem PEI gemeldet worden waren. Erschreckend war auch ein Vergleich der neuen Impfstoffe mit den traditionellen. Pro verabreichter Dosis gerechnet lagen die Todesverdachtsfälle der Coronaimpfstoffe um den Faktor 21 höher.

Stefan Homburg
@SHomburg

Illusion: "Schützt vor schwerem Verlauf und Tod"

Realität: Enorme Zunahme der Sterblichkeit 2021 im Vergleich zum ungeschützten "Pandemiejahr" 2020. Passt zu den Meldungen des PEI.

Link: destatis.de/DE/Themen/Gese...

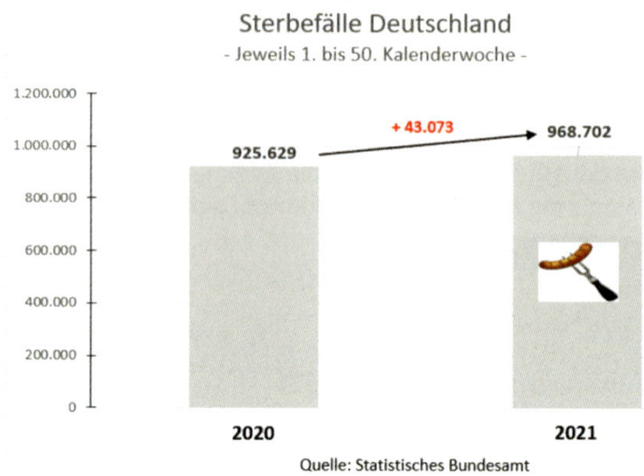

6:23 vorm. · 6. Jan. 2022 · Twitter Web App

https://twitter.com/SHomburg/status/1478960333729456129

Nachdem es im Dezember so ausgesehen hatte, als sei die Einführung einer allgemeinen Impfpflicht nur noch Formsache, bewegte sich im Bundestag jetzt etwas. Initiiert durch den FDP-Abgeordneten Wolfgang Kubicki, wurde ein expliziter Gegenantrag eingebracht, der sich gegen dieses Vorhaben wandte.

Außerdem mauschelte der FDP-Abgeordnete Andrew Ullmann an einem Kompromiss für eine Impfpflicht ab 50 Jahren. Mangels Fremdschutz war diese selektive Impfpflicht ebenso wenig begründbar wie eine allgemeine und beruhte wohl auf dem taktischen Gedanken, dass man eine zunächst versprochene Altersgrenze später schrittweise senken konnte, um die Widerstände zu minimieren. Der folgende Tweet spielt darüber hinaus auf den *Body Mass Index* (BMI) an, eine wenig praktikable Alternative, da er nicht behördlich erfasst wird und im Unterschied zum Geburtsdatum Änderungen unterliegt. Unter dem Gesichtspunkt des Risikos schien der BMI aber ähnlich wichtig zu sein wie das Lebensalter.

Stefan Homburg
@SHomburg

Gefährlicher "Kompromiss" zur #Impfpflicht

Einige Abgeordnete wollen nur "Vulnerable" ins Visier nehmen. Planen sie Altersdiskriminierung? Den BMI festzustellen, dürfte schwierig sein.

Wir lassen uns nicht spalten, auch die Impfpflicht für das medizinische Personal muss weg.

9:16 nachm. · 8. Jan. 2022 · Twitter Web App

https://twitter.com/SHomburg/status/1479909968841170947

Ein weiteres Poster fasste in einfachen Worten zusammen, was mehrere Wissenschaftler in feinziselierten und für den Laien unverständlichen Arbeiten herausgefunden hatten: Auf Basis der wohl nicht zufällig gewählten Behördendefinitionen konnte es durchaus sein, dass die veröffentlichten Zahlen zur Impfeffektivität auf einer statistischen Illusion beruhten und die tatsächliche Effektivität der Impfstoffe gleich null oder gar negativ war. Zur Vermeidung einer Twittersperre verdeutlichte ich diesen Punkt anhand einer rein fiktionalen Geschichte. Das Poster wurde dutzendfach von wütenden Rotpunkten gemeldet, überlebte aber, weil die Zensoren daraus wohl nicht schlau wurden.

Stefan Homburg
@SHomburg

Ist es denkbar, dass eine Arznei wirksam und sicher erscheint, obwohl das nicht stimmt?

Ja, mathematisch ganz einfach. Man benötigt als Zutat nur 14 Tage. Lesen Sie mein Sonntagsposter.

Spritztour ins Paralleluniversum

Prof. Dr. Stefan Homburg

1. Es war einmal ein kleines Paralleluniversum, in dem starke und schwache Menschen lebten. Viele ließen sich mit Bratwürsten zur Einnahme einer neuartigen Arznei locken.

2. Die Arznei tötete Schwache nach wenigen Tagen und war bei den Starken wirkungslos.

3. Als behandelt galten nur Personen, die die Arznei vor mindestens 14 Tagen eingenommen hatten. Folglich gingen alle getöteten Schwachen als unbehandelt in die Statistik ein.

4. Übrig blieben die behandelten Starken sowie eine Gruppe aus Starken und Schwachen, die die Arznei nicht eingenommen hatten. Bei den Starken war die Sterblichkeit natürlich geringer als in der Mischgruppe. Die Regierung deutete diesen Scheineffekt („dry tinder") als Wirksamkeit der Arznei.

5. Als die Menschen das erkannten und keine Bratwürste mehr wollten, wurde die Einnahme verpflichtend gemacht.

twitter.com/SHomburg

7:49 vorm. · 9. Jan. 2022 · Twitter Web App

https://twitter.com/SHomburg/status/1480069268691636224

Unmoral

Und wieder ereignete sich ein eklatanter Fall von Wissenschaftskorruption, diesmal beim früher kaum bekannten „Ethikrat" und dessen Vorsitzender Alena Buyx. Die Willfährigkeit, mit der Frau Buyx Positionen gegen alle Grundsätze guter wissenschaftlicher Praxis an das anpasste, was die Politik gerade von ihr wollte, war abenteuerlich.

Aufgedeckt hatte den Skandal die Journalistin Cornelia Stolze. Da der Artikel nur Abonnenten zugänglich war, fasste ich den Inhalt in einem neuen Poster zusammen und verlinkte das Original. Der „Ethikrat" erschien mir, ähnlich wie der „Expertenrat", als Institution, die allen Grundsätzen guter wissenschaftlicher Praxis Hohn sprach.

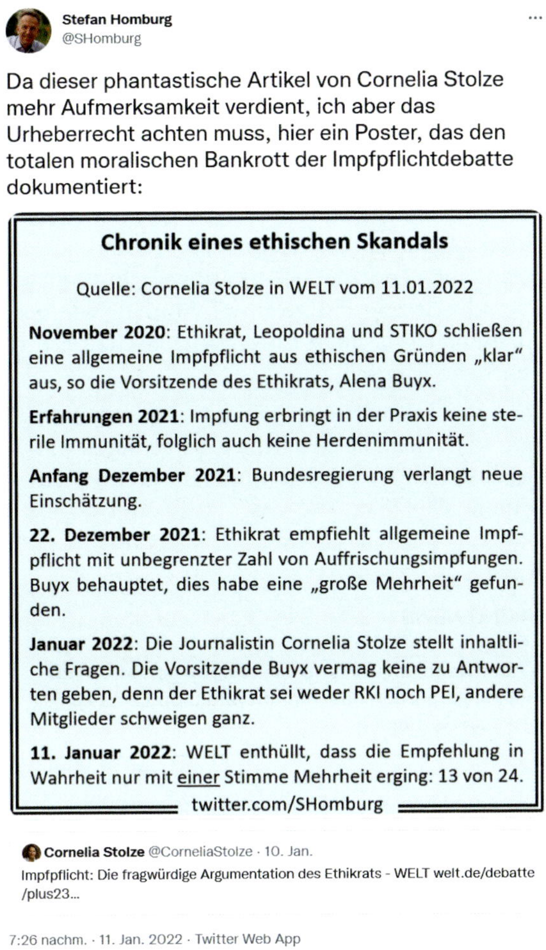

Stefan Homburg
@SHomburg

Da dieser phantastische Artikel von Cornelia Stolze mehr Aufmerksamkeit verdient, ich aber das Urheberrecht achten muss, hier ein Poster, das den totalen moralischen Bankrott der Impfpflichtdebatte dokumentiert:

Chronik eines ethischen Skandals

Quelle: Cornelia Stolze in WELT vom 11.01.2022

November 2020: Ethikrat, Leopoldina und STIKO schließen eine allgemeine Impfpflicht aus ethischen Gründen „klar" aus, so die Vorsitzende des Ethikrats, Alena Buyx.

Erfahrungen 2021: Impfung erbringt in der Praxis keine sterile Immunität, folglich auch keine Herdenimmunität.

Anfang Dezember 2021: Bundesregierung verlangt neue Einschätzung.

22. Dezember 2021: Ethikrat empfiehlt allgemeine Impfpflicht mit unbegrenzter Zahl von Auffrischungsimpfungen. Buyx behauptet, dies habe eine „große Mehrheit" gefunden.

Januar 2022: Die Journalistin Cornelia Stolze stellt inhaltliche Fragen. Die Vorsitzende Buyx vermag keine zu Antworten geben, denn der Ethikrat sei weder RKI noch PEI, andere Mitglieder schweigen ganz.

11. Januar 2022: WELT enthüllt, dass die Empfehlung in Wahrheit nur mit einer Stimme Mehrheit erging: 13 von 24.

twitter.com/SHomburg

Cornelia Stolze @CorneliaStolze · 10. Jan.
Impfpflicht: Die fragwürdige Argumentation des Ethikrats - WELT welt.de/debatte/plus23...

7:26 nachm. · 11. Jan. 2022 · Twitter Web App

https://twitter.com/SHomburg/status/1480969465688903680

Wissenschaftler erkennen an, dass es einen fundamentalen Unterschied zwischen Tatsachen und Werturteilen gibt: Erstere sind widerlegbar, letztere nicht. Andererseits hängen Werturteile nicht in der Luft, sondern sie sind oft abhängig von Tatsachen. Als Student hatte mich der folgende fiktive Dialog aus einem Buch des Nobelpreisträgers Amartya Sen fasziniert: „A: Männer und Frauen sollten sich kleiden dürfen, wie sie wollen. B: Auch wenn herauskäme, dass Miniröcke Augenkrebs beim Betrachter hervorrufen? A: Nein, in dem Fall natürlich nicht." Ein scheinbar unangreifbares Werturteil wird aufgrund einer möglichen Tatsache revidiert. Analog verhielt es sich natürlich bei der Impfpflicht: Ob man dafür oder dagegen war, hing im Rahmen einer konsequentialistischen Ethik von Tatsachenfragen ab, insbesondere von der Gefährlichkeit des Virus und von etwaigem Fremdschutz. Indem

Buyx nassforsch feststellte, der „Ethikrat“ sei weder RKI noch PEI, wischte sie alle für die Beurteilung wichtigen Tatsachenfragen vom Tisch. Übrig blieb nur ein politisch opportunes Glaubensbekenntnis.

„Ethikrat“ und „Expertenrat“, STIKO, Max Planck, Helmholtz und Leopoldina – das Wissenschaftsversagen in der Coronakrise war noch bestürzender als das Medienversagen und letzteres wiederum bestürzender als das Politikversagen. Hierauf beruht die gewählte Reihenfolge im Untertitel dieses Buches. Sehr wahrscheinlich hat in den vergangenen Jahren neben den Medien auch die Wissenschaft einen enormen Reputationsverlust erlitten. Schuld daran tragen einige handverlesene Hofgelehrte. Ähnlich wie bei Journalisten sollte man nicht pauschalieren; auch unter Wissenschaftlern gibt es selbstverständlich viele ehrliche Menschen.

Wer sich mit den Daten beschäftigte, insbesondere mit ausländischen, sah zu diesem Zeitpunkt klar, dass die neuartigen Impfungen in kurzen Abständen und auf Dauer wiederholt werden mussten, wenn sie überhaupt eine Wirkung haben sollten.

Stefan Homburg
@SHomburg

BREAKING NEWS

EMA hat Zweifel an vierter Dosis: Impfungen in kurzen Intervallen gefährden das Immunsystem und sind keine nachhaltige Strategie!

Damit stellt sich die EMA ausdrücklich gegen unseren #Ethikrat und das von ihm empfohlene Zwangsabo.
@fdp

reuters.com
EU drug regulator expresses doubt on need for fourth booster dose
The European Union's drug regulator on Tuesday expressed doubts about the need for a fourth booster dose of COVID-19 vaccine and said there is currently ...

8:15 vorm. · 12. Jan. 2022 · Twitter Web App

https://twitter.com/SHomburg/status/1481162964682133505

Impfprimus Israel hatte mit seiner Ankündigung der Viertimpfung als erster Staat klargemacht, dass von der infantilen Propaganda, zwei „Piekse“ führten zurück in die Normalität, nichts übrigblieb. Unter diesen Umständen war es sehr bemerkenswert, dass die Europäische Arzneimittelbehörde EMA gesundheitliche Bedenken gegen ein Impfabonnement formulierte. Im Grunde bedeutete diese Nachricht, die der vorstehende Tweet wiedergibt, bereits das Ende für die neuen Impfstoffe.

Jeden Monat erschien eine Pressemitteilung des Statistischen Bundesamts zu den aktuellen Sterbezahlen. Darin nannte die Behörde vielfältige Einflussfaktoren wie Infektionswellen, Wetterlagen und alles Mögliche, vermied aber das Wort „Impfung". Selbst ein scheinbar objektives Amt wie dieses lag stillschweigend auf Regierungskurs und nutzte Twitter wiederholt, um meine Grafiken infrage zu stellen, statt auf das Offensichtliche hinzuweisen.

Stefan Homburg
@SHomburg

SCHLUSSRECHNUNG 2021

Erstmals seit 1946 mehr als 1 Mio. Tote, viel mehr als 2020. Gründe laut @destatis : Demografie kann es nicht erklären, Corona erst recht nicht, Hitzewelle war zu kurz, Grippe ist verschwunden.

Kein Sterbenswort zu mRNA!

destatis.de
Sterbefallzahlen im Dezember 2021: 22 % über dem mittleren Wert der Vorjahre
Im Dezember 2021 sind in Deutschland nach einer Hochrechnung des Statistischen Bundesamtes (Destatis) 100 291 Menschen gestorben. Diese Zah...

9:10 nachm. · 12. Jan. 2022 · Twitter Web App

https://twitter.com/SHomburg/status/1481357887863672839

Ein Land nach dem anderen rückte vom bisherigen Coronakurs ab. In Dänemark entschuldigte sich das „Extrabladet" in diesem Zusammenhang bei seinen Lesern für zwei Jahre unkritischer Berichterstattung und die Übernahme amtlicher Fake News: „Wir waren nicht wachsam genug." Ein derartiges Eingeständnis war sehr bemerkenswert. Die meisten deutschen Medien hätten allen Grund gehabt, dem Beispiel zu folgen, doch zogen sie es vor zu schweigen.

Stefan Homburg
@SHomburg

Wundervoll: Eine führende dänische Tageszeitung entschuldigt sich bei ihren Lesern für Panikmache der und mangelnde Wachsamkeit bei Corona!
ekstrabladet.dk/nyheder/ledere...

Wir haben versagt

Seit FAST zwei Jahren sind wir, die Presse und die Bevölkerung, fast hypnotisch mit den täglichen Coronameldungen der Behörden beschäftigt.

WIR HABEN die Schwingungen des Zahlenpendels angestarrt, wenn es um Infizierte, Krankenhauseinweisungen und Corona-Verstorbene ging. Und die Bedeutung kleinster Pendelbewegungen wurde uns von Experten, Politikern und Behörden erklärt, die uns ständig vor dem schlafenden Corona-Monster unter unseren Betten gewarnt haben. Ein Monster, das nur darauf wartet, dass wir einschlafen, damit es in der Düsternis und Dunkelheit der Nacht zuschlagen kann.

DIE KONSTANTE geistige Wachheit hat bei uns allen enorm nachgelassen. Deshalb müssen auch wir - die Presse - Bilanz ziehen über unsere eigenen Anstrengungen. Und wir sind gescheitert.

WIR WAREN NICHT wachsam genug, als die Behörden antworten mussten, was es eigentlich bedeutete, dass Menschen mit Corona und nicht wegen Corona ins Krankenhaus eingeliefert werden.
...
Die Impfstoffe werden durchweg als unsere „Superwaffe" bezeichnet. Und unsere Krankenhäuser werden „Super-Krankenhäuser" genannt. Trotzdem werden diese Superhospitäler offenbar maximal unter Druck gesetzt, obwohl fast die gesamte Bevölkerung mit einer Superwaffe bewaffnet ist. Sogar Kinder wurden in großem Umfang geimpft, was in unseren Nachbarländern nicht gemacht wurde.

MIT ANDEREN WORTEN, es gibt hier etwas, das den Begriff „super" nicht verdient.

8:44 vorm. · 13. Jan. 2022 · Twitter Web App

https://twitter.com/SHomburg/status/1481532588045049861

Nur zufällig bekam man mit, wie dicht jenes internationale Propagandanetzwerk geknüpft war, das Hunderte Millionen Dollar an die Medien verteilte. Auch ein beliebter deutscher Quizmaster, Eckhard von Hirschhausen, stand auf der Lohnliste. Er gehörte zu den aggressivsten *Impfluenzern*, wie man die Impfantreiber in Anspielung auf *Influencer* nannte. Der Tweet enthält einen Link auf das Unternehmensregister „Northdata" und einen Link zur Gates-Stiftung, wo man alle Geldempfänger durch Eingabe in ein Suchfeld recherchieren kann.

Stefan Homburg
@SHomburg

Impfluenzer Dr. Eckard von Hirschhausen betreibt die im Lockdown 2020 gegründete "Stiftung Gesunde Erde Gesunde Menschen gGmbH":
northdata.de/?id=6050832251
Letztes Jahr erhielt sie 1,4 Mio. Dollar von der Gates-Stiftung:
gatesfoundation.org/about/committe...
Perfekt geschmiert.

9:21 nachm. · 13. Jan. 2022 · Twitter Web App

https://twitter.com/SHomburg/status/1481723041659129856

Bisher hatte der weitaus überwiegende Teil der politisch korrekten Prominenz hinter dem Plan einer Impfpflicht gestanden, zumindest seit November, als die Meinung in der Politik diametral umschlug und Wahlversprechen einkassiert wurden. Nun setzten sich, ein wenig unerwartet, große Teile des Establishments in Gestalt etwa von STIKO, NoCovid-Päpstin Melanie Brinkmann oder Lockdown-Hardliner Ranga Yogeshwar von der Idee einer allgemeinen Impfpflicht ab, wie man mittels Collage zeigen konnte. Im Tweet verwendete ich erstmals die Wortschöpfung „BionCard", eine Anspielung auf den politisch von Olaf Scholz zu verantwortenden Wirecard-Skandal.

Stefan Homburg
@SHomburg

Plötzlich distanzieren sich fast alle von der fatalen Idee einer allgemeinen #Impfpflicht .

Damit hängt die Zukunft von "BionCard" am seidenen Faden: @OlafScholz !

8:05 vorm. · 14. Jan. 2022 · Twitter Web App

https://twitter.com/SHomburg/status/1481885109053804548

In den Sportteilen der Zeitungen häuften sich Nachrichten über Herzmuskelentzündungen. Solche Einzelfälle gab ich gelegentlich wieder, obwohl ich Statistiken überzeugender fand.

Stefan Homburg
@SHomburg

Bayernstar Davies leidet an einer Herzmuskelentzündung. Und ein Großteil der geboosterten Mannschaft ist nach Positivtest in Quarantäne. Alles nur Zufall.

m.focus.de
Schock beim FC Bayern! Davies fällt mit Herzmuskelentzündung nach Corona-I...
Bitterer Rückschlag für Alphonso Davies. Wie Bayern-Trainer Julian Nagelsmann auf der Pressekonferenz vor dem Spiel in Köln bekanntgibt, wurde beim Kanadi...

2:10 nachm. · 14. Jan. 2022 · Twitter for Android

https://twitter.com/SHomburg/status/1481977007906906114

Weltweite Aufmerksamkeit erfuhr der Ausschluss des Tennisspielers Novak Djokovich von den Australian Open. Er durfte nicht spielen, weil er ungeimpft war. Aber gleich drei andere Spieler schieden nach „Brustproblemen" aus. Der Ausschluss Djokovichs war willkürlich und absurd; letztlich musste sogar die Regierung zugeben, dass er rein politisch motiviert war. Djokovich erfuhr eine Welle der Solidarität.

Stefan Homburg
@SHomburg

#Djokovich hat Visaprobleme bei den "Australian Open", weil er nicht geimpft ist. Drei andere Teilnehmer sind wegen Problemen "mit der Brust" ausgeschieden.

Wer traf die klügere Wahl?

freewestmedia.com
Three players drop out of Australian Open with chest issues...
The stakes are high for the organizers who have been keeping tennis star Novak Djokovic as a prisoner according to

9:41 nachm. · 14. Jan. 2022 · Twitter for Android

https://twitter.com/SHomburg/status/1482090563851669506

Staatsfeinde im Staatsdienst

Um den Jahreswechsel herum flog erst auf Twitter und dann in den Medien ein fulminanter Betrug auf. Nachdem Markus Söder und Peter Tschentscher wochenlang eine „Pandemie der Ungeimpften" beschworen hatten, stellte sich heraus, dass die Behauptungen der beiden Ministerpräsidenten, in Bayern und Hamburg lägen fast ausschließlich Ungeimpfte auf den Intensivstationen, auf gefälschten Zahlen beruhte[47].

Konkret hatte man Personen mit ungeklärtem Impfstatus, und das waren nicht wenige, den Ungeimpften zugeschlagen und damit eine nicht existierende Effektivität der Coronaimpfstoffe vorgetäuscht. Mitte Januar weitete sich der Skandal aus und betraf neben den beiden genannten Ministerpräsidenten auch Michael Kretschmer (Sachsen) und Manuela Schwesig (Mecklenburg-Vorpommern). Alle vier mussten die Zahlenfälschungen politisch verantworten – und ihre schlimmen Hetzattacken auch persönlich. Die medizinisch vollkommen haltlose Pogromstimmung gegen Ungeimpfte diente dem Zweck, eine allgemeine Impfpflicht politisch durchzusetzen. Sie erinnerte an dunkelste Zeiten.

Stefan Homburg
@SHomburg

Nach den Ministerpräsidenten @MPKretschmer , @Markus_Soeder und @TschenPe ist jetzt auch @ManuelaSchwesig mit frisierten Impfzahlen ertappt.

Betrug an den Bürgern, um die #Impfpflicht durchzudrücken, eine Schande.

nordkurier.de
Verzerrte Corona-Zahlen bringen Schwesig in Bedrängnis
Offenbar ungenaue Corona-Zahlen werfen nach Recherchen der Welt einen politischen Schatten auf die Corona-Politik der MV-Regierung. Die Opposition ...

1:24 nachm. · 15. Jan. 2022 · Twitter Web App

https://twitter.com/SHomburg/status/1482327818889568262

Indes ließ die Politik nicht so leicht locker. Hamburgs Erster Bürgermeister Peter Tschentscher leistete nicht etwa Abbitte für die Zahlenfälschungen, für die er die politische Verantwortung trug, ganz im Gegenteil. Statt dessen verbot er nunmehr die Grundrechtedemonstrationen, die offenbar zu erfolgreich geworden und in dieser Phase die größten Deutschlands waren. Gestattet blieben politisch genehme Umzüge der Antifa, wie der nachfolgende Tweet zeigt. Es ist manchmal schwer zu verstehen, was sich Normalbürger in diesem Land von ihrer Obrigkeit bieten lassen.

Stefan Homburg
@SHomburg

Hamburg hat die stets friedlichen Grundrechtedemos (14.000 Teilnehmer laut Polizei) jetzt verboten.

Die hier demonstrieren mit Pyrotechnik für Impfzwang, Lockdowns und Schulschließungen. Das war erlaubt.

Saubere Demokratie - auf den Inhalt kommt es an.

finn andorra @finnandorra · 15. Jan.
Im Antifa-Block wird Pyrotechnik gezündet. #hh1501

6:35 nachm. · 15. Jan. 2022 · Twitter Web App

https://twitter.com/SHomburg/status/1482406215577587712

Einige Zeit vor der Coronakrise war Hans-Georg Maaßen als Präsident des Bundesverfassungsschutzes abgelöst worden, weil er als honoriger Beamter die nachweislich korrekte Einschätzung abgegeben hatte, in Chemnitz hätten keine Hetzjagden auf Ausländer stattgefunden. Sein Pech bestand darin, dass die Bundeskanzlerin zuvor auf einen Tweet von @Zeckenbiss („Antifa Zeckenbiss) hereingefallen war und Gegenteiliges behauptet hatte. Maaßens opportunistischer Nachfolger Thomas Haldenwang kümmerte sich weder um Wahrheit noch um rechtsstaatliche Prinzipien, sondern eröffnete eine regelrechte Hetzjagd auf die Mitte der Gesellschaft, deren Angehörige er als „Staatsfeinde“ apostrophierte. Im Fall einer juristischen Aufarbeitung der Coronakrise wird sicher thematisiert, wie ein Beamter darauf verfallen kann, Bürger als Staatsfeinde zu beschimpfen, die lediglich unter schwierigsten Bedingungen gegen unverhältnismäßige Lockdowns und drohende Eingriffe in ihr Leben und ihre körperliche Unversehrtheit protestieren. Durch derartige Anschuldigungen mutiert der Staatsdiener zum Schergen und der Verfassungsschutz zum Politikerschutz.

Stefan Homburg
@SHomburg

Nein, Herr Präsident,

Bürger, die gefälschte Zahlen, sinnlose "Maßnahmen" und drohende Zwangsimpfungen kritisieren, sind keine Staatsfeinde.

Die Staatsfeinde müssen Sie woanders suchen.

DER TAGESSPIEGEL

Sie verachten den Rechtsstaat 13:4

Haldenwang sieht bei Corona-Protesten neue Szene von Staatsfeinden

Bringt die Pandemie eine neue Form von Extremisten hervor? Unser demokratisches Staatswese lehnen sie grundlegend ab, warnt der Verfassungsschutz.

Thomas Haldenwang, Präsident des Bundesamts für Verfassungsschutz, bei einer Pressekonferenz im Juli 2020 FO

9:02 nachm. · 15. Jan. 2022 · Twitter Web App

https://twitter.com/SHomburg/status/1482443149163352066

Unsere Verfassung enthält in Art. 80 Grundgesetz eine Besonderheit. Aufgrund der schlimmen Erfahrungen mit dem sogenannten Ermächtigungsgesetz, das die Gesetzgebungsbefugnis 1933 vom Parlament auf die Regierung übertrug, erlaubt das Grundgesetz Rechtsverordnungen der Regierung nur, wenn ein Parlamentsgesetz „Zweck, Inhalt und Ausmaß" der Verordnung genau bestimmt. So könnte ein Gesetz die Regierung ermächtigen, in gewissen Fällen angemessene Bußgelder zwischen 20 und 50 Euro festzulegen; den genauen Betrag bestimmt dann die Regierung per Rechtsverordnung. Aufgrund dieser Verfassungslage klingt es in den Ohren eines Nachkriegsdeutschen seltsam, wenn er in den Nachrichten hört, der amerikanische Präsident habe per Dekret dieses oder jenes bestimmt; dergleichen ist in Deutschland verboten.

Vor diesem Hintergrund war die gesamte juristische Lockdownarchitektur höchst problematisch. Das Infektionsschutzgesetz (IfSG) enthielt in den entscheidenden Paragraphen 5, 28a und 28b schwammige tatbestandliche Voraussetzungen, deren Eintritt die Landesregierungen zum Erlass extrem weitgehender Maßnahmen ermächtigten. Die neue Bundesregierung mit dem Gesundheitsminister Karl Lauterbach ging indes noch einen Schritt weiter und delegierte die für viele Menschen zentrale Frage, wann sie als geimpft oder genesen gelten würden, vom Verordnungsgeber, der Bundesregierung, auf die Bundesoberbehörden RKI und PEI. Auf diese Weise konnten Beamte die Impferpressung verschärfen, indem sie über Nacht lediglich eine Zahl auf einer Internetseite änderten. Verwunderung und Ärger waren groß.

Stefan Homburg
@SHomburg

RKI erhöht den Impfdruck

Ab sofort gilt man nur noch vom 28. bis zum 90. Tag ab positivem PCR-Test als genesen. Nach zwei Monaten ist man also wieder vom sozialen Leben ausgeschlossen.

Die Änderung soll "fachlich" begründet sein. Hmmm.
rki.de/DE/Content/Inf...

10:07 vorm. · 16. Jan. 2022 · Twitter Web App

https://twitter.com/SHomburg/status/1482640517116547074

Wieder eine Säuberung: Der Wiener Universitätsprofessor Dr. Andreas Sönnichsen wurde entlassen, nachdem er Österreichs Coronapolitik kritisierte.

Stefan Homburg
@SHomburg

ABENDPROGRAMM

Beim Internetsender AUF1 spricht Univ.-Prof. Dr. Andreas Sönnichsen in seiner ruhigen Art über seine Entlassung in Wien, fehlende Solidarität unter Medizinern und seine inhaltliche Kritik an den Coronamaßnahmen.

auf1.tv
Im Gespräch: Prof. Andreas Sönnichsen bringt Ärztekammer und Med-Uni in Er...
Der Facharzt für Innere und Allgemeinmedizin Prof. Andreas Sönnichsen leitete mehrere Jahre die Abteilung für Allgemein- und Familienmedizin am Zentrum für...

7:56 nachm. · 16. Jan. 2022 · Twitter Web App

https://twitter.com/SHomburg/status/1482788872983613445

Twitter zensierte mittlerweile nicht nur regierungskritische Inhalte, sondern selbst bloße Verweise auf Demonstrationen und stellte damit ein weiteres Mal unter Beweis, wie die Technikkonzerne zur Demokratie stehen. Aldous Huxley ließ grüßen. Aber stets gab es Schlupflöcher: Ein Link von meinem Twitter- auf mein GETTR-Profil blieb unbeanstandet, und dort fanden Interessenten den weiteren Link auf die Demodatenbank.

Stefan Homburg
@SHomburg

Heute werden viele wieder einen Spaziergang machen.
Termine finden Sie hier, da Twitter den Link nicht mag:
gettr.com/post/poswauf98b
Versammlungverbote sind gemäß § 28a Abs. 8 IfSG unzulässig, weil die "epidemische Lage" im November beendet wurde. Einige Städte wissen das nicht.

6:48 vorm. · 17. Jan. 2022 · Twitter Web App

https://twitter.com/SHomburg/status/1482952994723450880

Kurz nachdem das RKI den Genesenenstatus für Hunderttausende beseitigt und sie damit in Schwierigkeiten gebracht hatte, entzog das PEI all jenen, die eine Impfung mit Johnson & Johnson erhalten hatten, den Geimpftenstatus. Ich nutzte diese Gelegenheit für den Hinweis, dass alsbald wohl alle als „ungeimpft“ gelten würden. Auf diese Weise hatte ja schon Israel ein Impfabo installieren wollen.

Der Tweet enthält darüber hinaus eine Karikatur, die viele Gegner schmerzen musste, indem sie zeigte, welchen enormen Bedeutungswandel der Begriff „Linker“ erfahren hatte: Von Staatsferne und bärtig-wildem Outfit hin zu Maske, digitalem Überwachungsgerät und Industrielogo. Es wäre ein interessantes Projekt zu erforschen, mit welchen Kniffen die Industrie es immer wieder schafft, die sogenannte Linke auf ihre Seite zu ziehen, nicht nur bei Corona. Der Hinweis auf „echte Linke“ im Tweet betont, dass es weiterhin durchaus auch klassische Linke gab, die gemeinsam mit den Normalbürgern gegen Lockdowns und Impfzwang protestierten.

https://twitter.com/SHomburg/status/1483012364790386691

Nach wie vor befürworteten viele Politiker und in geringerem Maß auch die Bürger das Impfabo; laut Narrativ war es die einzige Möglichkeit, der „Pandemie“ zu entrinnen. Alle verfügbaren Zahlen widerlegten diese absurde Behauptung, zumal die politisch entscheidenden Fallzahlen der Impfchampions nunmehr aus dem Ruder liefen: Israel, Australien, Spanien und Portugal erreichten „Inzidenzen“, die jedem vor Augen führten, dass die Impfung entweder wirkungslos war oder sogar infektionsverstärkend wirkte. Die deutschen Fallzahlen wirkten im Vergleich zu den vorigen Ländern sehr beruhigend, aber das hielt den Bundesgesundheitsminister nicht vom Ruf nach verschärften Maßnahmen ab.

Stefan Homburg
@SHomburg

Oben: Früher härteste Lockdowns und höchste Impfquoten, unsere leuchtenden Vorbilder beenden die nutzlosen Maßnahmen.

Unten: Bei uns legt @Karl_Lauterbach jetzt erst richtig los mit Verschärfungen!

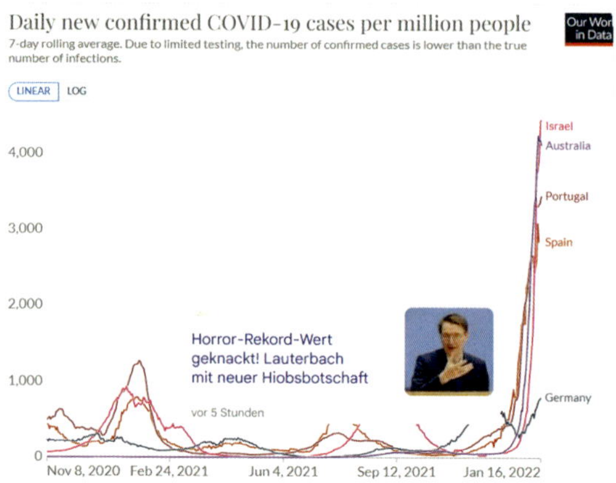

2:25 nachm. · 17. Jan. 2022 · Twitter Web App

https://twitter.com/SHomburg/status/1483068066162524162

Im Fadenkreuz

Nachdem mich ein Rotpunkt angezeigt hatte, machte der Verfassungsschutz Niedersachsen auf Twitter eine unvorsichtige Bemerkung mit enormer Resonanz und Wirkung.

Verfassungsschutz Niedersachsen
@LfV_NI

Antwort an @sabi_ri @SHomburg und @TwitterDE

Herr Homburg ist uns bekannt. Den Thread haben wir dem Fachbereich zur Kenntnis weitergeleitet.

9:32 vorm. · 18. Jan. 2022 · Twitter Web App

https://twitter.com/LfV_NI/status/1483356610508513281

Der Verfassungsschutz gab offen zu, einen Wissenschaftler wie mich, der Regierungsdaten, Fachartikel und Zeitungsberichte teilte, zu beobachten, während etliche Salafisten und Extremisten angeblich wegen Personalmangels nicht verfolgt werden konnten. Das war eine gute Vorlage für einen eigenen Tweet und einen subtilen Spaß: Der Whistleblower Edward Snowden pflegte früher nur einem einzigen Twitterprofil zu folgen, nämlich dem der

Sicherheitsbehörde NSA. Ich folgte nunmehr für eine Zeit dem niedersächsischen Verfassungsschutz, hielt diesen also „unter Beobachtung".

Stefan Homburg
@SHomburg

Hier erhalte ich fürs Teilen offizieller Daten und meine Ansichten die Quittung: Der Geheimdienst verlangt meine Sperrung!

Immerhin weiß jetzt jeder, was hier läuft.

Verfassungsschutz Niedersachsen @LfV_NI · 18. Jan.
#SperrtSHomburg Wir müssen hier korrigierend eingreifen.

Seine Tweets und Aussagen sind uns bekannt. Ein Beobachtungsobjekt ist ein feststehender Begriff im §6 NVerfSchG.

fcld.ly/nverfschg-6

Davon haben wir nicht gesprochen! Bitte den Tweet nicht weiter interpretieren.

12:01 nachm. · 18. Jan. 2022 · Twitter Web App

https://twitter.com/SHomburg/status/1483394035838554112

Durch den vom Verfassungsschutz Niedersachsen im vorigen Beitrag verwendeten Hashtag #SperrtHomburg war ich jetzt nicht nur Subjekt, sondern auch Objekt auf Twitter. Der Hashtag trendete einige Tage lang fulminant, weil Tausende meine dauerhafte Sperrung wünschten. Ich war darüber sehr erfreut, da dies aufgrund des bereits erwähnten Streisand-Effekts für Zulauf sorgen musste. So kam es auch; meine Followerzahl überstieg schon bald die Grenze von 60.000.

Während man 2020 vornehmlich Erwachsene getestet hatte und anlasslose Massentests an Schulen 2021 eingeführt wurden, weitete die Politik das Testen nunmehr auch auf Kitas aus. Da Kitas bekanntlich wahre Brutstätten für Infektionen aller Art sind, wirkte ihre Einbeziehung wie ein Booster auf die Fallzahlen, die nie gesehene Rekordwerte erreichten. Zur Erinnerung: Kurz nach Ostern 2021 griff die Ausgangssperre schon ab einer „Inzidenz" von 100, weil diese das Gesundheitssystem angeblich an seine Grenze brachte. Im Winter 2021/22 wurden jetzt Werte jenseits 1.700 erreicht, deren medialer Effekt sich paradoxerweise abnutzte. Die Politik hielt indes eisern an ihren Bevölkerungs-, Hospitalisierungs- und ITS-Inzidenzen fest, als gäbe es einen engen Zusammenhang zwischen PCR-Tests und Krankenlast.

Stefan Homburg
@SHomburg

Gut 100.000 PCR-Fälle, die ohne medizinischen Befund als "Neuinfektionen" geframed werden. Frankreich ist fast auf dem 5fachen Niveau.

Mit neuen Tests in Kitas und Schulen werden wir das auch schaffen. Und Eltern werden wegen der Massenquarantänen verzweifeln. 1/2

Kita und Schule: Niedersachsen verschärft Corona-Testregeln

Stand: 18.01.2022 20:54 Uhr

Niedersachsen will die Teststrategie für Kinder verschärfen. Künftig sollen Tests auch in Kitas Pflicht werden. An Schulen müssen sich bald auch Doppelt-Geimpfte und Genesene wieder testen.

7:39 vorm. · 19. Jan. 2022 · Twitter Web App

https://twitter.com/SHomburg/status/1483690533650415616

Als Chef der Kassenärztlichen Bundesvereinigung hatte Andreas Gassen immer wieder medizinische Gesichtspunkte eingebracht, die politisch unerwünscht waren, und dabei Lockdown und Impfpflicht kritisiert. Nunmehr erklärte Gassen rundheraus, die Ärzteschaft wolle die Impfpflicht nicht „exekutieren". Dieser Unwille hatte einen offensichtlichen Grund: Bisher gingen Patienten freiwillig und in der Hoffnung auf Hilfe zu ihren Ärzten. Bei einer Impfpflicht bestand die Gefahr, dass dieser Gang als Weg zum Schafott empfunden würde, der das Vertrauensverhältnis zwischen Arzt und Patient zerstörte.

Stefan Homburg
@SHomburg

Ärztechef Gassen und 100.000 Kassenärzte weigern sich, das Abo zu "exekutieren", sie wollen nicht Terminator spielen.

Damit entsteht eine neue Situation: Die Ampel braucht nicht nur passiven Zwang gegen Patienten, sondern auch aktiven Zwang gegen Ärzte.

berliner-zeitung.de
Deutschlands Kassenärzte wollen Impfpflicht nicht umsetzen
Andreas Gassen vertritt 100.000 Kassenärzte. Er sagt, eine Praxis sei „kein Ort, um staatliche Maßnahmen durchzusetzen". Auch eine Beratungspflicht lehnt er...

3:05 nachm. · 19. Jan. 2022 · Twitter Web App

https://twitter.com/SHomburg/status/1483802751708581892

In diesem 8-Sekunden-Video behauptete Karl Lauterbach, auch bei einer Impfpflicht würden sich die Menschen letztlich freiwillig impfen lassen.

Stefan Homburg
@SHomburg

Neusprech @Karl_Lauterbach

G2-Erpresste und Impfpflichtopfer handeln freiwillig - Rücktritt!

Von **thecriticalvoice**

9:50 nachm. · 19. Jan. 2022 · Twitter Web App

https://twitter.com/SHomburg/status/1483904645898645504

Es war kaum glaublich, wie das Fernsehen Lauterbach fast täglich eine Bühne für seine wirren und inhumanen Äußerungen gab. Mit demselben Recht hätte er sagen können, dass auch Erpressungs- und Vergewaltigungsopfer letztlich „freiwillig“ mitmachen.

Der niedersächsische Verfassungsschutz hatte mir mit seinen Tweets enorme Aufmerksamkeit verschafft und die Followerzahl auf 60.000 hochgetrieben. Einige Zeit später kam dieser Zuwachs zum Versiegen, vermutlich durch einen am Ende des Buchs wiedergegebenen Tweet, den Twitter für „irreführend“ hielt.

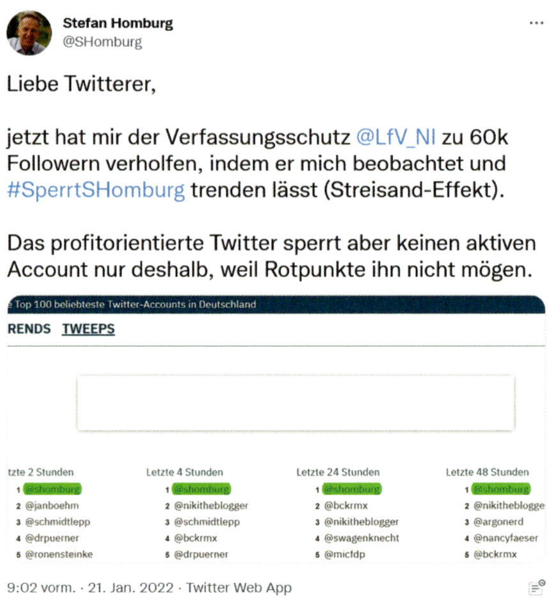

https://twitter.com/SHomburg/status/1484436167722516481

Pünktlich zu jeder politischen Lockdownrunde gab der „Expertenrat“ eine erneute Stellungnahme ab und sagte darin eine aus der Luft gegriffene Überlastung des Gesundheitssystems in zwei bis drei Wochen voraus, die niemals kam. Viele durchschauten dieses Muster inzwischen oder waren abgestumpft. Manche hatten auch registriert, dass Schweden, England und andere Länder problemlos durch den Winter gekommen waren, obwohl keines von ihnen über ein ähnlich ausgebautes Gesundheitswesen verfügte und die Menschen dort längst ihre alten Freiheiten genossen.

Gleichwohl fanden die meisten Medien es richtig, immer wieder Schlagzeilen vom Typ „Expertenrat schlägt Alarm“ zu bringen, ohne ihre Meldung auch nur ansatzweise kritisch zu hinterfragen. Den folgenden Appell verabschiedete der Expertenrat erneut mit 19 von 19 Jastimmen; man konnte sich nur an den Kopf fassen und an Huxleys Wissenschaftsdiktatur erinnern.

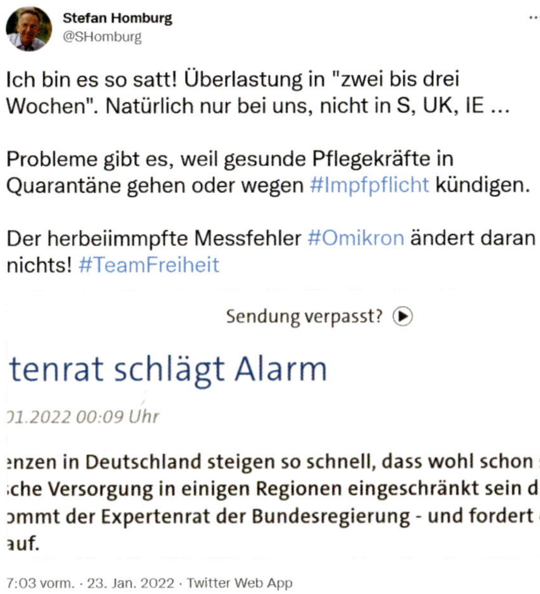
Stefan Homburg
@SHomburg

Ich bin es so satt! Überlastung in "zwei bis drei Wochen". Natürlich nur bei uns, nicht in S, UK, IE ...

Probleme gibt es, weil gesunde Pflegekräfte in Quarantäne gehen oder wegen #Impfpflicht kündigen.

Der herbeiimmpfte Messfehler #Omikron ändert daran nichts! #TeamFreiheit

Sendung verpasst?

tenrat schlägt Alarm

)1.2022 00:09 Uhr

ɜnzen in Deutschland steigen so schnell, dass wohl schon s
ɩche Versorgung in einigen Regionen eingeschränkt sein di
ɔmmt der Expertenrat der Bundesregierung - und fordert c
ɜuf.

7:03 vorm. · 23. Jan. 2022 · Twitter Web App

https://twitter.com/SHomburg/status/1485130954133938177

Vor allem drei Politiker schickten sich nun an, der Bevölkerung zwangsweise Impfstoffe zu verabreichen, obwohl diese weder eine endgültige Zulassung hatten noch Fremdschutz gewährten. Dabei handelte es sich um Janosch Dahmen (B90/Grüne), Agnes Strack-Zimmermann (FDP) und Dirk Wiese (SPD). Für ihr Handeln habe ich keinerlei Erklärung. Das Vorhaben markierte aus meiner Sicht einen Tiefpunkt der deutschen Parlamentsgeschichte.

Ich bekam in dieser Zeit zahlreiche Antwortmails von Bundestagsabgeordneten in Kopie zugeschickt, deren Inhalte erschreckend waren. Eine Email begann mit der Konzession, ein Fremdschutz sei bei der Impfung leider nicht gegeben, und endete mit dem Bekenntnis zur Zwangsimpfung für Pflegepersonal, da man Patienten doch besonders schützen müsse. Der Verfasser und sein Team erkannten offensichtlich nicht den darin liegenden Widerspruch.

Stefan Homburg
@SHomburg

Warum hat der experimentelle Wirkstoff von Biontech immer noch keine endgültige Zulassung? Nun, von den hierfür notwendigen 36 Auflagen der EMA wurden nur ganze 7 erfüllt:
ema.europa.eu/en/documents/v...
Solche Details sind dem #Impfpflicht - Bündnis egal.

BRIEF AN ALLE ABGEORDNETEN

Ampel-Politiker schmieden 1. Impfpflicht-Bündnis

Politiker aus verschiedenen Parteien sprechen sich in einem Schreiben offiziell für eine Impfpflicht ab 18 Jahren aus
Foto: Kay Nietfeld/dpa, picture alliance/dpa/Revierfoto

Von: **JAN W. SCHÄFER**
21.01.2022 - 18:22 Uhr

8:25 vorm. · 23. Jan. 2022 · Twitter Web App

https://twitter.com/SHomburg/status/1485151801095643139

Gelegentliche Nachfragen, wie viele Mitglieder mein Team umfasse oder wie ich die ganzen Recherchen sonst bewerkstellige, ließen mich stets schmunzeln. Hier verrate ich die Antwort: Es gab kein Team und auch fast keine Recherchen. Vielmehr brauchte ich nur meine Mailbox zu öffnen, um darin täglich zwischen 50 und 100 Anregungen zu finden. Aus den besten Anregungen baute ich die Tweets. Dieses Vorgehen erklärt auch ihre Heterogenität. Nie wäre ich beispielsweise von selbst auf die Idee gekommen, Stellengesuche für Fernsehstatisten näher zu betrachten. Ein Unterstützer fand dort jedoch ein weiteres Puzzlestück der alles durchdringenden Pharma-Matrix: Ein Privatsender bot gut bezahlte Positionen für bekehrte Impfskeptiker aller Altersklassen. Angebote für Impfgeschädigte gab es natürlich nicht. Wer eine Erklärung für diese Asymmetrie suchte, musste sich nur fragen, welche Branche nach den Tabak- und Alkoholwerbeverboten die meisten Fernsehspots schaltete.

https://twitter.com/SHomburg/status/1485297378131427331

Im Jahre 2021 hatte der damalige Bundesgesundheitsminister Jens Spahn in einer öffentlichen Talkrunde zutreffend festgestellt, dass die Laborpandemie bei Testung auch der Geimpften nie enden werde; er wusste natürlich, dass die Impfung keinen Einfluss auf die Ansteckungen hatte. Sein Nachfolger ließ Geimpfte nunmehr tatsächlich testen. Und er dehnte die anlasslosen Massentests auf Kitas aus. Und zur Krönung bezog Lauterbach auch noch Schnelltests ein, während die „Inzidenz" zuvor ausschließlich auf Basis der PCR-Tests berechnet worden war. Alle diese Maßnahmen führten auf nie dagewesene Fallzahlen, denen nur durch weitere wirkungslose Impfrunden begegnet werden konnte. Der Tweet erinnerte an Spahns Aussage und zeigte das nunmehr etablierte Impfkarussell, eine treffende Karikatur.

Stefan Homburg
@SHomburg

Spahns Diktum hat sich @Karl_Lauterbach zu Herzen genommen: Er lässt nicht nur Geimpfte testen, sondern bezieht sogar Schnelltests in die Berechnung seiner "Fallzahlen" ein!

So ist der Fortbestand der "Maßnahmen" bis zur nächsten Mutation gesichert. 1/3

7:29 nachm. · 24. Jan. 2022 · Twitter Web App

https://twitter.com/SHomburg/status/1485681185540001801

DocCheck

Eines Tages schickte mir „Frau Nulleberg", wobei es sich gerüchteweise um einen in Berlin ansässigen männlichen Nerd handelte, ein interessantes Leak. Nulleberg hatte sich beim Pharmaportal DocCheck als „Arzt" registriert, was ich zur Kontrolle ebenfalls tat. Dabei hatte er festgestellt, dass man auf diese Weise mitlesen konnte, wer dort an Erfahrungsberichten mitschrieb, die den Anschein erweckten, sie seien allein von idealistischen Ärzten in ihrer Freizeit erstellt worden. Als Autoren und Administratoren waren ganze Teams registriert, und die Berichte, die unter anderem von überfüllten Covidstationen handelten, machten den Eindruck professioneller Gemeinschaftswerke.

Eine nähere Recherche insbesondere im Unternehmensregister förderte zutage, dass es sich bei DocCheck um einen konglomeraten Konzern handelte, zu dem ein enorm profitabler Handel mit „Pandemieprodukten" gehörte, eine Pharma-Marketingagentur und der erwähnte Blog. Dies alles stellte ich in einem mehrteiligen Thread dar, von dem hier nur der erste Teil wiedergegeben ist. Die Fortsetzungen dokumentieren lückenlos das perfide Geschäftsmodell des von Dr. Frank Antwerpes geführten Konzerns.

Stefan Homburg
@SHomburg

Mein Tweet zum @narkosedoc hat sehr viel Staub aufgewirbelt, weil damit auch ein großer Spieler ins Visier kam:

Der konglomerate Konzern DocCheck verkauft "Pandemieprodukte", ist Pharmaagentur und betreibt eine gleichnamige Plattform. 1/5
Link: unternehmensregister.de/ureg/result.ht...

Halbjahresfinanzbericht	01.01.2021 - 30.06.2021 EUR	01.01.2020 - 30.06.2020 EUR	Veränderung EUR
Umsatzerlöse	51.037.087,55	20.946.272,14	30.090.815,41
davon antwerpes	13.558.330,77	10.798.296,58	2.760.034,19
davon DocCheck	4.421.541,07	3.050.825,56	1.370.715,51
davon DocCheck Shop	33.466.121,57	7.304.906,21	26.161.215,36
EBIT	9.693.505,10	3.838.192,03	5.855.313,07
EBITDA	10.926.416,31	4.937.170,33	5.989.245,98
Konzernjahresüberschuss	7.121.792,90	2.562.440,65	4.559.352,25
-davon den Aktionären der DocCheck AG zuzurechnen	6.764.295,35	2.504.532,20	4.259.763,15
Gewinn pro Aktie (unverwässert)	1,34	0,50	0,84
Gewinn pro Aktie (verwässert)	1,34	0,50	0,84
Bestand liquide Mittel (30.6.)	19.683.056,31	11.301.749,53	8.381.306,78
Anzahl Mitarbeiter (30.6.)	388	274	114

Konzernzwischenlagebericht der DocCheck AG, Köln, für das 1. Halbjahr des Geschäftsjahres 2021

1. Wichtige Ereignisse im Berichtszeitraum

Außerordentliche Ereignisse oder solche von besonderer Bedeutung für den Konzern waren im Berichtszeitraum wie folgt zu verzeichnen.

Die weiter andauernde COVID-19-Pandemie war in der Planung für das Geschäftsjahr 2021 primär für das erste Quartal als relevanter Umsatztreiber im DocCheck Shop berücksichtigt. Die hohe Nachfrage nach Pandemieprodukten hielt jedoch deutlich bis in das zweite Quartal hinein an, so dass sich die Ertragslage besser entwickelte als geplant. So erzielte der DocCheck Shop ein Umsatzwachstum von 7,3 Millionen Euro im ersten Halbjahr 2020 auf 33,5 Millionen Euro im ersten Halbjahr 2021. Dieser positivere Geschäftsverlauf übertraf die Erwartungen und war Anlass, die Umsatzprognose mit der vorläufigen Veröffentlichung der Halbjahreszahlen von 63,1 Millionen Euro auf 70,0 bis 72,5 Millionen Euro anzupassen. Die EBIT-Prognose wurde ebenso von 9,2 bis 10,0 Millionen Euro auf 13,5 bis 14,0 Millionen Euro angehoben.

7:02 nachm. · 25. Jan. 2022 · Twitter Web App

https://twitter.com/SHomburg/status/1486036880940490761

Der Thread hatte weitreichende Wirkungen: Zahlreiche Pseudodoktoren verschwanden plötzlich von der Bildfläche; andere erwähnten fortan explizit, dass sie im Rahmen internationaler Pharmanetzwerke professionell tätig waren; dritte unterbanden Drukos unter ihren Tweets, um vor Beleidigungen und Anschuldigungen geschützt zu sein. Außerdem ging Dr. Antwerpes mit seinem Konzern anwaltlich und gerichtlich gegen mich vor, weshalb ich eine Nebenbemerkung löschte. Der zentrale Thread, oben wiedergegeben, war davon aber nicht betroffen.

Mit der für wissenschaftliche Aufsätze üblichen Verzögerung schafften es Impfschäden wie Herzmuskelentzündungen nun auch in Topjournale, hier etwa in die Fachzeitschrift JAMA. Bis dahin hatte es vorwiegend Preprints gegeben, die keine Qualitätssicherung durchlaufen hatten. Einen Fachartikel konnte man guten Gewissens verlinken, aber nicht sicher sein, ob dies Sanktionen durch Twitter nach sich zog.

Stefan Homburg
@SHomburg

Brandneuer Artikel in Topjournal, peer-reviewed:

Risiko von Myocarditis (Herzmuskelentzündung) steigt in zahlreichen Altersklassen. Und zwar nach der zweiten Dosis stärker als nach der ersten. Die Effekte sind bei jüngeren Männern am deutlichsten.

teristics of Reports to VAERS After mRNA-Based COVID-19 Vaccination That Met the CDC's Case Definition for Myocarditis Between December 14, 2020, and August 31, 2021

	Vaccination with BNT162b2			Vaccination with mRNA-1273			
	First dose	Second dose	Dose unknown	First dose	Second dose	Dose unknown	Overa
itis reports to VAERS	147	928	61	126	337	27	1626
ion doses administered	114 246 837	95 532 396		78 158 611	66 163 001		354 1
QR), y	19 (16-37)	18 (16-25)	22 (16-35)	31 (23-47)	26 (21-36)	29 (22-39)	21 (1
m onset, d	3 (1-8)	2 (2-3)	3 (2-4)	3 (2-9)	2 (1-3)	2 (1-5)	2 (1-
lo. (%)	(n = 147)	(n = 928)	(n = 61)	(n = 125)	(n = 337)	(n = 27)	(n = 1
	111 (76)	795 (86)	53 (87)	89 (71)	265 (79)	21 (78)	1334
	36 (24)	133 (14)	8 (13)	36 (29)	72 (21)	6 (22)	291 (
nd ethnicity,	(n = 123)	(n = 772)	(n = 40)	(n = 100)	(n = 277)	(n = 18)	(n = 1
lian tive	1 (1)	4 (1)	0	1 (1)	0	0	6 (<1
	10 (8)	58 (8)	1 (3)	5 (5)	10 (4)	0	84 (6
	11 (9)	31 (4)	3 (8)	5 (5)	14 (5)	4 (22)	68 (5
	28 (23)	127 (16)	9 (23)	23 (23)	36 (13)	5 (28)	228 (
s	1 (1)	10 (1)	0	0	5 (2)	1 (6)	17 (1
ian ander	0	5 (1)	1 (3)	1 (1)	0	0	7 (1)
	72 (59)	531 (69)	26 (65)	65 (65)	212 (77)	8 (44)	914 (
	0	6 (1)	0	0	0	0	6 (<1

CDC, US Centers for Disease Control and Prevention; VAERS, Vaccine Adverse Event m.

hout ethnicity were either non-Hispanic or had no ethnicity reported.

[a] Individuals were able to choose this category without further specification.

jamanetwork.com
Myocarditis Cases Reported After mRNA-Based COVID-19 Vaccination in the U...
This descriptive study compares the effect of mRNA-based COVID-19 vaccination with BNT162b2 (Pfizer-BioNTech) vs mRNA-1273 (Moderna) on the ...

11:47 vorm. · 26. Jan. 2022 · Twitter Web App

https://twitter.com/SHomburg/status/1486289692966465537

Tansania

Ende Januar unternahm ich meine vierte Auslandsreise während der „Pandemie“, und zwar nach Tansania. Im Gegensatz zu seinen Nachbarstaaten wie Uganda oder Kenia, die teils härtere Maßnahmen ergriffen hatten als Deutschland (in Uganda blieben beispielsweise die Schulen zwei Jahre am Stück geschlossen), war Tansania von Beginn an zurückhaltend und unternahm so gut wie nichts gegen das Coronavirus. Daher wurde das Land auf Grundrechtedemos oft erwähnt und hatten sich bereits einige Auswanderer dorthin aufgemacht. Ich wollte mir das einmal aus der Nähe anschauen und brauchte auch unbedingt eine Auszeit. Die Zustände in Deutschland setzten mir nicht so sehr physisch zu, durch Maskentragen, Sportverzicht usw., sondern vor allem psychisch, da ich eine derart lang anhaltende kollektive Neurose nicht für möglich gehalten hatte.

Stefan Homburg
@SHomburg

Liebe Twitterer,

nach zwei Jahren im Maßnahmen-Vollzug muss ich mal raus aus 🇩🇪. Das Virus ist zwar überall, die "Pandemie" aber nicht. In Afrika lebt man vielerorts wie früher.

Ich werde daher vorerst wenig oder gar nicht twittern.

Man sieht sich wieder!
Ihr Prof. Homburg

9:05 nachm. · 26. Jan. 2022 · Twitter Web App

https://twitter.com/SHomburg/status/1486430088119951362

Auch in Afrika verfolgte ich das Geschehen weiter, twitterte ab und zu Safarifotos und Ähnliches in die Heimat und kritisierte den Vorschlag einer angeblichen Befristung der Impfpflicht:

Stefan Homburg
@SHomburg

Union will Impfpflicht nur "zeitlich befristet".

So wie die Sektsteuer (seit 1902)? Der Soli (seit 1990er)? Die Lockdowns (seit 2020)? Wer soll das glauben? @_FriedrichMerz

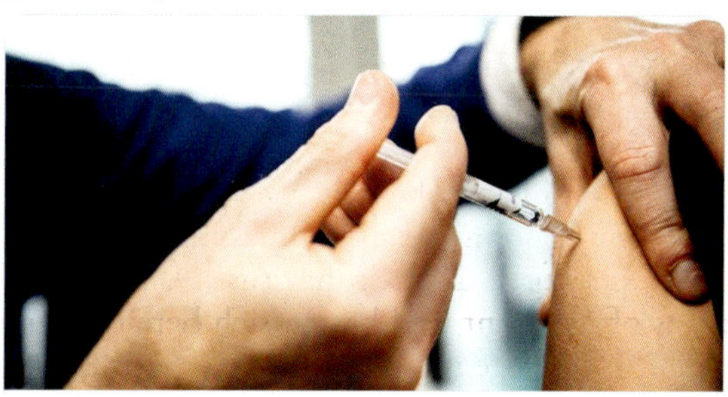

berliner-zeitung.de
Bericht: Union will Impfpflicht mit „enger zeitlicher Befristung" vorschlagen
Die Regelung soll zudem nur bei besonders gefährlichen Virusvarianten greifen. Eine derartige Unterscheidung fehle in den bisherigen Gruppenanträgen.

7:01 nachm. · 29. Jan. 2022 · Twitter for Android

https://twitter.com/SHomburg/status/1487486016420261893

Befristungen werden meist nicht ernsthaft eingeführt, sondern um politische Widerstände zu überwinden. Ist das Gesetz erst einmal verabschiedet, kann es relativ leicht verlängert oder gar auf weitere Impfungen ausgedehnt werden. Die Beispiele hierfür sind Legion; der Solidaritätszuschlag ist wohl das bekannteste.

In Tansania brauchte ich nur einen Tag, um mich an die vollständige Abwesenheit von Masken, Abständen, Impfungen und Horrornachrichten zu gewöhnen. Um den Twitterern zu demonstrieren, dass es auch anders ging, sendete ich ein Foto vom Trubel auf dem Markt in die Heimat.

Stefan Homburg
@SHomburg

URLAUBSFOTO

Hier auf dem wuseligen und duftenden Markt gilt wie im ganzen Land eine konsequente #NoCovid Strategie: Gesunde werden nicht getestet!

Daher sind weder Masken noch Abstände vorgeschrieben.

10:47 vorm. · 31. Jan. 2022 · Twitter for Android

https://twitter.com/SHomburg/status/1488086432459730946

Öffnungswünsche und Impfzweifel

Der ÖRR lockerte nun wieder ein wenig und lud als Gegenpart zum grünen Lockdown- und Impfverfechter Janosch Dahmen den Arzt Dr. Thomas Voshaar ein, der Dahmen eine bemerkenswerte Lehrstunde erteilte. Das Video ist wirklich spektakulär, da Dr. Voshaar in ruhigen Worten eine zwingende Argumentation entwickelt, während Dahmen zunehmend bedröppelt ausschaut und sich windet.

Stefan Homburg
@SHomburg

Phantastisch!

Der Arzt Dr. Voshaar gibt dem grünen Ideologen Janosch Dahmen eine Lehrstunde, die es in sich hat:

youtube.com
Dr.Voshaar bei Maischberger

10:12 vorm. · 3. Feb. 2022 · Twitter for Android

https://twitter.com/SHomburg/status/1489164776827764737

Israel war viel weiter als wir. Dort berichtete eine große Tageszeitung, dass die meisten schweren Fälle im Krankenhaus zuvor drei Impfdosen erhalten hatten.

Stefan Homburg
@SHomburg

Prof. Yaakov Jerris berichtet in dieser großen israelischen Zeitung:

"Momentan sind die meisten unserer schweren Fälle vollständig geschützt. Sie haben mindestens drei Dosen erhalten."

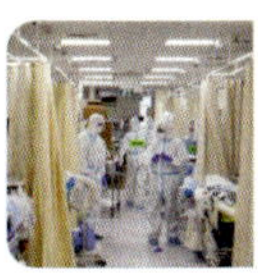

israelnationalnews.com
'80% of serious COVID cases are fully vaccinated' says Ichil...
Vaccine has "no significance regarding severe illness," says Prof. Jacob Giris.

2:47 nachm. · 6. Feb. 2022 · Twitter Web App

https://twitter.com/SHomburg/status/1490321283615268875

Unter dem treffenden Titel „Impfschäden – Das dröhnende Schweigen über die Nebenwirkungen“ erklärte der „Cicero“, warum Ärzte keinen Anreiz hatten, Schäden an das PEI zu melden. Während nämlich die Impfung selbst hochprofitabel war und die dadurch erzielten Monatsumsätze einer Praxis nach Zeitungsberichten bis zu 250.000 Euro betrugen, erhielten die Ärzte für die zeitaufwendige Meldung von Nebenwirkungen keinerlei Vergütung. Diese mir zuvor unbekannte Asymmetrie verzerrte die Nutzen-Risiko-Profile von Impfungen natürlich generell, nicht nur bei den neuen Coronaimpfstoffen.

Stefan Homburg
@SHomburg

Auch der "Cicero" durchbricht das Schweigekartell zu den Nebenwirkungen.

Mit frustrierenden Zitaten: „Wenn ich das jetzt melde, wer zahlt mir meinen Arbeitsaufwand?“ "... wäre ich wohl jede Woche mindestens 2h extra beschäftigt."

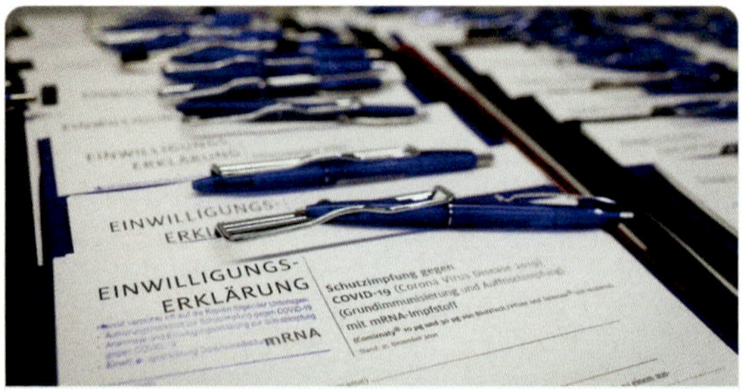

cicero.de
Impfschäden - Das dröhnende Schweigen über die Nebenwirkungen
Über Schäden und Nebenwirkungen im Zusammenhang mit der Corona-Impfung wird selten gesprochen. Ein „Cicero“ vorliegendes Chat-Protokoll ...

8:06 vorm. · 7. Feb. 2022 · Twitter Web App

https://twitter.com/SHomburg/status/1490582672577634308

Matthias Koch vom Redaktionsnetzwerk Deutschland hatte mich zu Anfang der Coronakrise höchst unfair attackiert, mich als Demagogen und meine Lockdownkritik als „hohläugig“ bezeichnet, was immer das heißen sollte. Nun wiederholte er das, was ich im April 2020 zu Schweden geschrieben hatte, in ähnlichen Worten und mit ähnlicher Stoßrichtung für Dänemark. Viele verblüffte, dass unser unmittelbarer Dänemark Nachbar ins schwedische Lager gewechselt war. Freiheit begann jetzt gleich hinter Flensburg. Koch war kein Blitzmerker, aber nach zwei Jahren dämmerte wohl auch ihm, wie verfehlt die Maßnahmenpolitik war.

Stefan Homburg
@SHomburg

Im April 2020 empfahl ich Schweden als Vorbild und kritisierte unsere Grundrechtsverletzungen. Daraufhin porträtierte mich @KochMatthias als "hohläugigen" Verschwörungstheoretiker.

In der @HAZ von heute empfiehlt er Dänemark als Vorbild. Manche brauchen eben etwas länger.

Von Matthias Koch

Frischer Wind aus Dänemark

Die erste Lockerung, die Deutschland jetzt braucht, ist eine neue Unverkrampftheit im Denken. Lassen wir doch ruhig den Gedanken zu, dass andere Länder manches früher und vielleicht besser machen. Das war bei den Masken so, bei den Lockdowns, beim Impfen. Warum soll es bei den Lockerungen anders sein? Dass ein 80-Millionen-Volk in der Mitte Europas sich nicht bewegt wie ein Schnellboot, eher wie ein Tanker, ist nicht schlimm. Schlimm wäre Hochmut gegenüber anderen. Dänemark hat, das ist wahr, einen „Freedom Day" schon mal ein Jahr zu früh ausgerufen. Doch das heißt nicht, dass wir als Deutsche die Weisheit mit Löffeln gefressen hätten. Genießen wir doch in freudiger Erwartung des Frühjahrs schon mal den frischen Wind aus Dänemark.

https://twitter.com/SHomburg/status/1491757247629778944

In Indien zog Pfizer seinen Zulassungsantrag für den mRNA-Impfstoff zurück und verzichtete damit auf den weltweit zweitgrößten Markt. Die von Indien geforderten Sicherheits- und Wirksamkeitsnachweise wollte das Unternehmen nicht erbringen; dafür war es wohl auch schon zu spät.

Stefan Homburg
@SHomburg

In Indien hat Pfizer seinen Zulassungsantrag zurückgezogen, da sie Nachweise zur Sicherheit nicht erbringen wollten.

Da macht ihnen wenig aus. Hier haben sie ja genügend Versuchskaninchen und demnächst auch Zwangskonsumenten.

reuters.com
Pfizer drops India vaccine application after regulator seeks local trial
Pfizer Inc said on Friday it had withdrawn an application for emergency-use authorisation of its COVID-19 vaccine in India, after failing to meet the drug ...

12:57 nachm. · 13. Feb. 2022 · Twitter Web App

https://twitter.com/SHomburg/status/1492830273876242432

Obwohl buchstäblich sämtliche Quellen das genaue Gegenteil bewiesen, waren sich alle Teilnehmer bei Anne Will einig, dass die Coronaimpfung einen Fremdschutz schaffe. Diese Talkshow gehört zu den tendenziösesten in Deutschland. Entweder sitzt dort eine rein linksgrüne Runde, oder es wird ein einsamer Alibiteilnehmer durch mehrere Linksgrüne marginalisiert. Schlimmer als die Einseitigkeit der Meinungen war indes der fehlende Realitätsbezug.

Stefan Homburg
@SHomburg

Zum ersten Mal nach langem #AnneWill gesehen.

ALLE Teilnehmer waren sich einig, dass die Impfung Fremdschutz schafft.

War für mich die letzte Sendung!
transparenztest.de/post/ukhsa-geb...

10:25 nachm. · 13. Feb. 2022 · Twitter Web App

https://twitter.com/SHomburg/status/1492973231996911617

Das argumentative Niveau dieser Zeit kommt gut im folgenden Zitat des Ministerpräsidenten Stephan Weil zum Ausdruck. Immer wieder behaupteten Politiker, die „vollständig Geschützten“ müssten vor den Ungeimpften geschützt werden, ohne den Widersinn ihrer Forderung zu erkennen. Warum in aller Welt sollten ausgerechnet die Geimpften geschützt werden, wenn die Impfung doch angeblich so wirksam war?

https://twitter.com/SHomburg/status/1493473789312651268

Die Medien konnten Impfschäden jetzt nicht mehr totschweigen. Das Thema sickerte überall in die Berichterstattung ein, langsam zwar und mit politisch korrekter Tendenz, aber dennoch wirksam. In meinem Lokalblatt „Hannoversche Allgemeine Zeitung“ erschien beispielsweise der folgende Ganzseitenartikel über einen Geschädigten, der eine Hirnvenenthrombose erlitten hatte und jetzt gegen den Hersteller Astra Zeneca klagte.

Stefan Homburg
@SHomburg

Ein junger schlanker Sportmann überlebt eine Hirnvenenthrombose nur knapp. Trotzdem lässt er sich boostern. Anschließend erkrankt er an #COVID19.

Jetzt verklagt er den Hersteller. 1/2

6:11 nachm. · 15. Feb. 2022 · Twitter Web App

https://twitter.com/SHomburg/status/1493634115792506693

Zum Erstaunen der Öffentlichkeit erklärte Bundesgesundheitsminister Lauterbach unvermittelt, es habe nie eine Überlastung der Intensivstationen gegeben. Auf Twitter und auf den Webseiten seines eigenen Hauses war das zwar schon seit vielen Monaten nachzulesen, doch hatten diese Meldungen nicht eine vergleichbare Breitenwirkung.

Stefan Homburg
@SHomburg

Klar, es hat nie im Entferntesten eine Überlastung gegeben. Weder hier noch in Schweden.

Deshalb legitimiert Ihr #Expertenrat die Maßnahmen neuerdings mit #NoCovid : "Minimierung der Krankenlast", also Senkung auf Null. Illusionär und unehrlich!

BILD @BILD · 16. Feb.
Lauterbachs-Fazit - Es gab nie eine Überlastung der Intensivstationen! bild.de/bild-plus/poli...

1:27 nachm. · 16. Feb. 2022 · Twitter for Android

https://twitter.com/SHomburg/status/1493924999102713859

Im Vorfeld der Ministerpräsidentenkonferenz gab es eine peinliche Panne, indem die Entwurfsverfasser des nächsten Lockdownpapiers routinemäßig schrieben, Ziel der abermaligen Verlängerung der Maßnahmen sei die Vermeidung einer vom „Expertenrat“ befürchteten Überlastung des Gesundheitssystems. Da eine solche Befürchtung indes zum damaligen Zeitpunkt vollkommen abwegig war, hatte selbst der willfährige „Expertenrat“ nichts Derartiges mehr geäußert, sondern seine Argumentationsschiene offenbar ohne Absprache gewechselt: Lockdown und Impfpflicht sollten ab jetzt nicht mehr einer Überlastung entgegenwirken, sondern die „Krankenlast minimieren“.

Weil das Minimum der Krankenlast naturgemäß gleich null ist, versprach der Expertenrat unter dem Einfluss von Wieler und Brinkmann den Bürgern allen Ernstes, sich in der schönen neuen Covidwelt nie wieder zu erkälten, konnte diese Zusage aber nicht einlösen. Denn weder Lockdowns noch Abstände, Masken, Tests, Kontaktverfolgungen, Meldeapps, Ausgangssperren oder die Impfung wirkten. Jede dieser Maßnahmen wurde damit begründet, dass die jeweils anderen nicht funktionierten, doch erkannten nur wenige den darin liegenden Widersinn. Und weder die Medien noch die „Experten“ fragten, warum die Coronawellen in Ländern ohne derartige Maßnahmen ganz ähnlich verliefen, obschon es mittlerweile fast zwei Jahre Anschauungsmaterial gab.

Erwartungsgemäß fiel das durch den „Expertenrat“ propagandistisch vorbereitete Ergebnis der Lockdownrunde so aus, dass ich die Tageszusammenfassung zum zweiten Mal in Schwarz hielt.

Stefan Homburg
@SHomburg

Heute war ein ereignisreicher Tag, der die Isolierung der deutschen Coronapolitik deutlich vor Augen führte: Die Schweiz und Östereich öffnen, unsere Politiker raunen: "Winter is coming"!

Ich habe das in einem Poster zusammengefasst.
#FreedomDay #Lockerungen #Maskenpflicht

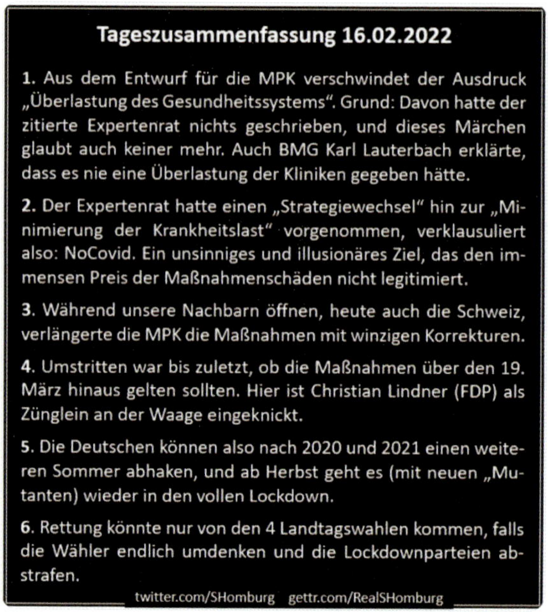

Tageszusammenfassung 16.02.2022

1. Aus dem Entwurf für die MPK verschwindet der Ausdruck „Überlastung des Gesundheitssystems". Grund: Davon hatte der zitierte Expertenrat nichts geschrieben, und dieses Märchen glaubt auch keiner mehr. Auch BMG Karl Lauterbach erklärte, dass es nie eine Überlastung der Kliniken gegeben hätte.

2. Der Expertenrat hatte einen „Strategiewechsel" hin zur „Minimierung der Krankheitslast" vorgenommen, verklausuliert also: NoCovid. Ein unsinniges und illusionäres Ziel, das den immensen Preis der Maßnahmenschäden nicht legitimiert.

3. Während unsere Nachbarn öffnen, heute auch die Schweiz, verlängerte die MPK die Maßnahmen mit winzigen Korrekturen.

4. Umstritten war bis zuletzt, ob die Maßnahmen über den 19. März hinaus gelten sollten. Hier ist Christian Lindner (FDP) als Zünglein an der Waage eingeknickt.

5. Die Deutschen können also nach 2020 und 2021 einen weiteren Sommer abhaken, und ab Herbst geht es (mit neuen „Mutanten) wieder in den vollen Lockdown.

6. Rettung könnte nur von den 4 Landtagswahlen kommen, falls die Wähler endlich umdenken und die Lockdownparteien abstrafen.

twitter.com/SHomburg gettr.com/RealSHomburg

7:22 nachm. · 16. Feb. 2022 · Twitter Web App

https://twitter.com/SHomburg/status/1494014425782792203

Rückblickend betrachtet war das Poster ein wenig zu pessimistisch, da die Maßnahmen zwar bis Anfang April verlängert wurden, dann aber zum größten Teil endeten. Inwieweit der aufwallende Protest gegen die Entscheidungen der Ministerpräsidentenkonferenz dazu beigetragen hat, dass die Realität besser wurde, wird man nie genau wissen.

Wie bereits erwähnt, hatte die EMA von Viertimpfungen abgeraten, und Daten aus Israel bestätigten diese Position. Auch der Bundesgesundheitsminister schien zuzustimmen, vermied aber mitzuteilen, dass er pro impffähiger Person bereits acht Dosen bestellt hatte. Dies ergab sich aus Materialien des Deutschen Bundestags.

Stefan Homburg
@SHomburg

Korrekt, das habe ich schon lange gesagt. Fragt sich nur, warum Sie hunderte Millionen Dosen für Deutschland bestellt haben.

Prof. Karl Lauterbach @Karl_Lauterbach · 16. Feb.
Diese Daten aus Israel sprechen eher gegen 4. Impfung für alle.
twitter.com/CarstenWatzl/s...

10:59 nachm. · 16. Feb. 2022 · Twitter for Android

https://twitter.com/SHomburg/status/1494069014607314944

Mit seinem antiwissenschaftlichen Kurs machte sich Deutschland zunehmend lächerlich. Maliziös reagierte das Boulevardblatt „Blick“, nachdem die Schweiz praktisch alle Maßnahmen beendet hatte. Niemand konnte verstehen, warum wir so inbrünstig daran festhielten.

Stefan Homburg
@SHomburg

Neid auf die Schweiz, in der Tat.

Nicht nur auf das bessere Leben ohne "Maßnahmen".
Sondern auch auf die klügeren Politiker und Bürger.

Blick | TV News Sport Meinung Politik Wirtschaft People Green Me

Sie müssen noch auf Lockerungen warten

So neidisch sind die Deutschen auf unsere Corona-Freude

Der Bundesrat hat so gut wie alle Corona-Massnahmen aufgehoben. Schluss mit der Zertifikatspflicht. Und auch die Maske muss nur noch vereinzelt ausgepackt werden. Anders dagegen in Deutschland. Dort wird nicht schnell gelockert – und das macht unsere Nachbarn neidisch.

Publiziert: 17.02.2022 um 16:50 Uhr | Aktualisiert: 17.02.2022 um 17:02 Uhr

12:31 nachm. · 18. Feb. 2022 · Twitter for Android

https://twitter.com/SHomburg/status/1494635619200471057

Daten aus England, die in Deutschland in dieser Qualität nicht verfügbar gemacht wurden, zeigten unzweifelhaft eine „Pandemie der Geboosterten“. Die Behauptung, man könne der Laborpandemie nur durch ewig wiederholte Impfungen entrinnen, widersprach den Fakten vollkommen, was in der politischen Debatte aber kaum eine Rolle spielte.

Stefan Homburg
@SHomburg

PANDEMIE DER GEBOOSTERTEN

In allen Altersgruppen Ü18, die Herr Dahmen dem Zwangsabo unterwerfen will, sind Geboosterte viel häufiger betroffen als Ungeimpfte.

Das Abo verhindert die Rückkehr zur Freiheit !

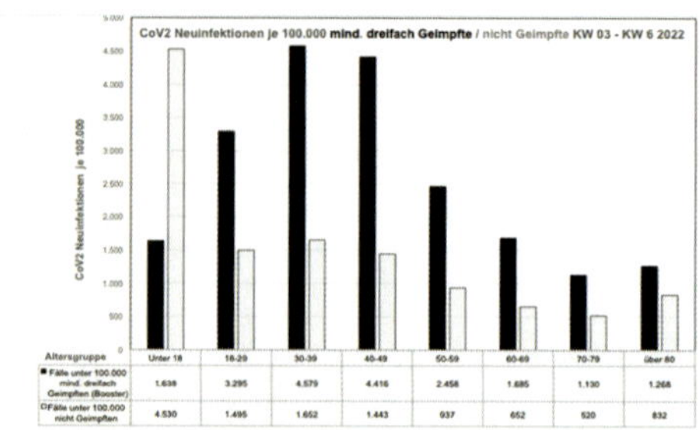

transparenztest.de
UKHSA: Geboosterte bis zu dreimal so häufig infiziert wie Ungeimpfte
UKHSA. In 6 von 8 Altersgruppen sind dreifach Geimpfte über 2x so viel infiziert wie Ungeimpfte. Bei 40-49J sind es 3x so viele Geboosterte.

6:01 nachm. · 18. Feb. 2022 · Twitter Web App

https://twitter.com/SHomburg/status/1494718662674206720

Doppelmoral

Umseitig folgt ein weiterer von zahllosen Schnappschüssen, die die politische Prominenz beim Feiern ohne Abstand und Maske zeigten, vorliegend Markus Söder und Ilse Aigner. Obwohl dreifach geimpft und folglich mit höherem Infektionsrisiko behaftet als Ungeimpfte, hatten sie keine Sorge vor Ansteckung in Innenräumen, sofern vermeintlich kein Publikum zuschaute. Nur wenn Kameras zugegen waren, gaben sie vor, die Regeln einzuhalten.

In den Vormonaten hatte ich ähnliche Fotos der SPD-Bundestagsfraktion, eines CDU-Parteitags und internationaler Gipfeltreffen geteilt. In keinem Fall wurde bekannt, dass Politiker für Verstöße gegen Regeln, die sie allen auferlegt hatten, belangt wurden. Wenn aber Beamter auf Grundrechtedemonstrationen aufgetreten waren, wurden ihnen im Rahmen der auf Entlassung gerichteten Disziplinarverfahren regelmäßig Verstöße gegen Abstands- und Maskenpflichten vorgehalten, um den Vorwurf freier Meinungsäußerung um weitere Missetaten anzureichern.

Stefan Homburg
@SHomburg

Ilse Aigner und @Markus_Soeder (Foto von gestern) haben längst verstanden: Keine Gefahr.

Aber sie quälen wehrlose Schulkinder weiter mit Masken und Tests. Die sind laut #Expertenrat ja so "vulnerabel". Doppelmoral!

10:01 nachm. · 18. Feb. 2022 · Twitter for Android

https://twitter.com/SHomburg/status/1494779007036014600

Auf der Münchner Sicherheitskonferenz gestand Bill Gates, der dort aus unerfindlichen Gründen sprach, wohl unabsichtlich ein, Omikron habe mehr für die Immunität gebracht als die Impfung. Das war ein Knüller.

Stefan Homburg
@SHomburg

Bill Gates heute: Leider hat Omikron für die Immunität mehr gebracht als die Impfung.

Game over. #LauterbachRuecktritt

Von **Wittgenstein**

10:35 nachm. · 18. Feb. 2022 · Twitter Web App

https://twitter.com/SHomburg/status/1494787620571910144

Wieder einmal spendierte mir die „Hannoversche Allgemeine Zeitung“ einen Diffamierungsartikel, ich weiß nicht mehr, der wievielte es war. Bemerkungen zu meinen Zahlen, Daten, Fakten oder wissenschaftlichen Aufsätzen fanden sich darin natürlich nicht.

https://twitter.com/SHomburg/status/1494936160614989825

Auf moralische Entrüstung beim Autor Bert Strebe stieß nur meine These, die bei uns herrschenden Zustände erinnerten an den Zerfall der Weimarer Republik, in dessen Verlauf Medien, Wissenschaft, Politik und Rechtsprechung schrittweise gleichgeschaltet wurden. Für keine Äußerung habe ich mehr Zuspruch erhalten, doch beharrten die Kritiker auf dem Standpunkt, wir lebten doch in einer Demokratie. Das stimmte zwar, bedeutete aber nur, dass die Bevölkerungsmehrheit die Maßnahmen lange mittrug, was in den 1930er-Jahren nicht anders gewesen war, denn ohne mehrheitliche Unterstützung hätten die Nationalsozialisten ihre Politik nicht durchsetzen können.

Wenn man Hannah Arendt nicht gelesen und sich mit Totalitarismus nie ernsthaft beschäftigt hat, kann man das natürlich nicht verstehen. Es ist alles eine Frage der Perspektive: Wer den Lockdown aus Angst vor einem Virus richtig fand, blieb daheim und wähnte sich in einer Demokratie, während draußen die Demonstranten und Kritiker verfolgt wurden. In den 1930er-Jahren war ebenfalls die Mehrheit einverstanden, auch wenn sie hinterher nichts gewusst haben wollte.

Wer die Entwicklung präzise beobachtete, beklagte ohnehin kein Demokratiedefizit, sondern den Verlust des *Rechtsstaats*, zu dessen zentralen Merkmalen der Minderheitenschutz und die Beachtung der verfassungsrechtlichen Ordnung gehören. Seit März 2020 waren lockdown- und impfskeptische Minderheiten nicht mehr geschützt, sondern wurden drangsaliert – und zwar in Form von Entlassung, Suspendierung, Diffamierung, Hausdurchsuchung oder Kontokündigung – und schließlich sogar verhöhnt, indem die Politik ihnen jene Demonstrationsfreiheit versagte, die sie für ihre eigene Klientel beanspruchte, bei letzterer gern auch ohne Abstand und Maske. Ein Kernelement der Verfassung, nämlich die Verhältnismäßigkeitsprüfung staatlicher Maßnahmen, war faktisch außer Kraft gesetzt; besonders Karlsruhe maß Grundrechtseinschränkungen lediglich daran, ob sie von weisungsgebundenen Behörden wie dem RKI gutgeheißen wurden.

Passend hierzu verlangte Markus Söder mit seinem feinen Gespür für Gegenwind, Telegram abzuschalten, da sich dort eine „Corona-RAF" herausbilde. Mit demselben Argument hätte er fordern können, den Telefon-, Brief- und Emailverkehr zu verbieten, denn selbstverständlich wurden Versammlungen auch mittels traditioneller Kommunikationsmittel verabredet. Grundrechtedemonstranten und Spaziergänger waren in ihrer überwältigenden Mehrheit friedlich, und bei ganz vereinzelten Gewaltaufrufen per Telegram bin ich sicher, dass diese von V-Leuten stammten, einem preiswerten und wirksamen Werkzeug zur Diskreditierung der Opposition: Ein einziger V-Mann, der in eine Telegramgruppe eingeschleust wurde und dort zu Gewalt aufrief, konnte es in sämtliche Nachrichten schaffen und ahnungslose Zuschauer überzeugen, wie schlimm die Lockdown- und Impfskeptiker doch in Wahrheit waren. Damit ließ sich für einen gegebenen Geldbetrag ungleich mehr Wirkung erzielen als durch Kauf von Wissenschaftlern oder Beauftragung von Medienagenturen.

Stefan Homburg
@SHomburg

Lieber @Markus_Soeder :

1. Ein paar V-Leute auf tm machen gleich eine "Corona-RAF", ernsthaft?

2. So lange Sie bei #Lockdown und #Impfpflicht Rotgrün zu toppen versuchen, geht es für Sie weiter abwärts, da Sie die Interessen Ihrer Stammwähler verraten.

3. Ob mit tm oder ohne.

nordbayern VNP

Politik > Söder will Telegram abschalten - "Wir dürfen am Ende keine Corona-RAF bekommen"

Gegen Fake-News

Söder will Telegram abschalten - "Wir dürfen am Ende keine Corona-RAF bekommen"

Von **dpa** 19.2.2022, 10:53 Uhr

3:56 nachm. · 19. Feb. 2022 · Twitter Web App

https://twitter.com/SHomburg/status/1495049652982456325

Rein sportlich betrachtet war die Coronapropaganda durchaus gekonnt. Ständig änderte sich die Bedeutung von Worten, und ständig kamen neue hinzu: Eine Allerweltsinfektion hieß „Pandemie"; das anfängliche „Erkrankungsgeschehen" wurde durch ein „Infektionsgeschehen" ersetzt und dann, nach intensiver Kritik am PCR-Test, durch ein nichtssagendes „Geschehen", wenngleich ein „dynamisches“. Den verhassten Begriff „Lockdown“ ersetzten Club- und Diskoschließungen, Stadionverbote und 2GPlus. Anfang 2022 trieb der „Basisschutz“ die Wortspielerei auf die Spitze.

Stefan Homburg
@SHomburg

SOMMER 2022:

2G+/2G/3G, FFP2-Zwang und #Impfpflicht .

Lockdown goes "Basisschutz"

welt.de
2G, 3G, Maskenpflicht: Das sagen Juristen zur Zukunft der ...
Eigentlich laufen am 19. März die Corona-Regeln im Infektionsschutzgesetz aus. Doch die Bundesländer wollen ...

7:10 nachm. · 21. Feb. 2022 · Twitter Web App

https://twitter.com/SHomburg/status/1495823167595626500

In einem viel beachteten Interview hatte Bundesjustizminister Marco Buschmann im Oktober 2021 erklärt, die FDP beuge sich zwar dem rot-grünen Wunsch nach einem Ampel-Lockdown-Gesetz, doch würden sämtliche Maßnahmen definitiv am 19. März 2022 enden. Davon war jetzt keine Rede mehr, und Andreas Rosenfelder sprach von einer Verhöhnung der Bürger:

Stefan Homburg
@SHomburg

Andreas Rosenfelder hat recht: Es ist eine Verhöhnung der Bürger.

Inzwischen braucht die Politik nicht einmal mehr neue Mutanten oder Modelle. Sie macht einfach weiter.

welt.de
MPK-Beschlüsse: „Niedrigschwellig“? Das ist eine Verhöhnung der Bürger - WE...
Trotz aller Lockerungs-Beteuerungen: Bund und Länder wollen, dass zentrale Corona-Maßnahmen auch nach dem 20. März möglich bleiben. Sie verharmlos...

6:45 vorm. · 23. Feb. 2022 · Twitter for Android

https://twitter.com/SHomburg/status/1496360518172479490

Laut Wunschliste der Ministerpräsidenten sollten der Basisschutz bzw. die sogenannten niedrigschwelligen Maßnahmen über den gesamten Sommer hinweg Hygiene- und Abstandsvorschriften beinhalten, Maskenzwang sowie als Krönung 2G/3G. Es war einfach unfassbar, wie die Politik kurz vor Frühlingsbeginn mit der Losung *Winter is Coming* für eine Fortsetzung des Lockdown warb, ergänzt durch die geplante Impfpflicht.

Katrin Seibold, eine weitere wackere Journalistin, schilderte in mehreren Fernsehbeiträgen, wie das ZDF sie beim Irakkrieg gezwungen hatte, Fake News zu produzieren, und sie nunmehr nach 18-jähriger Tätigkeit infolge interner Kritik entließ. Schon zu Beginn der 1990er-Jahre musste sie auf Weisung ihres Vorgesetzten Fenster mit Klebeband versiegeln, um einen fiktiven Giftgasangriff zu simulieren; die Kriegspropaganda wollte es so.

Stefan Homburg
@SHomburg

ZDF-Frau Katrin Seibold schildert, wie der Sender sie schon beim Irakkrieg zu Fakenews zwang und warum das ZDF sie jetzt nach 18 Jahren gekündigt hat. Stark!

youtube.com
Fehlende Meinungsfreiheit: Katrin Seibold zu ihrem Aussch...
„Viertel nach Acht“ ist zurück! Dienstag, Mittwoch, Donnerstag, 20.15 Uhr auf unserem Youtube-Channel und ...

3:43 nachm. · 23. Feb. 2022 · Twitter Web App

https://twitter.com/SHomburg/status/1496495918488690688

Eine Krankenkasse, die Zugriff auf den Datenpool aller Betriebskrankenkassen hatte, kam nach Auswertung der ärztlichen Meldungen an sie zum Ergebnis, dass es weit mehr Impfschäden gab als vom PEI berichtet. Dies war völlig plausibel, da die Ärzte an die Kassen als Vertragspartner melden mussten, für zusätzliche Meldungen an das PEI aber keine Vergütung erhielten.

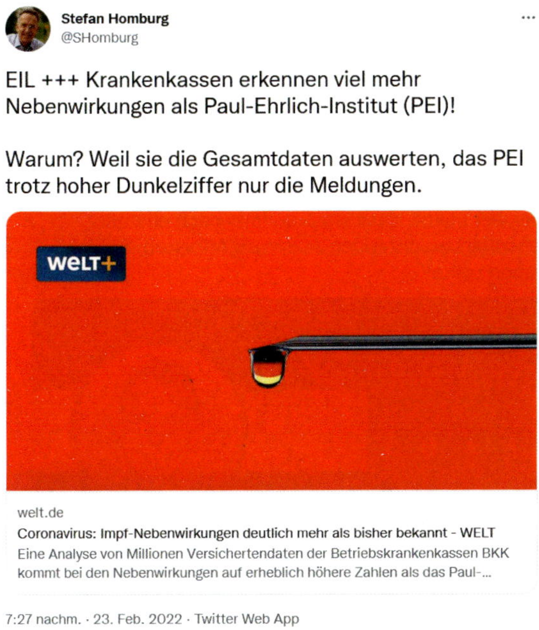

Stefan Homburg
@SHomburg

EIL +++ Krankenkassen erkennen viel mehr Nebenwirkungen als Paul-Ehrlich-Institut (PEI)!

Warum? Weil sie die Gesamtdaten auswerten, das PEI trotz hoher Dunkelziffer nur die Meldungen.

welt.de
Coronavirus: Impf-Nebenwirkungen deutlich mehr als bisher bekannt - WELT
Eine Analyse von Millionen Versichertendaten der Betriebskrankenkassen BKK kommt bei den Nebenwirkungen auf erheblich höhere Zahlen als das Paul-...

7:27 nachm. · 23. Feb. 2022 · Twitter Web App

https://twitter.com/SHomburg/status/1496552274293891086

Das Netz hat ein langes Gedächtnis, und meine elektronischen Archive waren gut sortiert. Zum Auftakt der Landtagswahlsaison 2022 erinnerte ich an einen unsäglichen Ausspruch des Ministerpräsenten Tobias Hans. Lockdowner Hans, der alsbald mit niederschmetterndem Ergebnis abgewählt werden sollte, gehörte zu den zahlreichen Studienabbrechern, die sich neuerdings in der deutschen Politik tummelten. In dem verlinkten Poster braucht man übrigens nur auf den QR-Code zu zielen, um die zugrunde liegende Aufzeichnung einer Talkshow anschauen zu können.

Stefan Homburg
@SHomburg

Saarland-Wahl im März

Manche werden CDU wählen, um SPD zu verhindern. Oder umgekehrt. Oder sogar Grüne. Lockdown und Zwangsabo für immer.

Aber wer meint, dass @tobiashans nach einer so menschenverachtenden Äußerung Ministerpräsident bleiben sollte?

9:10 nachm. · 23. Feb. 2022 · Twitter Web App

https://twitter.com/SHomburg/status/1496578211865677829

Für den folgenden Tweet, eine Zwischenbilanz nach zwei Jahren „Pandemie", gibt es keinen Link, da er gelöscht wurde. Da es sich um einen wichtigen Beitrag handelte, und auch um Twitters Methoden vorzuführen, zeige ich hier einen Screenshot:

Stefan Homburg
@SHomburg

Mein Poster zum Zwei-Jahres-Jubiläum fasst zusammen, was ich in vielen Tweets belegt habe. Das Poster ist zur Verteilung auch per Telegram oder Whatsapp geeignet.

Zwei Jahre „Pandemie“: Eine Zwischenbilanz

1. PCR-Tests an Gesunden sind unsinnig: Im März 2020 zwang uns die Politik bei 4.000 Fällen pro Tag in den Lockdown. Anfang 2022 sind wir bei 250.000 pro Tag Fällen angelangt, nach wie vor ohne erkennbare Überlastung der Kliniken.

2. Lockdowns bringen nichts: Länder wie Schweden oder South Dakota zeigten das von Anfang an; in Schweden war die Übersterblichkeit der letzten zwei Jahre sogar geringer als in Deutschland. Inzwischen stützen auch UK, Dänemark und viele andere Staaten die These unwirksamer Lockdowns.

3. Masken bringen nichts: Dieselbe Begründung wie vor.

4. Impfungen bringen nichts: Sie sind in Wahrheit eine alle paar Monate zu verabreichende Dauermedikation ohne Fremdschutz und ohne klaren Einfluss auf Krankheit und Sterblichkeit, aber mit Nebenwirkungen, die teils zigfach, teils hundertfach zahlreicher sind als bei den bewährten Impfstoffen.

5. Folgen: Eine zutiefst gespaltene Gesellschaft, Vertrauen in Polizei, Behörden und Regierung auf dem Nullpunkt, Rezession und Inflation, zerstörte Familien und Unternehmen, gestörte Psychen v. a. bei Kindern und Jugendlichen, viele neue Milliardäre. Ein beispielloses Politikversagen.

twitter.com/SHomburg

Irreführend
Finde heraus, warum Gesundheitsbehörden Impfstoffe gegen COVID-19 für die meisten Menschen als sicher betrachten.

Dieser Tweet kann nicht beantwortet, geteilt oder mit „Gefällt mir“ markiert werden.

Twitter brandmarkte den Tweet wie dargestellt als irreführend, obwohl ich die zynische Aussage, Gesundheitsbehörden betrachteten die Impfstoffe „für die meisten Menschen als sicher“, nie in Abrede habe. In der Folge konnte der Tweet nicht mehr beantwortet, geteilt oder geliked werden, war also lahmgelegt. Ich brachte ihn dann auf GETTR.

Krieg

Russlands Angriffskrieg gegen die Ukraine gab der Coronakrise eine Wendung. Das verstand Bundesgesundheitsminister Karl Lauterbach ebenso gut wie ich. Er befürchtete und ich hoffte, die „Pandemie“ werde mangels Medieninteresse rasch aus dem Bewusstsein verschwinden. Denn medizinisch war ja seit jeher alles normal: Alte Menschen starben wie immer, und in tragischen Einzelfällen galt das ebenso für Jüngere und Immungeschwächte. Jeder kannte und wusste das. Nur die allabendliche Verlesung irrelevanter Fallzahlen in den Nachrichten hatte die Panik hochgehalten.

Stefan Homburg
@SHomburg

Meiner Ansicht nach hat die Welt besseres zu tun, also sich mit Ihrer Laborpandemie zu beschäftigen, lieber @Karl_Lauterbach .

In den Medien ist das Thema durch. Covid allein zu Haus.

«Die Welt hat Besseres zu tun, als sich mit Grossmachtfantasien von Putin zu beschäftigen», versichert Karl Lauterbach. Denn: «Wir sind noch mitten in der Corona-Pandemie»

1:26 nachm. · 27. Feb. 2022 · Twitter Web App

https://twitter.com/SHomburg/status/1497911086015819783

Die medialen Wirkungen der Kriegsereignisse waren in der Tat frappant. Mehrere Tage lang hörten und sahen Tagesschaukonsumenten rein nichts mehr von einer „Pandemie". Vielmehr strömten die Menschen massenhaft zu Großdemonstrationen, die noch einen Tag vorher aus „Infektionsschutzgründen" strikt verboten waren.

Auch auf die meisten Twitterer, insbesondere viele Rotpunkte, wirkte der Krieg nachhaltig ein. Bis auf die reinen Pharmatrolle verloren sie schlagartig das Interesse an Corona, meldeten meine Tweets nicht mehr und ersetzten ihre roten Punkte oder Spritzensymbole durch blaugelbe Logos.

Es kam sogar noch besser. Obwohl der Bundesgesundheitsminister wie auch andere Regierungsmitglieder zuvor nicht müde geworden war, gegen Grundrechtedemonstranten zu agitieren, erschien er jetzt höchstselbst auf einer Demonstration, mit schlecht sitzender Maske und in geringem Abstand zu anderen der geschätzt 100.000 Teilnehmer. Zur Dokumentation der Scheinheiligkeit war Twitter das ideale Instrument.

https://twitter.com/SHomburg/status/1497996960984449025

Schluss

Wie anfangs bemerkt, war nicht Theoriebildung das Anliegen dieses Buches, sondern die Wiedergabe der Ereignisse. Bei der Klärung der Frage, wie so etwas eigentlich passieren konnte, mögen vier psychologische Erkenntnisse eine Rolle spielen. Einige von ihnen, das Asch-Experiment und das Stockholm-Syndrom, habe ich zuvor schon erwähnt, zwei andere, das Münchhausen-Stellvertreter-Syndrom und das Milgram-Experiment noch nicht. Um es übersichtlich zu machen, fasste ich die vier später in ein Poster zusammen, das umseitig wiedergegeben ist.

Corona-Psychologie

Einige Lehren der Psychologie helfen zu verstehen, was bei uns seit März 2020 geschieht.

1. Asch-Experiment: Wenn eingeweihte Mitglieder einer Gruppe ständig falsche Behauptungen aufstellen, stimmen viele Testpersonen infolge Gruppenzwangs zu. Beispiel: „Gefährliche Pandemie" ohne Massensterben oder Überlastung des Gesundheitssystems.

2. Münchhausen-Stellvertreter-Syndrom: Menschen nennen Gesunde krank oder machen sie sogar krank, um ihnen danach zu helfen. Beispiel: Lockdownpolitik.

3. Stockholm-Syndrom: Aus einem Schutzreflex heraus solidarisieren sich Geiseln mit ihren Geiselnehmern und sehen Polizisten als Feinde. Beispiel: Schwärmerei für Politiker, die Zwangsmaßnahmen durchsetzen.

4. Milgram-Experiment: Menschen quälen andere mit Stromstößen bis zum Tod, falls Wissenschaftler das als wichtig bezeichnen. Beispiel: Propagandistische Rollen von „Expertenrat", „Ethikrat", RKI und STIKO.

twitter.com/SHomburg

An dieser Stelle, im Februar 2022, endet meine Dokumentation. Im Moment ist weder bei der Coronakrise noch beim Ukrainekrieg absehbar, wohin die Reise gehen wird, und statt die Geschichte unbegrenzt fortzuschreiben, veröffentliche ich diesen Zwischenstand, damit die Erinnerung an die Vergangenheit nicht zu rasch verblasst. Wäre die vorstehende Erzählung nicht durch amtliche Quellen und Zeitungsmeldungen belegt, würde ich sie selbst nicht glauben.

Endnoten

Die folgenden Quellen belegen Aussagen aus dem laufenden Text. Damit Sie diese schneller und einfacher sichten können, haben wir die 47 Quellen/Links auch auf der Produktseite des Verlages: *www.weltbuch.com/corona-getwitter-links* hinterlegt. Darüber hinaus enthalten die zitierten Tweets Hunderte weitere Links. Um sie zu überprüfen, reicht ein Klick, nachdem der betreffende Tweet im Browser geöffnet wurde.

1 www.statnews.com/2020/03/17/a-fiasco-in-the-making-as-the-coronavirus-pandemic-takes-hold-we-are-making-decisions-without-reliable-data/

2 www.zdf.de/politik/frontal/corona-zwischen-panik-und-pandemie-100.html

3 www.youtube.com/watch?v=kKkQH6JO4n8

4 https://www.aerztezeitung.de/Medizin/RKI-Schweinegrippe-Welle-baut-sich-in-Deutschland-auf-373470.html

5 www.tagesschau.de/inland/schweinegrippe580.html

6 www.nzz.ch/wissenschaft/coronaviruas-wolfgang-wodarg-verkennt-fakten-zu-covid-19-ld.1547589

7 https://gbdeclaration.org/

8 www.abendblatt.de/hamburg/article233730561/kampnagel-rassismus-vorwuerfe-gegen-rechtsmediziner-klaus-pueschel-brechmittel-achidi-john-hamburg.html%3F 9 file:///C:/Users/ste/Downloads/Wochenbericht_2022-03-10.pdf

10 www.bib.bund.de/DE/Fakten/Fakt/S30-Medianalter-Gestorbene-ab-1952.html

11 www.spiegel.de/wissenschaft/coronavirus-erster-todesfall-in-schleswig-holstein-a-6db5f0b0-b662-45b0-bdb4-603684d4dc92

12 https://www.apotheke-adhoc.de/nachrichten/detail/coronavirus/soeder-will-corona-impfpflicht-kampf-gegen-covid-19/

13 https://www.rnd.de/politik/geruchte-um-corona-impfpflicht-das-sind-die-fakten-EQHKSF7UERDVTJFCGEWLWYW52Q.html

14 www.spiegel.de/start/stefan-homburg-studierende-in-hannover-wehren-sich-gegen-corona-aeusserungen-a-1a536f1b-2182-45d8-ae96-55684c00f844

15 www.tagesspiegel.de/politik/der-fall-des-stefan-homburg-ein-wirtschaftsprofessor-als-raunender-corona-kritiker/25866032.html

16 www.haz.de/Hannover/Aus-der-Stadt/Uni-Hannover-Der-Fall-des-Prof.-Stefan-Homburg-in-der-Corona-Pandemie

17 www.haz.de/Hannover/Aus-der-Stadt/Amtsgericht-Hannoover-Anwaelte-bei-Streit-um-Erbe-wegen-Betrug-vor-Gericht

18 www.amazon.de/Wie-ich-meine-Zeitung-verlor/dp/336001362X

19 www.frontiersin.org/articles/10.3389/fmed.2020.580361/full

20 www.cdc.gov/surveillance/nrevss/coronavirus/natl-trends.html

21 www.nzz.ch/meinung/kollabierte-kommunikation-was-wenn-am-ende-die-covidioten-recht-haben-ld.1574096

22 www.wsj.com/articles/the-failed-experiment-of-covid-lockdowns-11599000890

23 www.heise.de/tp/features/Von-der-fehlenden-wissenschaftlichen-Begruendung-der-Corona-Massnahmen-4709563.html

24 www.mdr.de/wissen/mensch-alltag/fehlt-wissenschaftliche-begruendung-corona-massnahmen-100.html
25 www.pschyrembel.de/Infektion/K0ARN
26 www.heise.de/tp/features/Covid-19-und-die-wundersame-Reproduktionszahl-des-RKI-4960610.html
27 https://healthpolicy-watch.news/financing-of-who-is-fundamentally-rotten-reforms-on-table-next-week-would-restore-key-budget-responsibility-to-member-states/
28 www.mydrg.de/myDRG_archives/kliniksterben/
29 www.bbc.com/news/world-us-canada-57374241
30 https://www.aerzteblatt.de/nachrichten/123402/Regierung-hat-keine-Kenntnis-vom-Alter-der-Coronapatienten-auf-Intensivstationen
31 www.volksverpetzer.de/aktuelles/allesdichtmachen-querdenkern-gefeiert/
32 https://twitter.com/SHomburg/status/1386909953743638532
33 www.verfassungsschutz.de/SharedDocs/kurzmeldungen/DE/2021/2021-04-29-querdenker.html
34 www.bundesgesundheitsministerium.de/presse/pressemitteilungen/2021/2-quartal/corona-gutachten-beirat-bmg.html
35 www.aerzteblatt.de/nachrichten/115076/Kliniken-und-Praxen-meldeten-Kurzarbeit-fuer-mehr-als-400-000-Mitarbeiter-an
36 www.buecher.de/shop/arzt/die-intensiv-mafia/van-rossum-walterlausen-tom/products_products/detail/prod_id/62763423/
37 https://edition.cnn.com/2020/03/30/world/coronavirus-who-masks-recommendation-trnd/index.html
38 www.berliner-kurier.de/berlin/polizei-fuehrt-ddr-buergerrechtlerin-angelika-barbe-68-ab-li.83774
39 www.stern.de/panorama/weltgeschehen/-querdenker--demo-berlin--49-jaehri-ger-kollabiert-und-stirbt--video--30640972.html
40 www.br.de/kultur/wieso-das-foto-des-militaerkonvois-in-bergamo-fuer-corona-steht-100.html
41 www.spiegel.de/wissenschaft/der-einfluesterer-a-cac9b0b4-0002-0001-0000-000030346862
42 www.bundestag.de/hib#url=L3ByZXNzZS9oaWIva3Vyem1lbGR1bmdlbi04Njg5NTg=&mod=mod454590
43 https://taz.de/Richtigstellung/!5678480/
44 www.gatesfoundation.org/about/committed-grants?q=spiegel
45 www.zeit.de/online/2009/28/schweinegrippe-deutschland
46 www.welt.de/politik/deutschland/plus235208392/Virologe-Kekule-Geimpfte-glauben-sie-seien-sicher-Man-hat-sie-falsch-informiert.html
47 www.focus.de/politik/deutschland/das-gewaltige-corona-zahlen-chaos-in-ham-burg_id_37108488.html

Stichwortverzeichnis

Prof. Hans-Werner Sinn
DAS GRÜNE PARADOXON
Plädoyer für eine illussionsfreie Klimapolitik

Neuauflage eines Bestsellers.
Hardcover gebunden, 576 Seiten, 1. Auflage, 2020, Deutsch, zahlreiche vierfarbige Abbildungen und Grafiken,
Buch: ISBN 978-3-906212-57-9, 29,90 €
E-Book: ISBN 978-3-906212-61-6, 18,99 €

weltbuch.com/umwelt

Manche Beiträge zum Klimaschutz sind nicht nur sinnlos, sondern kontraproduktiv, sagt Hans-Werner Sinn. So hat die Beimischung von Biosprit fatale Folgen von globalem Ausmaß: Wenn wir in den Tank stecken, was andere gerne auf dem Teller hätten, pflegen wir unser grünes Gewissen zu Lasten der Menschen in den Schwellen- und Entwicklungsländern.

Die europäische Umweltpolitik unterliegt der Illusion, dass sie durch einseitige Maßnahmen zur Verringerung der Emissionen und damit der Nachfrage nach fossilen Rohstoffen die weltweite Produktion solcher Rohstoffe verringern kann. Doch was, wenn die Herren über die Ressourcen nicht mitspielen? Was, wenn sie aus Angst vor einer Verschlechterung der Marktlage sogar noch mehr fördern? Sie müssen ihr Öl und Gas ja nicht an uns verkaufen, sondern können genauso gut die Nicht-Kioto-Länder bedienen, die 70 % des globalen CO_2 produzieren. Indem wir mit unserer Sparsamkeit die Energiepreise auf dem Weltmarkt drücken, subventionieren wir den Konsum der Amerikaner und Chinesen, die dann noch mehr Spritschleudern fahren und umweltverschmutzende Fabriken hochziehen.

Mit argumentatorischer Wucht und Weitsicht stellt Hans-Werner Sinn die gefährlichen Irrtümer der Umweltpolitik dar. Wenn wir unser Klima retten wollen, muss der blinde Aktionismus gestoppt und eine globale Strategie zur Verlangsamung des Ressourcenabbaus gefunden werden.

Dr. Stefan Uhlig (D)
DER NATÜRLICHE KLIMAWANDEL
Fakten aus geologischer, archäologischer & astrophysikalischer Sicht

Softcover gebunden, 192 Seiten, 1. Auflage, 2021, Deutsch, zahlreiche vierfarbige Abbildungen und Grafiken,
Buch: ISBN 978-3-906212-85-2, 24,90 €
E-Book: ISBN 978-3-906212-84-5, 16,99 €

weltbuch.com/umwelt

Mit ihrem geozentrischen Weltbild, bei dem sich die Sonne und das Universum um die Erde drehen, stellten die Mächtigen und Einflussreichen des mittelalterlichen Europas den Mensch, bzw. die Erde in den Mittelpunkt des Universums. Ein modernes Pendant unserer Zeit ist der Irrglauben, dass der Mensch durch sein anthropogen erzeugtes CO_2 den Klimawandel hervorruft bzw. kontrollieren kann.

In dem vorliegenden Buch werden die natürlichen Klimaschwankungen und deren Auswirkungen auf die Temperatur der Erdatmosphäre sowie auf den Meeresspiegel der letzten Jahrmillionen beschrieben. Ebenso werden die Ursachen und Prozesse aus geologischer, archäologischer und astrophysikalischer Sicht erklärt und diskutiert. Dabei wird deutlich, dass überaus komplexe astrophysikalische Wirkmechanismen die Klimaschwankungen in periodisch wiederkehrenden lang- und kurzfristigen Zeitabständen hervorrufen, ohne dass der Mensch dies in irgendeiner Weise beeinflussen kann, auch nicht durch einen erhöhten oder reduzierten anthropogenen CO_2-Eintrag.

Das Buch wurde in einem allgemein verständlichen Stil für alle geschrieben, die vom Klimawandel und den umfangreichen Maßnahmen der Politik betroffen sind und sich ein eigenes Bild dazu machen wollen. Es soll aber auch dem in diesem Themenkreis naturwissenschaftlich arbeitenden Nachwuchs als Anregung und kompaktes Nachschlagwerk dienen.